洪門人による洪門正史

——歴史・精神・儀式と組織——

安部英樹 著

雅舎

周倉　　関羽　　関平

洪門の儀式・・・傳令（デンレイ）

洪門の儀式・・・新貴人宣誓（シンキジンセンセイ）

洪門の儀式・・・向山主道喜（コウサンシュドウキ）

洪門の儀式・・・結束掃方（ケッソクソウホウ）

洪門の五色旗

洪門人による洪門正史

序文

西蜀浪人　石平

中国の長い歴史において、「任侠の道」がその端を発したのは、大乱世の春秋戦国時代であったと云われている。

かの司馬遷はその不朽の歴史書『史記』において、歴史上の著名な政治家や軍人・学者の伝記と同列に並べて「遊侠列伝」を設けている。彼はそこで、春秋戦国時代を生きた数多くの任侠たちの活躍ぶりを生き生きと描いているが、その行状について司馬遷はこう評しているのである。

「彼ら（任侠）は、ひとたび約束したことは必ず守る。行動はつねに果敢だ。いったん引き受けたことは最後までやり遂げる。身命を惜しまず人の危難を救う。命を捨てて事に当たりながら、その能力を鼻にかけたり、人に恩を着せるようなことを潔しとしない」と、まさに最大級の賛辞を呈している。

歴史家としての司馬遷の厳格さは定評のあるものだから、上述のような賛辞は決して根拠のないお世辞ではないだろう。彼がここで描き出しているこのような任侠像こそは、それから今日まで中国の底流を流れていく「任侠の道」の真髄たるものなのである。

「史記」の時代から下って二千数百年、「任侠の道」は様々に形を変えて受け継がれて来ている。勿論その間、任侠は単に時代の波を乗り越えて生き延びてきただけではない。歴史の節目節目において、任侠と称される人々とその集団は、時代を動かす大きな力となり得たのである。特に王朝交代の易姓革命にあたっては、任侠集団の反乱は時折、古い王朝に致命の一撃を与える役割を引き受けている。

そういう意味では、歴代王朝の興亡史を中心とする「正史」がすなわち中国史の「表」だとすれば、その裏方で歴史の創出に関与してきた任侠たちの活動は中国史の「裏」を為したものであろう。

そして今では、中国史の「表」を為してきた歴代王朝のどれもが、すでに過去のものとして跡形もなく消え去ったのに対し、「裏」を為した「任侠の道」だけは、依然としてその長い伝統を受け継いで健在なのである。

本書に記述した「洪門」という民間組織は、まさにこのような流れを汲んだ中国「任侠道」の正統なる継承者なのである。

（二）

実は私自身、子供の時代からすでに、物知りの年寄りたちから「洪門」にかんする数多くの伝奇的な伝説を聞かされていた。明王朝を倒した紅巾の乱においても、清の王朝を震撼させた太平天国の乱においても、列強国の植民地政策に抵抗した義和団の蜂起においても、そして中国の新しい時代を切り開いた孫文の近代革命においても、洪門は実に重要な役割を果たしていたという。

歴史上に活躍した洪門の伝説的人物の多くは、まさにこの文の冒頭から引用した「史記」の記述通りの「任侠」として言い伝えられている。彼らは実に、身命を惜しまずして人の危難を救おうとする英雄として、約束を最後までやり遂げる信義の士として、そして磊落闊達な好男子として、中国の大衆から慕われている存在である。

そして現在においては、洪門はその長い精神的伝統と組織の実体を保ちながら、中国人社会の最大のネットワークとして国際的広がりを見せている。言ってみれば洪門というのは、伝奇としての歴史であると同時に、現実としての人間集団でもあるのである。

しかしどういうわけか、今まで書かれた数多くの中国史の「正史」や歴史の教科書には、彼ら洪門の事跡と功績があまり正しく評価されていないし、この世界最大の中国人ネットワークの現状にたいする研究も極めて少ない。どうやら中国の歴史家や知識人たちは、社会の「裏」に生きてきた洪門とその「任侠の道」を頭から蔑視しているようである。かの司馬遷とは違って、いわばインテリという人種の了見の狭さは世界共通のものである。

幸い、本書の出現によって、洪門を主題としたまともな書物の一冊がようやく世に出ることになった。しかも大変面白いことに、中国史の一部となった洪門の三百五十年の歴史を詳しく調べて系統的に記述したこの書物は、当の中国人によって書かれたのではなく、一人の日本人の手によるものなのである。

私はある友人の紹介で、本書著者の安部英樹氏と一度お会いしたことがある。彼はそのまま、伝奇の中の「任侠」の風貌を目の前に再現しているような人物であるが、色々とお話を伺ってみると、その「世界放浪」の長い生活の中で培ってきた人間性の豊かさと見聞の広さには本当に感心させられたものである。

彼こそは、若い頃から世界各地を放浪して様々な「裏組織」を渡り歩き、文字通りの波瀾万丈の数奇の人生を経た後やっと台湾の地にたどり着き、そこで洪門の世界に入り、現在ではその国際的組織の中の大幹部の一人になっている。排他性の強い中国人秘密結社の中で、一人の日本人がこれほどの信頼を受けていることは、おそらく洪門の長い歴史においても珍しいケースであろう。

そして今度、中国人社会以外のより広い世界を見てきた彼は、その優れた観察眼と幅広い視野をもって洪門の歴史と内実を考察した上で本書を書き下ろしたわけである。勿論、洪門という秘密組織の内密を知り尽くした、彼という大幹部ならでは書けないような内容がいっぱい詰められている。長い間ベールに包まれてきた洪門の秘密がようやく明るみに出たのである。
言ってみれば、世界の「裏」と洪門の「裏」の両方を知り尽くした一人の日本人「任侠」の手によって書かれたものであるのが本書の最大の特徴だが、一読すればすぐ分かるように、それは実に面白い読み物でもあるである。

平成十九年八月吉日

洪門人による洪門正史・目　次

序　文　石　平　(一)

第一章　洪門の誕生　1

福建少林寺説　8
殷洪盛説　16
鄭成功説　20
東林党説　27
観音寺説　32
洪門誕生の仮説　37
洪門の創始者　39
洪門の諸団体　44
哥老会　47
致公堂　49
まとめ　52

第二章　洪門の精神　55

ギルド集団　墨家　57
秘密結社フリーメーソン　60
尚賢の思想　63

兼愛の思想　64
非攻の思想　65
節用の思想　66
司馬遷と『史記』　67
遊侠列伝　70
遊侠　郭解　73
三把半香　79
捨命全交　80
興漢滅曹　88
替天行道と瓦崗結拝　98
まとめ　112

第三章　洪門の歴史　115

秘密結社の歴史　117
宗教秘密結社　120
『水滸伝』の時代　123
白蓮教から方臘の乱へ　125
宗教秘密結社　方臘の乱　131
幇会　方国珍の乱　133

紅巾の乱（白蓮教の乱） 136
天地会　鄭成功の起義 140
太平天国へ 148
アヘン戦争 153
拝上帝会の叛乱 156
義和団の乱から中華民国へ 164
天地会の人　劉永福 166
義和団の蜂起 172
秘密結社の人　孫文の革命 178
孫文の年表 186
青幇について 212

第四章　洪門の儀式と組織 219

洪門の符牒 221
隠語の世界 222
暗号の世界の一 229
茶碗陣 229
暗号の世界の二 232
三把半香の応用 233

洪門の哲学（三十六計） 238
洪門の儀式 246
略式の儀式 248
洪門の十の心得 253
洪門の四大決心 254
洪門人としての誓い 255
洪門の四柱と四樑 256
世界の洪門組織 258
洪門の歌 258
南華山の概要 259
第五章　私と洪門 263
天地会の島へとつづく道 265
上州の番長 267
太陽王ラムセスの国 274
李さんのチャイニーズレストラン 280
洪門「洪発山」の呂蔭安 287
四川の男　王武 292
おわりに 295

第一章　洪門の誕生

洪門は、いつ、どこで、誰によって始められたのでしょうか？

実は、この点については諸説紛々といった状態で、これといった定説がないのが現状です。秘密結社はその存在を隠すことで命脈を保ちます。つまり確定した戸籍謄本を持たないわけです。いや、持たないというよりも隠蔽されたといった方が正確かもしれません。

そこで、本章では、この隠された洪門の誕生の秘密にアプローチしてみたいと思います。

中国の長い歴史の陰には沢山の秘密結社が蠢いていました。その中には叛乱を起こす事によって歴史の土壌に芽を出したものもあれば、古代の蓮の種のように、静かに地中で眠りながらじっと発芽の時を待っているものもあります。洪門もこうした無数に存在した、また存在している秘密結社のひとつなのです。

しかし洪門が誕生した時代というものは判っています。それは、洪門には異民族である満洲人国家の清を倒して、漢民族国家の明を復興させるという明確な結成目的があるからです。これを「**反清復明**」と呼びます。

明の崇禎十七年三月十九日（一六四四）、明の最後の皇帝、崇禎帝が首都北京の煤山で首をくくって自殺します。この日をさかいに中国の主権が清の手に移り、反清復明がスタートしたといってよいでしょう。

洪門にはもうひとつ「**天地会**」という名称があります。乾隆五十年（一七八五）、清の公式文献に、初めて反清復明のグループとして天地会の名前が出てきます。この文献は、楊咏という天地会のメンバーが官憲に捕縛された時の自供書です。そしてこの翌年に、天地会を名乗る最初の大規模な叛乱が台湾で起きています。首謀者が林爽文という人なので、これを「林爽文の乱」といいます。

ですから、洪門が誕生したのは、前述した崇禎帝が縊死した一六四四年から、楊咏が天地会の存在を自供した一七八五年の百四十一年の間ということは間違いないのです。

洪門の誕生については諸説紛々だと書きましたが、そうした諸説はおおよそ下記の五つのストーリーにまとめられます。

一・福建少林寺を起源とするもの　（神話）
二・殷洪盛を起源とするもの　（伝承）
三・鄭成功を起源とするもの　（伝承）
四・東林党を起源とするもの　（伝承）
五・福建観音寺を起源とするもの　（伝承）

この五つのストーリーは、洪門で密かに語り継がれてきた神話や伝承ですから、これらの内容には歴史上の史実とくいちがう点も多く、明らかに後世の洪門人によって創作され脚色されたとみられるものも数多くあります。秘密結社の誕生説というものは殆どこうしたもので、それは外部の人たちには解らないように、数多くの創作によって巧みに隠蔽され、また符牒によって幾重にも封印されているものなのです。

ですから、これらのストーリーは、歴史的な出来事において相互にからみあい、そこに登場する人々には同一人物が多くみられます。みな明の末期から清の初期にかけて活躍した人々です。

明末から清初にかけての、この時代に洪門は産声をあげました。洪門の伝承では創建時の功労者が四十数名いますが、主な人々は次のようになります。歴史的に有名な人もいれば、そうでない人もいます。

いずれにしても人名ばかりなので、ながめる方にしてみますとだいぶ戸惑いますが、一応、ざっと五つのストーリーを説明してから、最後に私なりの洪門の誕生についての仮説を述べてみたいと思います。

始　祖（創建者）

殷洪盛

先　賢（創建時に思想的な影響をあたえた五人の賢者）

朱舜水

傅青主

顧亭林（炎武）

黄梨州（宗義）

王夫之（船山）

五　宗（創建時に活躍した五人の武人）

史可法（文宗）

鄭成功（武宗）

陳近南（宣宗）

萬雲龍（達宗）
蘇洪光（威宗）

前五祖（洪門を中国全土に広めた五人の僧侶）

蔡徳忠
方大洪
馬超興
胡徳帝
李式開

中五祖（沙湾口で前五祖を守った五人の勇士）

楊杖佐
方恵成
呉天成
林大江
張敬之

後五祖（寶珠寺で前五祖を守った五人の勇士）

呉天成
洪太歳
桃必達
李式地

林永超

五　義（創建時に恩義のある五人の義侠の人）

鄭君達
謝邦恒
呉延貢
黄昌成
周洪英

五　傑（創建時に活躍した五人の豪傑）

鄭道徳
鄭道芳
韓　龍
韓　虎
李昌国

三　英（創建時に活躍した三人の女性）

鄭秀英
鄭玉蘭
鐘文君

軍　師（創建時の軍師）

史鑑明（男の軍師）

関玉英（女の軍師）

福建少林寺　神話

清・康熙十一年（一六七二）、康熙帝の世に、西魯という胡族が清に攻め込んできます。この時、武芸のメッカとして知られていた福建九連山の少林寺の僧「**鄭君達**」は百二十八人の武侠僧を引きつれてこれを撃退します。しかし、少林寺の勢力が拡大するのを恐れた清朝の高官である張近秋と陳文耀は少林寺のとりつぶしを画策しました。彼らは、まず悪事を働いた罪によって少林寺を破門された馬福儀という男を調略することを決めます。馬は少林寺を破門された後、武芸の腕を生かして福州で盗みを働き一財産を作ったので、その頃は九連山の麓で宿屋を開いていました。陳文耀は馬を金銭で籠絡し、彼に少林寺に火を放たせて、その混乱の隙をついて、九連山の少林寺を攻撃したのです。

少林寺を創建した達尊爺爺は朱開・朱光の二天使に黄旗と黒旗を持たせて、住職の五経和尚と百二十八人の僧の逃亡を支援しました。しかし、烈火の如き清軍の攻撃に殆どの僧が殺され、最後に少林寺の住職である五経和尚と十八人の僧だけが生き残りました。五経和尚は自らを犠牲にして僧たちを逃亡させるのですが、清軍の追撃によって更に十三人の僧が討たれ、「**蔡徳忠**」、「**方大洪**」、「**馬超興**」、「**胡徳帝**」、「**李式開**」だけが逃げのびたのです。洪門ではこの鄭君達を「**五義**」の一人とし、五人の僧を「**前五祖**」とします。五義は五人の義理のある人、五祖は五人の祖先ということです。

まず鄭君達についてですが、洪門の伝承では、この人は鄭成功の甥ということになっています。しかし、鄭成功は一人っ子で兄弟はいないはずです。史実にそうした記載はありませんが、もしかすると父の鄭芝龍が他の女性に産ませた男子が他にいたのかもしれません。

また少林寺ですが、これは河南省嵩山の少林寺が有名です。この嵩山少林寺は、唐の時代から三回の大きな災厄に襲われたといわれますが、いまだに河南省に残存しています。伝説によると、もう一つの少林寺が福建福州府浦田県九連山にもあったそうです。どちらも拳法で名高く、河南のものを北派、福建のものを南派と称し、一説によると、河南省嵩山の少林寺が明末清初の動乱で焼かれた時に、嵩山の僧が福建に流れてきて、九連山で少林寺を創建したとのことです。

海抜五百メートルくらいの九連山の山麓にあったとされる少林寺ですが、ここの地形は、河南の少林寺に似て峻険で、武術を鍛錬するには理想的な場所です。またこの周辺地の朱山、漳江、寨頭には、かつて砦だったと思われる十数ヶ所の遺跡が残っていて、このなかには、医療用に使用されたと思われる石槽や、七十ヘクタールに及ぶ茶園の跡もあります。これらの遺跡を九連山少林寺の存在と結びつける説もありますが、実際には、こうした遺跡が九連山少林寺のものであったかどうかは未だに推測の域をでていません。因みに現在、福州の近くの泉州には泉州少林寺として知られる少林寺があり、南拳と称される拳法を修練しています。この泉州少林寺も、唐の時代から三度の滅亡を経て再建されたという、河南嵩山の少林寺と似たような伝承を持っていますが、その真偽はともかくとして、昔から福建で武術が盛んだったことは事実のようです。

ところで、この九連山少林寺というのは不思議な寺で、ここで密かに異国の秘仏を祀っていたとの伝説があります。詳しくは第三章の「洪門の歴史」で述べますが、中国の近代秘密結社に宗教的に大きな影響を与えたのが白蓮教で、そのルーツともいえるのがマニ教です。このマニ教は唐宋の時代に徹底的に弾圧されるのですが、宗教には意外と寛大だった元の時代になってからは、浙江省と福建省でマニ教の信者が多く活動していたそうです。福建泉州の華表山に元の時代の摩尼教（マニ教）の庵が残っていたといいますから、九連山少林寺で密かに祀られていた異国の秘仏とはマニ仏である可能性があります。もしマニ仏であるならば、それは革命と叛乱のホトケ、救世のメシアである弥勒に他なりません。紅巾の乱で元を滅ぼし明を打ち立てた朱元章も、帝位に就くまえは日月教の信者だったといわれています。日月教は白蓮教の異名です。とすると、九連山少林寺という幻の寺と、反清復明をめざすグループとが結び付く下地はあるのです。

中国の武侠小説や映画では、この福建の少林寺がよく登場して、あたかも洪門の隠れ寺のように描写されています。他の伝承で洪門の創建者とされる鄭成功と息子の鄭経が台湾を拠点として、対岸の福建廈門や金門島でも反清活動をしていたことは史実ですので、おそらく福建にはなにかの形で、鄭氏軍団の出城があり、それが秘密を守りやすい寺や廟といった宗教施設であった可能性は十分にあります。しかし、この出城を九連山少林寺だと決めつけてしまうのは早計です。鄭経の出城は出城として、九連山少林寺はあくまで伝説の霧のなかに置いておいた方がよいと思います。

話を続けますが、少林寺から逃げのびた前五祖は、「**謝邦恒**」と「**呉延貴**」という人の船に助けられ、「**楊杖佐**」、「**方恵成**」、「**呉天成**」、「**林大江**」、「**張敬之**」の五人の勇士に守られながら、恵州府の長沙湾までやってきます。しかし、ここは河の水流がきつくて渡れません。そこに達尊爺爺があらわれ、また朱開・朱光の二天使を派遣し、朱開が鉄となり朱光は銅となって橋を造ったのです。前五祖はこの橋を渡って無事に「**高渓廟**」という場所にたどり着くのです。洪門では、謝邦恒と呉延貴を「**五義**」の二人とし、五人の長沙湾の勇士を「**中五祖**」と称します。またこの高渓廟は後に洪門の聖地とされています。

その後、五祖は、湖広にある閻王廟という所で「**黄昌成**」と妻の「**鐘文君**」に匿われますが、やがて丁山の近くで、清軍に殺された鄭君達の墓参りにきていた妻の「**鄭秀英**」、妹の「**鄭玉蘭**」、息子の「**鄭道徳**」と「**鄭道芳**」の四人の遺族と偶然に出会うのです。前五祖が遺族と一緒になって墓参りをしていると、そこに清の張近秋の率いる大軍が押し寄せてきました。絶体絶命というまさにその時、鄭君達の墓から桃の木で造られた宝剣が飛び出し、妻の秀英がこの宝剣を手にして清軍をけちらしたそうです。宝剣の柄頭には反清復明を意味する「双龍が玉を争う図」が彫られていたといいます。

しかし、清軍の勢いは留まるところをしらず、鄭秀英は宝剣を二人の息子に手渡し、彼等を逃亡させると、鄭玉蘭を連れて河に投身自殺をしました。洪門ではこの鄭秀英、鄭玉蘭と閻王廟の鐘文君の三人の女性を「**三英**」とします。三人の女性の英雄ということです。また鄭君達の二人の息子である鄭道徳と鄭道芳を、五人の豪傑である「**五傑**」に加えています。

前五祖は張近秋を襲い、秀英、玉蘭の仇を討ちますが、清軍によって完全に包囲されてしまいます。この時、「**呉天成**」、「**洪太歳**」、「**桃必達**」、「**李式地**」、「**林永超**」という五人の勇士が現れて前五祖を救うのです。この五人を洪門では「**後五祖**」と呼びます。

その後、前五祖は雲霄玉の宝珠院に隠れ潜み、暫くして高渓廟に戻ってみると、そこに清朝の翰林院学士だった「**陳近南**」がいました。陳近南は、前述した清の陳文耀らの政策に反対して宮廷から追放され、湖広の白鶴洞で道教の修行をしながら、占いを稼業としていたのです。洪門ではこの陳近南を「**五宗**」の一人「**宣宗**」とします。

陳近南は下普庵の後ろにあった「**紅花亭**」に前五祖を匿うと、陳近南と前五祖はこの紅花亭に「**忠義堂**」を設けて、義兄弟の契りを結びました。暫くすると、蔡徳忠が河畔で巨大な石の香炉を発見しますが、この香炉には「反泊復汨」（後述）の四文字が刻まれていたのです。またこの香炉の重さを量ったところ五十二斤十三両あったといいます。以後、洪門の集会場所は紅花亭と呼ばれるようになり、またこの香炉を模した「白石香爐」が洪門の儀式にも使用されるようになります。

起義を決意した陳近南は密かに義軍を集めました。「百八」人の豪傑、勇士が馳せ参じたといいます。そのなかに、手が膝より長く、耳たぶが肩につくほど大きな三国志の劉備玄徳にそっくりな美少年がいて、自分は明最後の皇帝・崇禎の孫の朱洪竹だと名乗りました。さっそく陳近南は紅花亭で百八人と義兄弟の契りを結び、この集会を「**洪家大会**」と称したのです。時は、清・康熙十三年（一六七四）、甲寅七月二十五日の丑の刻だったそうです。この夜、南の空に文延国式という星の文字が煌めき、東の空には紅の光があらわれたことから、紅と同音の「洪」をとって、この結社を「洪門」と名付け、秘密結社の符号を三八二一（後述）創り、また元帥旗に文延国式の文字を縫いつけたのです。

普通は、陳近南が決起また蜂起したと書くべきですが、洪門ではこれを決起や蜂起とは呼ばずに、義で起きる起義と称します。ですから、叛乱軍ではなくて義軍です。明末の孫文たちの蜂起を起義と呼びますが、これは辛亥革命を起こした孫文たちが洪門のメンバーだったからこう呼ぶ訳です。陳近南のもとに集まった豪傑、勇士の百八人という数は、これは水滸伝の梁山泊の英雄の数と同じです。洪門の組織は梁山泊の組織を模倣したものですから、この陳近南の義軍の数も梁山泊の英雄の数と一緒な訳です。因みにこの百八という数は、天上の天罡星三十六星と地上の地煞星七十二星を合計した数ですが、この天と地を合わせるという意味から洪門は天地会とも呼ばれるのです。

忠義堂も水滸伝のなかに、英雄たちが集う総司令部として登場する名前です。

蔡徳忠がみつけた香炉に刻まれていた「反泊復汨」の泊は「清」という字から青の文字を奪って、

そこを空白にする為に「白」の文字を入れたものです。つまり清を空白にする、要は倒すという意味です。また汨は「明」の文字から「月」をとったものですが、この「月」は「清」の文字の「青」から頭の「主」を奪ったもので、つまり清の主人の頭を切るということを意味しています。ですから、泊は清を表し、汨は明を表し、反泊復汨とは、清朝に反逆して明朝を復興させる「反清復明」に他なりません。

また、この香炉の重さの五十二斤十三両ですが、五十二の五十は「五湖」、つまり明の国土のことです。二斤は明の首都の北京と副都の南京を意味し、十三両とは清に奪われた明の十三省のことでなのです。

そして「三八二一」の符号についてですが、これは符号が三八二一あるという意味ではありません。これは洪門の「洪」をあらわすのです。まず三は「氵」です。八は共の下の「八」です。二十は共の上の部分の「廿」です。そしてこの廿の下の横線が「一」です。つまり、「三八二一」の符号とは洪門を意味する符牒なのです。秘密結社の洪門は清の官憲の目をくらますために、こうした符牒を多用しているのです。

清・康熙十三年（一六七四）、陳近南は、朱洪竹を将軍、「**蘇洪光**（異名・天佑洪）」を先鋒、後五祖を中軍、中五祖を後詰として起義しましたが、清軍との緒戦で敗北し、蘇洪光も討ち死にしたことから、敗残兵たちは萬雲山に逃れました。萬雲山では、浙江太昌府の人である胡得起（異名・**萬雲龍**）が敗残軍を匿います。陳近南から「**大哥**（兄貴）」という洪門の職位を授けられた萬雲龍は、得意の二本の棍棒を振るって追撃してくる清軍を相手に善戦しますが、最後には清軍に殺されてしまいました。洪門では蘇洪光を「**威宗**」、萬雲龍を「**達宗**」として五宗に加えています。

清軍との戦いに敗れた陳近南は、全軍にそれぞれ郷里に戻って隠密裏に反清抗争を継続するよう命令します。この時、前五祖は陳近南の命を奉じて、大陸の各地へと向かい、それぞれ次のような洪門の組織を秘密裏に結成するのです。

「蔡徳忠」　青蓮堂、地域・福建、甘肅、旗・彪（黒色）
「方大洪」　洪順堂、地域・広東、広西、旗・鬹（紅色）
「胡徳帝」　家后堂、地域・四川、雲南、旗・彪（赤色）
「馬超興」　参太堂、地域・湖南、湖北、旗・彪（白色）
「李式開」　宏化堂、地域・浙江一帯、旗・彪（緑色）

康熙三十七（一六九八）、陳近南はすでに没していましたが、この年、天佑洪が起義します。起義にさいして、天佑洪は、天の時、地の利、人の和を祈念して、義軍を「三合軍」と名付けます。この神話の故事によって、後に洪門の一派は「三合会」、または「三点会」とも呼ばれるようになるのです。三合軍には明の総兵・周遇吉の甥子の「周洪英」や、「韓龍」、「韓虎」、「李昌国」等の豪傑が参加し、明の義臣「史可法」の甥の「史鑑明」が軍師を、女侠の関玉英が女性軍の頭領を務めています。

洪門では、蘇洪光と萬雲龍を五宗に、また周洪英を「五義」に、韓龍、韓虎、李昌国の三人を「五傑」に、史鑑明を「男軍の軍師」に、また関玉英を「女軍の軍師」に、それぞれ加えています。

九連山少林寺を創建したといわれる達尊爺爺ですが、この人物と萬雲龍を同一視する説があります。また二人の呼び名も、達尊爺爺の法号が「達宗」で、萬雲龍も五宗の一人「達宗」とよく似ています。この二人についてですが、達尊爺爺は河南省嵩山少林寺の伝説の開祖である達磨大師の想像上のコピーだと思ったらよいでしょう。洪門の神話でははっきりと達尊爺爺と萬雲龍を別人として分けていますが、中国の武侠小説や映画ではこの二人を同一人物とする見方が主流です。おそらくこれは民国二十九年（一九四〇）に出版された朱琳著『洪門志』に、達宗萬雲龍と書かれている「達宗」を、九連山少林寺の伝説の祖「達尊」爺爺（達磨大師）と勘違いしているのです。

これについては、九連山少林寺を伝説の霧にあるものとし、達磨大師の想像上のコピーが達尊爺爺で、萬雲龍は伝説のように浙江太昌府の人である胡得起としておいた方がよいでしょう。

また威宗・蘇洪光についても面白い伝説があります。討ち死にした蘇洪光を憐れんだ達尊爺爺が、彼を蘇生させる話です。まず達尊爺爺は、魂が野にさまよっていた黄丞思という人の魂を瓢箪に吸い込み、この魂を蘇洪光の身体に入れて、彼を蘇生させたというのです、そして、新しく生まれ変わった蘇洪光に天佑洪の名前を与えたといいます。

この黄丞思という人は実在の人物で、明の最後の皇帝である崇禎帝の宦官です。明末に謀反人李自成が北京に攻め込むと、もはやこれまでと思った崇禎帝は、紫禁城のすぐ北にある煤山で首をくくって自殺します。この時、崇禎帝にただひとり従って煤山に登ったのがこの宦官の黄丞思だったのです。

白の死装束に身をつつんだ崇禎帝が木の枝で首をくくって死ぬのを見届けた黄丞思は、崇禎帝より高い場所で自縊することを不忠であるとして、柳木の枝にぶら下がっている崇禎帝の足に紐をかけて首をくくったのです。皇帝に殉死することは忠義には違いないのですが、皇帝の足にぶら下がって死んだということで、後に黄丞思は士大夫や学者たちから激しい非難を浴びたのです。

しかし、煤山という場所で、皇帝に殉死したのは黄丞思ただひとりだった事から、民間ではその忠義を愛でる声もありました。構成員に義や情を重視する任侠や遊侠の徒が多い洪門には、特にそうした声が強かったと思います。侠客たちの本音は、宦官でありながらも忠義に死んだ黄丞思に「威宗」

の尊号を与えたかったのでしょうが、やはりそこは洪門の指導的立場にもあった士大夫や学者の声を気にしたのでしょう。それで、わざわざ死んだ蘇洪光を生まれ変わらせて天佑洪とするような手の込んだやり方をしてまでも、この宦官を顕彰したかったのだと思います。何故なら黄丞思の魂を身体に入れられることで甦った天佑洪は黄丞思その人なのですから。

以上が福建九連山の少林寺を洪門のルーツとする神話です。この説のなかでは、前述した創建の功労者四十数名が、ただ一人「朱舜水」を除いて全て網羅されています。朱舜水については鄭成功説で述べたいと思いますが、この人物は洪門（紅幇）よりは、むしろ、長江流域に勢力を張った「哥老会」を誕生母体とする「青幇」の方で重要視されています。

殷洪盛説（漢留）

洪門の始祖とされる「**殷洪盛**」は山西平陽府太平郷の人です。青年時から義侠の人として知られていた彼は、明・崇禎四年（一六三一）の進士の試験に合格し、三年後に明の将軍である姜瓌の幕僚となります。この時、殷洪盛の幕下に陝西の人「蔡徳忠」、直隷宣化府の人「方大洪」、直隷順府の人「馬超興」、及び山西の人「胡徳帝」と「李式開」の五人の若者が馳せ参じました。この五人の名は九連山少林寺の神話にでてきた五祖と同じです。

しかし、明・崇禎十四年（一六四一）に姜瓌が謀反人の李自成に投降した事から、殷洪盛は郎党をつれて南京兵部尚書の「**史可法**」のもとに身を寄せます。南京兵部尚書とは、明の副都であった「南京」の国防大臣です。洪門ではこの史可法を「**五宗**」の一人の文宗としています。この「宗」という号は、初代皇帝を太祖、二代目を太宗とする中国の歴代皇帝の呼び名にならっているのです。ですから五宗とは洪門の基盤を固めた人という意味を持っているのです。

明の首都「北京」を陥した清軍は、向かうところ敵なしといった状態で南下をしました。数のうえでは、防戦する明側にも十分なものがありましたが、将軍同士の内紛と、互いの足の引っ張りあいで統一戦線がとれていませんでした。やがて清軍は、楊州に陣を構える史可法の軍勢に襲いかかります。この時、楊州守備司令の劉肇基が史可法に大規模な水攻めを提案しますが、史可法は孟子「尽心篇」の「民を貴しと為す、社稷（国家）は之に次ぎ、……」を引用して、この案をしりぞけました。水攻めによって清軍を壊滅できても、それによって多くの民衆が巻き添えをくうことを避けたのです。

結果、楊州は陥落し、予親王ドドに率いられた清軍はこの楊州で大虐殺と大略奪を行うのです。当時の火葬者名簿によると、十日間で約八十万人が殺されたことがわかります。楊州の守備兵は二万とされていますので、殺された殆どが民間人でした。

余談となりますが、この大虐殺を生きのびた王秀楚という人が大虐殺の模様を書き留めています。もちろん清の政権下では公表できるものではありません。しかし、どのような経路をたどったものか、この『楊州十日記』と名付けられた記録が江戸時代の日本で刊行されています。明治に入ってから、清国の留学生が図書館でこの本をみつけて、これを筆写して出版していますが、この『楊州十日記』を読んで激憤して、清末に反清革命に走った留学生は多かったといわれます。

楊州陥落の後の大混乱のなかで、史可法は自決して果てますが、その直前に殷洪盛に地下に潜る事を命じます。反清の秘密組織を結成させる為です。殷洪盛は、明の大学者であり反清の志士でもある「**傅青主**」「**顧亭林**（炎武）」、「**黄梨州**（宗義）」、「**王夫之**（船山）」らを訪ね、密かに反清の秘密結社を結成しました。この秘密結社を「**漢留**」と呼びます。

この「漢留」の名称は、三国志のヒーロー「劉備、関羽、張飛の三兄弟」の終生の目標であった「興漢」から採用したといわれています。三国志の漢を興し曹操を滅する「興漢滅曹」の理念が、漢を興し満洲族を滅する「興漢滅満」の理念に取り入れられたのです。また「漢留」は後に「海底」とも呼ばれるようになります。清・道光二十八年（一八四八）、福建で天地会の「蓋忠山」を設立した郭永泰という人が、猟師が海から引き上げた鉄製の箱を偶然に入手したところ、この箱の中には、鄭成功が創立した「金台山」の規律書が封じられていたそうです。百六十余年前、清が台湾の鄭氏政権を平定した時に密かに海に投棄されたこの規律を手にした郭永泰は、これ以降、自分の天地会の組織を「海底」称したそうです。

傅青主は山西の出身で、若い頃から義侠心が篤く、太原の三立書院で優秀な成績を修めた文武両道に秀でた人です。傅青主は哲学、仏学、絵画、儒学、書道、詩文、医学、武術の全てに優れた、いわばスーパーマン的な人ですが、かれの書画は特に有名で、その書は「傅山書法」として知られています。さらに傅青主は医学の臨床研究にも造詣が深く、その臨床研究は産婦人科に特に大きく貢献したといわれています。明が滅んだ後は、明を暗示する朱色の衣を着て「朱衣道人」と名乗った傅青主は、清からの数度に及ぶ招請を全て拒絶して、反清の姿勢を最後まで示したのです。

顧亭林（炎武）については後の東林党説で詳しく述べたいと思います。

黄梨州（宗義）という人は明末の考証学の大家で、彼は「社会契約」で有名なジャック・ルソーと比較されて「中国のルソー」とも呼ばれています。黄梨州は、明があっけなく滅んだ原因が、明の時代の学問が非実践的であったからだと考え、実地検証に基づいた実践的な学問を始めました。これが考証学です。この考証学がやがて、現代の近代的な実証学へと発展していくのです。黄梨州もまた、大学者としての名声から、清が三顧の礼をもって招請しましたが、この誘いを受けることはありませんでした。

王夫之（船山）は湖南の人です。この王夫之という人は実に気骨があります。まず謀反人・李自成の盟友であった張献忠が湖南を蹂躙した時、彼は謀反人に従うことを潔しとせず、これに反抗します。次に清の軍勢が湖南に攻め入った時にも、衡山という所で蜂起し、清軍と戦っています。更に清の天下となってからも、清が辮髪（額から頭頂の髪を剃り、後頭部の髪を馬の尾っぽのようにたらした髪形）を強要したのに逆らって、少数民族の苗族や猺族等の洞窟を転々として隠れ住み、最後まで清に対する抵抗の姿勢を崩しませんでした。またこの王夫之は二百八十八巻にも及ぶ長大な「船山遺書」を残しています。この船山遺書の中でも「読通鑑論」三十巻と「宋論」十巻は、清末の反清革命の志士の間では特に名高く、その攘夷と非満思想が志士たちに与えた影響は大きいといえます。

洪門ではこの傅青主、顧炎武、黄宗義、王船山の五人を「**先賢**」としています。

秘密結社「漢留」を創建した殷洪盛は、安徽の蕪湖で陣を張っていた明の将軍黄得功と合流します。黄得功が、清の南京攻落から逃れた明の「福王」朱由崧を蕪湖で守っていたのです。福王は北京で自殺した崇禎帝の従兄弟にあたり、崇禎帝の後継者として南京で即位したのです。

やがて清軍が福王を捕らえ、黄得功が自殺すると、殷洪盛は自ら二万の残兵を率いて清軍に復讐戦を挑みますが、これはあっけなく殲滅されてしまい、殷洪盛も討ち死にしてしまいます。

殷洪盛が死んだ後、彼の子の殷洪旭と、配下の蔡徳忠、方大洪、馬超興、胡徳帝、李式開等は、浙江の魯王のもとに逃げ込みました。魯王は、明の由緒ある皇族の一つで、前述した南京の福王とは別に、浙江の反清グループが神輿として担いでいたのです。しかし、この浙江の反清グループは徐々に清軍に押され続けて、やがて海上から南澳方面に逃れて亡命政権を作るのです。

明・永暦十五年（一六六一）、「**鄭成功**」の台湾占領の朗報を聞いた殷洪旭たちは、当時は金門にいた魯王のもとを離れて台湾に渡ります。台湾王となった鄭成功に、殷洪旭たちは秘密結社を母体とする「漢留」の反清構想を説きました。軍事力による反清復明に挫折したばかりの鄭成功は、この秘密結社による反清復明の構想に同意して、この拠点として金台山明遠堂を開きます。また鄭成功は、隠語である漢留に「**天地会**」の名称を与え、殷洪旭、蔡徳忠、方大洪、馬超興、胡徳帝、李式開たちに、大陸で天地会の組織を拡大させる事を命じました。台湾から大陸に向かった彼等は、台湾の向こう岸である福建の寺社にたどりつき、ここで僧侶を装って隠れ住んだそうです。

洪門では、この秘密結社「漢留」を創建した殷洪盛を「**始祖**」とし、これを武力で支えた鄭成功を五宗の一人の「**武宗**」としています。

鄭成功説

明の永暦元年（一六四六年）の八月、福建金門島の対岸にある鼓浪嶼という小島には、清軍によって福建の廈門を追われた、国姓爺・鄭成功を首領とする陳耀、張進、施琅、施顯、洪覇、洪顯ら約九十人の若者たちが群れていました。軍衣姿の若武者たちは、明の太祖（朱元章）の神位を祀る祭壇を築くと、その神前で、それぞれが短刀で人差し指の先を切り、鮮血を大きな器にしたたらせました。全員の血が器に溜ると、今度は雄の鶏の首を切り落として、ほとばしる血を器に注ぎ込み、更に白酒を混ぜて、それを皆でまわし飲みました。三国志の劉備、関羽、張飛の三人が桃園で義兄弟の契りを結んだ故事にのっとった「飲血為盟」の儀式です。

洪門には「條」と呼ばれる口上が沢山あります。詳しくは「洪門の儀式」で説明しますが、簡単にいうと映画「男はつらいよ」でフーテンの寅さんが「手前、生国と発しますのは……」と仁義をきる、あのようなものだと思ったら良いでしょう。しかし、その種類は多く、儀式に使用されるものが二百以上もあって、また「交際條」という仲間同士の付き合いで使用される口上が五十以上もあるのです。

その中には、義兄弟の契りを結ぶ時にもちいられる「飲血酒條」があります。おそらく、鄭成功たちもこれに似た義兄弟の誓いをしたのでしょう。

「今晩盟誓在香堂　異姓統一同姓洪　金刀取血發誓願　萬集一心合和合　此酒本是非凡酒　好以似王母黄花酒　咱們弟兄来結拝　同飲一杯齊心酒　齊心要把洪門興　日月天長與地長」

（今宵、それぞれの異なる姓を洪の姓で統一し、心を一つにして和合する事を、金刀でとった血を持って誓います。この酒は、西王母の黄花の酒に似た非凡の酒です。我々は兄弟の契りを結び、共にこの一杯の酒を飲むからには、共に洪門の興隆に尽くします。日月天地よ永久に！）

血盟の儀式の後、若者たちは、明の太祖の神位に向かって、清に反逆し、明を復興させる「反清復明」の誓約をします。

「我々、姓は異なると雖も、洪家の兄弟としての契りを結んだからには、天を父とし、地を母とし、太陽を兄貴、月を姐さんとして、互いに心を合わせて協力し、苦難危難を助け合い、上には清を倒して明を復興させ、下には韃靼の圧政に苦しむ民を安んじ、生まれも育ちも別々とは雖も、願わくば同年同月同日に死ぬ事を望みます。天地よ、皇天后土の神々もこの心をご照覧あれ、もし、義に背き恩を忘れる事あらば、天罰を被るであろう」

誓約はこうしたものであったでしょう。そして、この反清復明の為の組織は、天を父、地を母とする事から「天地会」と名付けられました。また天地会は「添弟会」とも呼ばれました。中国語では天地会と添弟会は発音が同じですから、添弟会は天地会の存在を隠す符牒として用いられたのです。

明・永暦十二年（一六五八）、福建の廈門で軍容を立て直した鄭成功は清に対して領土奪回の戦を挑みます。いわゆる鄭成功の「北伐」です。北伐は二回行われましたが、この二度目の北伐には、後に洪門の先賢の一人に挙げられる「**朱舜水**」が参戦しています。

朱舜水は浙江の人です。八歳の時に父を亡くした朱舜水は、幼少の頃から詩、書に秀れ、その秀才ぶりは、彼が科挙の試験に合格した時に、試験官が「開国以来の好成績」と激賞した程でした。また朱舜水はただの秀才ではなく、その武芸の方もずば抜けていたといいますから、まさに文武両道の達人であったわけです。

朱舜水が生まれた浙江という所は南宋の時代に国都（抗州）が置かれていたところですから、元々漢民族意識と攘夷思想が強い土地柄です。ですから、明末清初の動乱期に、反清グループが魯王の朱以海を担いでここで決起した時には、朱舜水は真っ先に駆けつけています。魯王政権を強化する為に、朱舜水は、日本や、当時、安南と呼ばれていたベトナムや南洋諸国を駆け巡って反清復明の義勇軍を募りますが、これは上手くいかなかったようでした。やがて、孫文がこの朱舜水と同じように支援を求めてベトナムや南洋諸国を駆け巡るのですが、それは三百年の後の事です。

朱舜水は、鄭成功が北伐の軍を起こすと、これにも進んで参戦しました。

鄭成功の北伐が失敗すると、これを機に、朱舜水は、大陸での反清復明運動に見切りをつけて日本に亡命します。鄭成功への期待感が大きかっただけに、北伐の失敗が精神的に大きく堪えたのでしょう。

日本に渡った朱舜水に最初に師事するのが、立花藩の安東守約（号・省庵）です。安東守約は、反清復明の夢破れた朱舜水に日本への帰化をすすめ、長崎奉行所等への根回しにも奔走しました。朱子学や陽明学では北九州随一の知識人だった安東守約ですが、彼は朱舜水の高い学識とその忠義の心に感動し、自らの俸禄の半分を割いて舜水の滞在費に当てたそうです。

日本に帰化した六年後の寛文五年（一六六五）、朱舜水を師と仰ぐ水戸藩二代目藩主の徳川光圀が舜水を江戸に招聘しました。舜水六十六歳、光圀三十八歳の時でした。水戸藩の江戸屋敷で、舜水は光圀に朱子学と陽明学に基づく経世済民の思想や、君主に対する臣下の忠義の思想を、自分が実際に体験した明の滅亡という大事件をモデルとして教えたのです。舜水は、反清活動の際に、清軍が放った二十数本の矢を全身に浴びて死んだ盟友の王翊の命日が中秋節であったことから、日本でも中秋節の日には門を閉じ、決して名月を愛でる事はしませんでした。謂わば身を持って光圀に実学を教えたのです。こうした朱舜水の影響は、光圀が編纂した『大日本史』で、楠正成が古今無双の忠義の人として描かれている事等にもみられるようです。

生前、反清復明が成るまでは祖国の土を踏まないと誓った朱舜水は八十三歳で亡くなります。光圀は、舜水の遺体を水戸徳川家の墓所内に明朝式の墳墓を築いて手厚く葬りました。洪門ではこの朱舜水を「先賢」の一人とするのです。

明の永暦十五年（一六六一）、それまで台湾を領有していたオランダ軍を駆逐した鄭成功は同島の台南に拠点を移し、天地会の本部として金台山明遠堂を創立します。この金台山の初代の「山主」が鄭成功です。

金台とは台湾の事で、明遠とは「遠く明を仰ぐ」といった意味です。鄭成功が「開山王」と呼ばれ、鄭成功の屋敷が「開山府」と呼ばれるのは、この金台山を開いた事によるのです。

鄭成功は台湾に拠点を移した翌年に三十九歳で亡くなり、台湾の鄭氏政権は長男の鄭経が後継者となりますが、金台山の跡目は、鄭経の後見人であり、鄭成功の軍師と呼ばれた「**陳永華**」が継承しました。

陳永華は実在の人物で、鄭氏政権の台湾経営に最も尽力した人として知られています。陳永華は土地制度の導入や戸籍の整理等を行い、これが鄭氏政権の台湾統治に大きく貢献したのです。前述の「福建少林寺説」に登場する「陳近南」はこの陳永華を投影させた想像上の人物なのです。陳永華その人は台湾で没し、今でも彼の墳墓が台湾台南県の柳営という場所にありますが、陳永華の功績を惜しむ後世の人たちが、伝説のなかで陳永華を甦らせて、洪門の五宗の一人である「宣宗陳近南」として活躍させたのでしょう。宣宗とは文字通り、創立時の洪門の宣教に大きな功労のあった人という意味です。

また伝承では、清・康熙九年（一六七〇）に陳近南が金台山の大陸の支部として四川に精忠山を開山し、この精忠山から、福建の人義山（山主・范松如）、福建の藎忠山（山主・郭永泰）、貴州の筑青山（山主・林懐明）、雲南の広金山（山主・胡明章）、四川の蓬莱山（山主・方安瀾）、そして四川の華厳山（山主・郭禹欽）の六山に枝分かれして、この六山から洪門は大陸全土へと広がったとされています。

これが鄭成功を洪門の開祖とする説のあらましですが、この説の根拠となっているのは、やはり鄭成功その人の明の皇室に対するひたむきな「忠義の心」と「反清復明」への類まれなる情熱でしょう。彼の忠義の心の見事さに、敵である清ですら後に鄭成功を顕彰していますし、現在に至っても、中国や台湾、また世界中の華人社会で、鄭成功の忠義は顕彰され続けているのです。

鄭成功と同じ反清復明を目指す集団として、洪門がこの鄭成功を創立者としたい気持ちは極めて当然な事だといえます。また鄭成功説に根拠が無い訳ではないのです。

鄭成功の没後の清・康熙十三年（一六七四）、清政府の方針に不満を抱いていた呉三桂が雲南で叛乱を起こしています。かって明の将軍だった呉三桂は、明と清との国境の要所である山海関を守備していたのですが、清軍の侵攻が始まると、これを手引きして山海関を無血入境させたのです。この功績でというか裏切り行為によって、呉三桂は清朝の設立後に雲南王に封じられました。明からみたら本当に大逆賊です。

この呉三桂の叛乱に呼応して、台湾の鄭経も大陸進攻を始めています。呉三桂は逆賊ですが、清に対して叛乱を起こせば、敵の敵は味方ですので、鄭経はこれを反清復明のチャンスとみたのです。鄭経はすかさず台湾海峡を渡って対岸の福建の漳州を簡単に陥すのですが、漳州には鄭経軍に呼応する者が多かったといいます。洪門の伝承によると、この漳州で呼応した者たちはみな天地会のメンバーであったそうです。

またもう一つの根拠として、清・康熙六十年（一七二一）に台湾で起きた「朱一貴の乱」と、前述の、やはり台湾で起きた「林爽文の乱」が挙げられます。

当時、清軍に平定された後の台湾は単身の男性ばかりの社会でした。

余談になりますが、筆者は高校は男子校に通いましたが、この男だけの世界というものはどうしても武に片寄りますし、なんとなく「矢でも鉄砲でも持ってこい、先公がなんだ」といった雰囲気も強くなります。つまりバンカラです。

清の圧政下におかれた台湾のバンカラ社会で、互いの血を飲み合う「飲血為盟」によって義兄弟の契りを結ぶという天地会のやり方はみるみるうちに男の世界に広がっていきました。義兄弟で固められた集団は、いったん不満が爆発すると、燎原の火のように燃え盛ります。そして起きたのが「朱一貴の乱」と「林爽文の乱」でした。洪門では、この二つの叛乱とも天地会が起こしたものとされていますが、正確にいうと朱一貴の乱の方は天地会の旗は掲げていません。一方、林爽文の乱の方は天地会の旗幟を明確にしたものでした。

この二つの叛乱が台湾で起きた事から、鄭成功が台湾で洪門「金台山」を創設したという説は力を持つ事になります。この説を援護するように洪門の諸説のなかには朱一貴という人を鄭成功から洪門の跡目を譲られた武将だったとする説もあります。しかし、鄭成功が没したのは一六六二年で、朱一貴が生まれたのは一六八八年ですからつじつまがあいません。また鄭成功の後継者の鄭経の没年も一六八一年ですので、これも朱一貴の生まれる七年前の話です。では、鄭氏政権の三代目の鄭克塽はどうかというと、彼は一六八三年に清が派遣した水軍提督の施琅に降伏して北京に護送されています。これも朱一貴の生まれる五年前の出来事ですので、朱一貴の鄭氏政権武将説は、洪門鄭成功説を支持する人々によって後から創られた話といえます。

この鄭成功説の絶対の強みは、やはり鄭成功が実際に清軍と交えた数々の激戦の一つ一つが明白な史実であるという事と、また忠義の人鄭成功が漢民族を代表する英雄として讃えられ続けている事にあります。また鄭経の漳州進攻も強みとなっています。実はこの鄭経の漳州進攻が洪門の誕生説のキーポイントなのですが、それはのち程説明したいと思います。さらに鄭氏政権の台湾経営に大きく貢献した陳永華が、洪門の伝説で陳近南とした生まれ変わったように、彼の業績と遺徳がそれだけ大きかった事も援護射撃になっているのです。

東林党説（復社）

前述したように洪門では洪門の創立に貢献のあった先達を、「始祖」、「先賢」、「五宗」、「前五祖」、「中五祖」、「後五祖」、「五義」、「三英」、「軍師」などと称しますが、この先賢のなかに「**顧憲成**（**炎武**）」がいます。明の万暦帝の時代に、この顧炎武を中心とする江南の士大夫たちによって結成された政治集団が「東林党」です。

暗君として名高い明の万暦帝は、二十五年間ものあいだ朝廷に出て政務をとりませんでした。それでは何をしていたかというと、寵愛する鄭貴妃と宮廷の大奥で戯れていたのです。もうどうしょうもないアホな皇帝だといえます。彼の孫にあたる崇禎帝の時に明が滅びた原因は、全てこの万暦帝の時代に作られたといってよいでしょう。

暗君の割には、万暦帝の世は四十九年にも及ぶのですが、この時代の初期に、豪腕を振るって力の政治をしたのが宰相の張居正です。力づくの政治というものは独裁でないと出来ませんので、まず政府内部の反論を封じ込める必要があります。張居正も徹底して反対者を弾圧しました。当時は、全国各地に私立学校の「書院」を開いて学生を教える士大夫が多くいて、彼等が世論を動かす力も馬鹿になりませんでしたので、張居正はこの書院の閉鎖も断行したのです。しかし権力で書院を閉鎖できても、教師と学生の人間関係そのものを断ち切ることは無理な話です。師と弟子たちは地下に潜って学問を続けたのです。

張居正が没すると、万暦帝が大奥で遊んでいて政務をとらないのですから、明の政治は一時的に麻痺しました。独裁者がいなくなると、皆が自由に発言をするようになり、やがて同じ意見や利害関係を持つ者同士の集団が生まれます。政治でいえば党や派閥です。張居正なきあとの明の政界にもこうした多くの党派が生まれ、その一つは清議派と呼ばれ、同派は野党的な立場から政府と向かい合いました。清議派の論客である顧炎武と弟の顧允成、また趙南星、鄒元標といった人たちは、朱子学の厳しさを以て政府のふらふらとした政策にあらゆる方面から強く咬み付いたのです。

万暦二十二年（一五九四）、官僚の勤務評定を巡る派閥争いが起こり、これが原因となって、清議派の一部が下野を余儀なくされます。

この時、顧炎武、顧允成の兄弟は故郷の無錫に戻って、北宋時代にあった東林書院を再建しました。この東林書院に集まって政治を論じる人たちは、書院の名前から東林学派と呼ばれました。

顧炎武たちが下野した後も、政府内の清議派は組織的な政治活動を続け、その勢力は一度は政権を握るまでに大きくなります。その頃、野に下っていた顧炎武は、時の宰相である葉向高に対して、政府閣僚の欠員を同じ清議派の李三才で埋める事を要請する手紙を出しました。この時、他の派閥が葉向高と李三才を東林党と非難した事から、以後、清議派は「**東林党**」と呼ばれるようになったのです。

政府が東林党と非東林党との派閥抗争で明け暮れるなか、万暦帝が没し、次の皇帝には朱常洛が即位しました。元号を泰昌とする事が決められましたが、泰昌帝は即位して僅か一ヶ月余で病死してしまいます。原因は毒殺ともいわれており、死ぬ前日に泰昌帝が服した丸薬が紅い色をしていた事から、これは「紅丸の事件」といいます。泰昌帝の後継には長男で十六歳の朱由校が選ばれました。これが天啓帝です。

この天啓帝の登場とともに、宦官の魏忠賢が政治の実権を握る事になります。魏忠賢のもとの名は李進忠です。李進忠は街のゴロツキでしたが、ある時、博打に負けてヤケクソになり、自分から進んで去勢手術を受けて宦官になったといわれています。普通は少年の時に去勢手術をして宦官になりますが、李進忠の場合はゴロツキだったのですから、それなりに世間の冷たい風にも吹かれて、色町の味にも触れ、また修羅場も踏んでいたでしょう。こういう人が男を捨てて宦官になったのですから、これはもう宦官になる心構えが違うといえます。

李進忠は無学でしたが、人の心を読み取る事にはずば抜けた才能を持っていましたし、その駆け引きにも非凡なものがありました。権謀術数という意味では、男の陽を捨てて、女の陰となった宦官のそれには陰湿で凄まじいものがありますが、李進忠には、普通の宦官にはないゴロツキ時代に鍛えた斬った張ったの度胸、喧嘩の気合、押し引きのコツといったものが備わっていました。また色町にも出入りもしていた事から、女心の機微にも通じていたのです。やがて出世に伴って、李進忠は魏忠賢と名前を変えます。

魏忠賢は天啓帝の乳母と結託する事で、政治の表舞台に登場しますが、彼を神輿に担いだのが非東林派の政治家たちです。朱子学の正論を振り回す東林党は、野心に燃える李進忠にとっても邪魔な存在でした。敵の敵は味方ですから、李進忠と非東林党の政治家が結託するのは自然の成り行きといえます。殺しても飽きたらないくらい東林党を憎んでいた非東林党が、彼に権力を握らせたともいえるでしょう。

天啓三年（一六二三）、魏忠賢は東廠と呼ばれる秘密警察の長官に就任しました。

翌年、東林党の楊漣らが魏忠賢を弾劾しますが、この刃をかわした魏忠賢は、反す刃で東林党を徹底的に弾圧したのです。

天啓四年（一六二四）、まず魏忠賢を弾劾した左副都御史の楊漣、僉都御史の左光斗、給事中の魏大中、御史の袁化中、太僕少卿の周朝瑞、陝西副使の顧大章といった東林党の人たちが激しい拷問を受けて処刑されます。続いて無錫の東林書院を始めとする全国の書院が破壊されました。これによって、東林党の支持層である士大夫の拠点は悉く潰され、更に東林党の党員の姓名が「奸人」として天下に公開されたのです。東林党は一匹も逃さないという魏忠賢の敵意の表れでしょう。

天啓六年（一六二六）には、高攀龍、周順昌、周起元、李応昇、周宗建、繆昌期、黄尊素の東林党の七人が惨殺されました。こうした政府の措置に憤慨した民衆は、前に処刑された六人を「六君子」、後に惨殺された七人を「七君子」と呼んで、彼等を密かに崇めたのです。

即位して七年で、天啓帝は没します。享年二十三でした。中国の歴代王朝では、皇帝の死は側近の凋落を意味します。

新皇帝は天啓帝の実弟の朱由検に決まりました。この朱由検が明の最後の皇帝となる崇禎帝です。即位した崇禎帝がまず最初に行ったことが魏忠賢の弾劾でした。魏忠賢は己の権勢をかさにきて皇族までをも迫害していたのです。逮捕された魏忠賢は、流石というのは可笑しいですが、政府に処刑される前にゴロツキらしくあっさりと首をくくって自殺したのです。

崇禎元年（一六二七）、新皇帝の治世がスタートすると、東林党の弟分ともいうべき「復社」が正式に設立されます。正式にと書いたのは、この復社のメンバーである張溥、張采、陳子龍、徐釆らが魏忠賢の打倒を叫び、抗議の檄文をまいた士大夫たちであったからです。ですから、魏忠賢が権力を握っていた時には徹底的に弾圧され、彼等が正式に復社を旗揚げ出来たのは魏忠賢の没後になってからです。

この復社のリーダーが江蘇の人張溥です。張溥は明末の文人としては非常に有名な人ですが、彼の読書方法というのがまた徹底していました。本を読む度に、まず読む本を筆写して、それを幾度も読んだ後に焼き捨てて、また筆写して読むという事を七回も繰り返したのです。張溥はこれを七録と呼び、自分の書斎も「七録齋」と命名していたほどです。

復社は元々学術復興の団体でしたが、魏忠賢の打倒運動をさかいに政治色を強め、清の侵攻が始まると強烈な民族主義に染まっていきました。東林党と復社の相違をいえば、東林党が最後まで朱子学を奉じる官僚や在野の士大夫層を中心とする政治活動を行ったのに対して、復社は士農工商の枠を超えたより広い層の人々が中心となって成長していった点が挙げられます。これは学問的にも、復社の方は陽明学が中心であった事から、東林党が奉じる超厳格な朱子学よりは、民衆の共感を得やすかったこともあると思います。しかし、復社が東林党の政治思想や六君子、七君子の事件の影響を大きく受けているのは間違いありませんので、これを東林党の弟分と呼んでも良いでしょう。

清末明初には、復社、甇社、東越諸社、三湖諸社、南湖九子、西湖八子、西湖七子、南湖五子といった民族派の団体が数多く生まれましたが、やはりその最大のものが復社です。清の政権が樹立されると、これらの民族派諸団体は地下に潜って秘密結社となり、自らを「添弟会」と呼び、やがてこの呼び名が同一発音の「天地会」となり、洪門となったというのです。

復社の組織は、社の長を「正配」、門人を「十哲」と称し、民族忠義の思想を説くこの組織には、緑林の豪傑と呼ばれる民間の任俠、遊俠の徒も多く入社したのです。また、彼等は清が強要した辮髪に徹底的に反抗した人々でした。清は辮髪にしない漢人に対しては断頭という厳しい処分で臨みましたので、頭を剃らなければ首を斬るというこのやり方を逃れるには、剃髪して僧侶になるか、また清の手の届かない地方に潜伏するしかありません。復社の過激なメンバーには僧となって清に反抗した人が随分いたといわれます。そうした腕のたつ反清僧侶の巣となったのが当時の寺社仏閣です。

秘密結社には、カリスマを持つ創建時のリーダーが死ぬとあっという間に滅びるものと、リーダーが没しても組織が次々と継承されていくものがあります。人間の継承ではなく思想が継承されていくからです。こうした思想の継承という意味で、士大夫と学者を指導者として反清復明の運動を行った東林党と復社を、洪門の起源とするこの説は説得力を持っているといえます。

観音寺説

本章の冒頭で述べましたが、清の記録に初めて反清復明のグループとして天地会の名前が出てくるのは、楊咏という天地会のメンバーが台湾で官憲に捕縛された時の自供書です。

この時の官憲の尋問に対して、楊咏は「へぃ、おいらが聞いたところによると、天地会は広東の洪二房という名の和尚と朱という人が始めたらしいです。なんでも、和尚は後渓鳳花亭という所に住んでいるらしいですが、それが何処の府県かは知らないんでぇ」と話し、これが清の公式文書として残っています。

反清復明を目的とする闇の勢力の存在に神経を尖らしていた清政府にとって、この楊咏の自供は大きな突破口でした。この自供を重くみた乾隆帝は、清・乾隆五十一年（一七八六）の正月二十日に、軍機大臣の福泰安に徹底究明を厳命して、福泰安はさっそく両広総督の孫士毅に対して後渓鳳花亭の所在を調査する命令を下しています。同月二十七日には、総督の孫士毅からの回答がありましたが、それは「現在、閩浙（現在の福建省）の督臣に転任している常青から聞いた話によれば、天地会の起源は粤東（現在の広東省）にあって、洪二房という僧侶と朱の姓を名乗る者が後渓鳳花亭という所に住んでいるらしいのですが、この後渓鳳花亭がどの府県にあるのかは不明との事でした。私の考えでは、それは恵州府か潮州府ではないかと推測していますので、徹底的に調査します」というものでした。

四月初めには、また総督の孫士毅から「捕獲した賊の書籍に、広東の鳳花亭、高渓庵、馬渓廟という場所で、洪の姓を名乗る者たちが結盟をしたとの記載があった事から、兵を動員して、これらの場所を探しましたが、結果として何も発見出来ませんでした」との報告書が届いています。

こうした動きとは別に、台湾で楊咏の兄貴分の厳烟という男が捕獲されるのです。

漳州人の厳烟が渡台したのは清・乾隆四十八年（一七八三）です。表向きは布地の商売人という触れ込みでしたが、実際には天地会を広めることが目的です。厳烟は天地会の入会式を人目のない僻地で行ったそうです。儀式は刀剣の下を新会員が潜り、反清復明を誓約した後、秘密の暗号とサインが伝授され、皆で血盟の義兄弟の契りを結ぶという、天地会の正式な儀式に則ったものであったようです。現在の洪門の入会の儀式も、ほぼこの天地会の儀式を踏襲しているといって良いでしょう。

厳烟は、彰化の劉井、王芳、陳泮、淡水の王作、林小文、嘉義の蔡福、葉省、楊光勲、黄鐘、張烈、そして鳳山の荘大田と荘大韭の兄弟らを続々と天地会に入会させますが、この時期に、後の清乾隆五十一年（一七八六）に起きる天地会の大叛乱の首謀者となる林爽文も入会しています。

清朝の官兵に捕獲された厳烟は「聞いた話によるってえと、天地会は朱という人と李という人が始めたとの事で、なんでもそう遠くねえ昔に、四川で始まったとの事で、確か朱という人は朱鼎元だと聞いたような覚えが……それで、何でも趙明徳、陳丕、陳彪という兄貴分たちが広東の恵州で兄弟を集めていたらしいんで」と自供しています。

　この自供を受けた軍機大臣の福泰安は四川総督の李世傑と両広総督の孫士毅に調査を命じますが、李世傑から戻ってきた回答は「四川には國魯という匪賊がいて、これを取締まった事はありますが、天地会という名は出てきませんでした。ただし、國魯の首領の中に逃亡中の朱と李という名前の者がおります」とのまことに不明瞭なものでした。更に李世傑は「四川の到る所を調査しましたが、天地会の存在は確認出来ませんでした。また戸籍の調査でも、朱鼎元の名前は見当たりませんでした」と追加の報告を行っています。

　四川総督の李世傑が述べている國魯とは四川に根強い勢力を持っていた無法者の集団です。清は政権を奪取すると、開墾地の少ない福建、広東、湖広、陝西から未開発地が多くある四川への移民政策を促進しましたが、この時に移民した者たちの多くが無職の、いわば無頼の徒でした。この無頼の徒が四川の地元の無頼の徒と義兄弟の契りを結んで結成されたのが國魯です。初期の國魯には博打うち、市場の顔役、誘拐専門、恐喝専門、飲食店の用心棒、強盗、窃盗、巾着切り（スリ）等が多く、殺人や放火で金儲けをするものは、自らを紅銭兄弟と呼び、盗みをするものは黒銭兄弟と呼んだそうです。しかし、四川の流通経済が発達するとともに、後期の國魯は運河の拠点を縄張りとする水運・荷受業をシノギとする集団へと変貌していくのです。当然、この國魯には反清復明といった政治目的はありません。ただの無法集団にすぎませんが、やがてこの國魯から清末の洪門の一翼を担う「哥老会」が、またその分派として「青幇」が生まれるのですが、それは後々の事になります。

　四川総督の李世傑とは別に、両広総督の孫士毅が広東の恵州から福建の漳州にかけて綿密に調査を行った結果、ついに厳烟が自供した陳彪という男の逮捕に成功します。そしてこの陳彪が口を割ったのが福建漳浦県高渓郷の観音亭を根城とする天地会の創始者「鄭堤喜」の名だったのです。

政府は直ちに軍隊を派遣し、この時、すでに鄭堤喜は亡くなっていましたが、鄭堤喜の子の「鄭行義」を取り押さえる事が出来たのです。この義を行うという名前を持つ鄭行義の自供によって、清政府は「鄭堤喜が洪二房という観音寺の和尚で、後渓鳳花亭というのは、高渓紅花亭だ」という事を知るのです。洪二房の法号は「雲龍」で、彼の俗名が「鄭」でした。洪二房の洪は幼名で、二房とは、中国の兄弟関係では長男を老一、次男を老二、六男でしたら老六と呼ぶ事から、洪二房の「二」とは義兄弟の序列が二位という意味でしょう。また房は元々寺社の大部屋の事で、僧侶の代名詞ともなっていましたので、僧侶である洪二房が「房」の字を用いるのは自然な事でした。また息子の鄭行義の俗名は「鄭継」でした。

前述した楊咏が初めて天地会の名前を自白した乾隆五十年（一七八五）の四年後に、清政府は乾隆帝に対して以下のような上論書を提出しています。

「軍機大臣福泰安等は、天地会の匪賊である陳彪を捕獲し、陳彪の自供から、天地会の創始者である堤喜の子の行義を捕らえて厳刑をもちいて自白させたところによると、父の堤喜こそが観音寺の僧侶洪二房であることを確認した。行義の本名は鄭継であり、行義とは僧名である。行義は父より三指訣を伝授されている。……全ての状況証拠から判断しても、堤喜が天地会の創始者洪二房であることは疑いないものと断ずる」

この上論書のなかに「行義は父より三指訣を伝授され……」とありますが、この三指訣こそ天地会を示す暗号なのです。今でも洪門の兄弟はこの三指訣を、互いを洪門メンバーだと知るときの秘密の合図や儀礼に使用しているのです。三指訣は手の指の形で表現されます。手を開いた状態で人差し指、中指、薬指、小指の四本をぴったりとくっつけて人差し指だけを折り曲げる、これが三指訣です。また三指訣は「三把半香」とも呼ばれ、その意味するところは二つあります。

三把半香の指の形は数字の三、一、九となります。崇禎帝が自縊した明・崇禎十七年三月十九日という日はまた明が滅亡した日でもあります。三把半香には、洪門はこの三月十九日という日を決して忘れないぞという意味があり、つまり反清復明の誓いが込められているのです。

三把半香の二つ目の意味は、第二章の「洪門の精神」で詳しく述べたいと思いますが、これには、一つに戦国時代の羊角哀と左伯桃の命をかけた義兄弟の交わりの「捨命全交」、二つに三国志の「興漢滅曹」、三つに水滸伝の「替天行道」、そして三つ半として隋唐演義の「瓦崗結拝」という、洪門が重んじる三つと半分の精神が秘められています。

洪二房である堤喜が息子の行義に三把半香を伝授したという記録こそ、洪二房が天地会の創始者であった事を示す如実な証拠といえるでしょう。

参考のために、洪二房が創立した天地会の乾隆年間の福建・台湾における幹部の役職を次に記しておきます。

盟主大元帥（「林爽文の乱」の林爽文がこれにあたります）。

護國元帥、副元帥、軍師、征南大都督、大都督、鎮國大将軍、輔國大将軍、開南大将軍、安南大将軍、遊撃将軍、水陸将軍、鎮北将軍、総参軍、総先鋒、副先鋒等々と物凄い名前の役職がありますが、これらはみな滅んだ明の兵制にならっているのです。

また天地会の参考になると思いますので、清朝の嘉慶・道光年間における天地会メンバーの職業をつけ加えておきます。

臨時人足、雑貨販売、茶畑の経営、茶販売、馬の販売（馬喰）、薬売り、占い師、煙草販売、塩魚の販売、旅の僧（虚無僧）、山地開墾業、貿易、旅芸人、裁縫業、食堂経営、旅館業、等々一つ一つ挙げるときりが無いぐらいに、当時の民間の様々な職業を網羅しています。どれをとってもみな社会の底辺の人々ですが、洪門の大衆性がよく示されていると思います。

洪門誕生の仮説

まず、洪門がなぜ洪門と呼ばれるようになったかを考えてみたいと思います。
洪門の伝承をまとめると次のようになります。

一、反清復明は、満洲人の国家を倒して、漢人の国家を復興させる政治運動です。「漢」の文字から「中」と「土」の文字を奪うと「洪」になります。「中」は中原（国家の中心）で「土」は土地を表しますから、漢の土地が奪われた事を忘れない為に自らを洪門と呼んだ。
二、福建九連山少林寺説で述べたように、陳近南が紅花亭で同志による起義の集会を開いた時、東の空に紅の光があらわれた事から、紅と同音の「洪」をとって洪門と名付けた。
三、明の皇族の朱の字は赤色、つまり紅ですから、紅と同じ発音の「洪」をとって洪門とした。
四、陳近南の起義のときにあらわれた、明最後の皇帝・崇禎の孫の朱洪竹の「洪」をとって洪門とした。
五、明の太祖朱元章の年号が「洪武」ですから、この「洪」をとって洪門とした。
六、観音寺の洪二房が天地会の創始者なので、この「洪」をとって門下は自らを洪門と称した。

色々とありますが、一つ一つみていきましょう。
一、については、洪門が得意とする符牒ですが、これはどう考えても、後々に創作されたものです。
二、は神話ですが、神話というものはその裏に真実が隠されているものです。この神話ではまず「紅」があって、それが同一発音の「洪」となったとされていますが、これはまず「洪」があって、それを神話では、天に射した紅の光としたのではないかと思います。ですから隠語としては、「洪花亭」は「紅花亭」となり、「洪家」は「紅家」となり、清末に流行った「紅幇」は「洪幇」を意味するのです。
三、は明の皇族の名前である「朱」が、まず同一色の「紅」となって、それがまた同一発音の「洪」になったというもので、ついつい「ああそうか」と首をたてに振ってしまいますが、これも、まず「洪」があって、それが同一発音の「紅」を連想させ、そこから明の皇姓である「朱」が連想されたのだと思います。中国では「紅の色」を大変に目出度いものとします。結婚や祝儀事には満面の紅がもちいられます。それは紅色が邪気をはらうと信じられているからです。また人が有名になると「彼はとても紅だ」という表現もします。つまり紅という発音はお目出度いもので、中国人にとっては極めて日常的なものなのです。そして、この紅と洪を連想の強さから考えた場合には、私の体験からいうと、「紅」を「洪」だと連想するよりも、「洪」を「紅」と連想する人の方が遥かに多いのです。隠すという事であれば、清朝政府が敏感な「洪」や「朱」は用いません。ですから、洪門の初期には「天地会」や「添弟会」といった、まったく反清復明を連想させない名称が用いられたのです。
四、の朱洪竹の名前には「朱」と「洪」が合体しています。この神話の人物には、明の皇族と洪門がそのまま表現されていて面白いと思いますが、これは明らかに後世の洪門人が創作したものでしょう。

五、の洪武帝朱元章の「洪」をとって洪門としたこの説には説得力があります。まず「洪」ありきと考えた場合、明の復興を主旨とする洪門が明の太祖の元号を用いる可能性は高いと思います。

六、の洪二房の説は、天地会の創立という意味では、実際に清の公文書にも残っているように、これが一番信憑性が高いのですが、この洪二房の「洪」がどこからきたかというと、清の記録には堤喜の幼名が洪だったと書かれていますが、やはり明の太祖の洪武帝の「洪」から直接にとったのではないでしょうか。

洪門の創始者

洪門の「洪」が洪武帝からきたとの仮説をたてましたが、では洪門はいつ、何処で、誰によって創立されたのでしょうか?

結論から述べますと、私は「観音寺説」をとりたいと思います。

まず、洪二房と息子の俗名を思い出してください。清の官憲に確認された二人の俗名は「鄭堤喜」で、息子の行義の方は鄭を継ぐという意味の「鄭継」です。この名前は鄭成功の息子の「鄭経」を連想させます。

ここで私は想像を膨らませます。

鄭成功説のところで、清・康熙十三年（一六七四）の呉三桂の叛乱に呼応して、台湾の鄭経が大陸進攻を行い、対岸の福建の漳州を簡単に陥し、この漳州には鄭経軍に呼応する者が多く、彼等が天地会のメンバーであったと書きました。また、観音寺説では、天地会の創始者とされる洪二房が福建漳浦県高渓郷の観音亭を根城とし、息子の行義もここで逮捕されたと書きましたが、この場所は両方とも福建の漳州なのです。

となると、鄭の俗名をもつ洪二房が何らかの形で鄭成功の息子の鄭経と深い関係を持っている可能性が出てくるのです。

鄭経が漳州に進攻した時、彼は三十二歳の若武者ですから、軍中とはいっても、そこにロマンスの一つや二つあっても当然です。ですが、洪二房が生まれたのが清・雍正十二年（一七三四）ですから、鄭経が漳州に進攻した清・康熙十三年（一六七四）からは六十年の時が過ぎています。となりますと、もし洪二房が鄭経の血脈に繋がるとした場合、彼は鄭経の曾孫あたりになるわけです。

文献的に証明されている観音寺説の最大の弱みは、なぜ洪二房という一介の和尚が反清復明という革命運動に乗りだし、そして多くの門下を得る事が出来たのかという点です。彼には所謂金看板が無いのです。しかし、もし洪二房が密かに鄭経の血を引く者であるのならば話は大きく違ってきます。何故なら、反清復明と漢民族のヒーローである鄭成功の血統に連なるからです。

殷洪盛「漢留」説のなかで、清・道光二十八年（一八四八）、福建で天地会の「蓋忠山」を設立した郭永泰という人が、猟師が海から引き上げた鉄製の箱を入手したところ、この箱の中に鄭成功が創立した「金台山」の規律書が封じられていたと書きました。真偽は別として、もしこの規律書があったとしたなら、これはモーゼの十戒がユダヤ人にとって聖物であるように、天地会にとっても正に聖なる宝物といえます。ですがこの宝物が台湾で投棄され、百六十余年後に福建で引き上げられたというのは辻褄の合わない話です。むしろ、こうしたものが鄭経から漳州の血脈に伝えられ、それが密かに郭永泰の手に渡ったと考えた方が頷けます。世界的なベストセラーとなったダン・ブラウンの『ダビンチ・コード』では、イエス・キリストの血統が宝物とされましたが、鄭成功の宝物もこうした血の流れであった可能性があるのではないでしょうか。

また、これに関連して明記しておきたい事があります。それは鄭経の後継者となった次男の鄭克塽が長男の鄭克壓を押しのけて鄭氏政権の三代目となった事です。鄭経の没後、彼の跡目は陳永華の女婿の鄭克壓と、政権内の実力者であった馮錫範の女婿の鄭克塽との間で争われました。後継者候補を担いだ陳永華の派閥と馮錫範の派閥との政権抗争といってもよいでしょう。しかし、結果として、馮錫範の一派に鄭克壓が暗殺され、鄭克塽が擁立された事によって、陳永華は失意のうちに亡くなっているのです。

鄭成功説で述べましたが、天地会「金台山」の二代目は陳永華です。女婿を惨殺され、権力の座を追われた陳永華が、まかり間違っても鄭克塽に天地会の宝物である鄭成功の規律書を手渡す筈はありません。むしろ、これが陳永華から対岸の鄭経の血筋に伝えられたと考える方が辻褄が合っていると思います。

モーゼの十戒の伝説に示されるように、戦乱期の民衆は生きていく指針のようなものを求めます。勿論こうした指針はモーゼの十戒のような神様が示したものであれば最高です。鄭成功は死後に中国の廟に祀られる神様になっています。現在も台湾にある別名で開山王廟とも呼ばれる延平郡王祠がそれです。この延平郡王祠は、鄭成功が三十九歳で亡くなった一六六二年に当時の台湾の民衆の手で創建されていますが、恐らく神様となった鄭成功に民衆は何か生きていく指針を求めたのでしょう。こうした民衆の願いが鄭成功の戒律書の伝説を生んだのだと思います。別に述べたように、伝説では、この戒律書は台湾で投棄され福建で引き上げられています。私はこの戒律書の伝説が、前述した鄭成功の血の継承を意味しているように強く感じられてならないのです。

次に洪門が創立された年代ですが、九連少林寺の神話では、陳近南が紅花亭で百八人の英雄と洪門大会を開いた、清・康熙十三年（一六七四）、甲寅七月二十五日の丑の時がそれだとされています。これは天地会の伝承ですが、この根拠は、洪門の口伝で、その創立が「飛龍甲寅年七月二十五日丑時」とされているからです。

しかし清の官憲が押収した天地会内部の文献には、天地会の創立は「乾隆三十二年（一七六七）」との記載があり、更に天地会のメンバーである「許阿協」等が「天地会の創立は清・乾隆三十二年です」と自供している事もあって、乾隆帝その人もこの説を深く信じていたといいます。ではなぜ、天地会の神話と天地会のメンバーが自供した創立の年が違うのでしょうか。それは甲寅年という干支にあります。

干支は六十年に一度周ってきますので、一六〇〇年代と一七〇〇年代の甲寅年は、一六一四年、一六七四年、一七三四年、一七九四年と四回あります。

そして、この四回の甲寅年のうちの雍正十二年（一七三四）七月二十五日の丑の時に洪二房が誕生しているのです。普通大きな組織の創始者の誕生日というものは、組織にとっては非常に大切なものです。宗教結社は特にこれを大切にして、この日には特別な祭祀を行います。しかし、これが洪門のような秘密結社となると話が違ってきます。これが秘すべきものとされるのです。しかし、この特別の日は、やはり結社の歴史のどこかに暗号として残さねばなりませんから、恐らく、洪門神話の作者は、意図的に洪二房が生まれた一七三四年を一六七四年にすり替え、この日を洪門の誕生にしたのだと思います。またそうすることによって、また洪門神話を年代的にも辻褄を合わせたのでしょう。で

すから、

清・雍正十二年（一七三四）が洪門の創立者である洪二房が生まれた年

清・乾隆三十二年（一七六七）が三十三歳の洪二房によって洪門が創立された年

だと考えて良いと思います。

さらに、これを裏づける決定的な証拠があります。それは清・乾隆五十二年二月二十一日に両広総督が乾隆帝に奏上した報告書です。

「據供、歌訣内有《木立斗世》字様、匪會係起於乾隆三十二年」（欽定平定台湾紀略）、漢字で書くとこうなりますが、意味するところは、「供述によると、歌訣のなかにある《木立斗世》の文字に、匪会が乾隆三十二年に起こったとある」というものです。歌訣とは、洪門では数多くの漢詩を歌う事で仲間同士の交流を深め、また儀式を進めますので、この詩の文句と思ったら良いでしょう。

この「木立斗世」は符牒で、まず「木」は十と八の組み合わせですから、これが「十八」です。次に「立」は六と一の組み合わせですから「六十一」です。また「斗」は十と二の組み合わせですから「十二」で、「世」は卅と二の組み合わせで「三十二」を表します。この数字は、明が滅んだ後、清の順治帝の在位が十八年、康熙帝の在位が六十一年、雍正帝の在位が十二年と続いた事を示し、そして乾隆帝の在位三十二年に結成された天地会が、反清復明をなし遂げて清朝の支配を断絶させるのだという意味が込められているのです。

洪門では「木立斗世」の四文字を多用します。木立斗世とは「木揚城」とも呼ばれ、もともと洪門の「三軍司令旗」や前五祖、中五祖、後五祖の「旗幟」を入れる容器の事ですが、洪門の入会式を行うは場所も、洪門の人々を入れるという意味から「木揚城」といいます。この入会式の場所である木揚城にも大きく木立斗世の文字が掲げられますし、洪門の証書にも木立斗世の文字がみられます。

昔は腰の帯に巻きつけたことから「腰平」、「腰布」とも呼ばれ、その図案から「八卦」とも呼ばれた洪門の証書ですが、現在は「寶」という名で統一されています。この洪門の証書には洪門の思想の一切が符牒を以て書き込められています。ですから、外部の人が見てもまずその内容は判りません。また形も天地会系、三合会系、哥老会系とそれぞれ異なり、八角形のものを使用する天地会系の図柄は、まるで密教のマンダラを彷彿させるような、それは圧巻といって良いほどに見事なものです。（証書については後の「**洪門の儀式**」の章で述べたいと思います）。

洪門の諸団体

ここで清朝の政府文献に載っている秘密政治結社の名称をながめてみましょう。

鉄鞭会、父母会、桃園会、子龍会、一銭会、鉄尺会、関聖会、小刀会、邊銭会、関帝会、北帝会、天地会、添弟会、雷公会、牙籤会、遊会、共和義、和義会、牛頭会、双刀会、仁義会、百子会、三点会、花子会、龍華会、江湖串、洪蓮会、忠義会、孝義会、神仙会、拝香会、良民会、洪銭会、五顯会、仁義会、明燈会、公義会、隆興会、臥龍会、洪合義会、太平会、兄弟会、哥老会、金銭会、砍刀会、洋鎗会、黒旗会、白旗会、烏龍会、清明会、江湖会、桃園会、同勝会、趙公会、沙包会、天元会、洪江会、同仇会、光復会、在園会、三共会、鞭剛会、九龍会、五穀会、忠誠会の六十五団体が、清の雍正六年（一六四四）から光緒三十四年（一九〇八）の二百六十四年間に清朝政府の文献に秘密結社として記載されています。

随分と多くありますが、洪門にとって重要な名称は、**天地会**、**添弟会**、**三合会**、**三点会**、**哥老会**の五団体です。しかしこの五団体のうち、天地会と添弟会は同一組織ですし、また三合会と三点会もそうです。ですから、天地会、三合会、哥老会の三団体の統一団体としての名称が「**洪門**」だと思ったら良いでしょう。

この三団体は地区的には、

福建、台湾／天地会（漢留、海底、添弟会）

広東、広西／三合会（三点会）

四川、雲南／哥老会（哥弟会、袍哥）

に分類されます。

清前期の雍正六年（一六四四）から乾隆六十年（一七九五）まで百五十一年間の秘密政治結社の摘発数は四十八件ですが、このうち福建・台湾の天地会系が二十五件で五十二％です。初期は天地会系が圧倒的に多く、後に洪門の一角を大きく担う事になる四川の哥老会の名前は見当りません。清の初期には、四川は「國魯」と呼ばれた無頼の徒が横行していましたが、この時代の「國魯」は反清復明の思想を持っておらず、単なる匪賊でした。

続く清・嘉慶、道光の時代に入ると、福建・台湾の天地会と添弟会と並ぶ勢いで広東の三合会と三点会の名前が頻繁に出てきます。

三合会は元々、全長二千二百十四キロの中国南部最長の大河である珠江を根城とする水賊の組織です。この水上運輸に携わっていた匪賊が、隣の福建の天地会の影響を受けて、三合会、三点会といった反清復明の組織を形成しました。観音寺説のところで述べた厳烟の自供「……それで、なんでも趙明徳、陳丕、陳彪という兄貴分たちが広東の恵州で兄弟を集めていたらしいんで」を思い出して下さい。台湾で逮捕された厳烟が「天地会が広東で会員の募集をスタートさせていた事」を認めているのです。

三合会の名称が始めて清政府の文献に登場するのは嘉慶十一年（一八〇六）です。そして、この自白があったのが乾隆五十一年（一七八六）の頃ですから、恐らく天地会は約二十年の歳月をかけて、広東珠江流域の匪賊を反清の秘密結社として養成したのだと思います。

天地会の名前は、清の後期の光緒年間（一八七五〜一九〇八年）に入ると激減し、辛亥革命の十五年前の光緒二十年（一八九四年）の江西での摘発を最後にして清側の文献から一切消えてしまいます。また三合会の名前も光緒二十六年（一九〇〇）を最後にして、後は三点会の名前だけが残ります。

その代わりに、光緒年間には四川の哥老会がどんどんのしてきます。この時代の摘発数は百七十六件で、このうち哥老会系が百十二件の六十四％で、天地会が二件、天地会系の黒旗会と白旗会がそれぞれ一件ずつ、三合会が一件、三点会が十五件と、これらの非哥老会系をすべて合わせても二十件でわずか十一％です。清末の哥老会系がいかに行動したのかがよく判ります。

中国で「江南」地方と称される江蘇と浙江は河や湖が多く、北の揚子江と南の長江を結ぶ中国最大の運河・京杭大運河も流れています。この地方は土地が肥沃で、運河添いに水路が発達している為に水上運送の便も良く、昔から商業が発展した土地です。気候が温暖で景気が良い土地には遊侠、任侠の徒が多く生まれます。また鄭成功説のところでも述べましたが、江南地方はモンゴル族の元に滅ぼされた南宋の国都（抗州）があった所ですから、もともと漢民族意識と攘夷思想が強い土地柄ですので、清水会、匕首会、剣仔会、八卦会等の俗に「江湖」と呼ばれる反清の秘密結社が多く生まれましたが、この江南の団体には一人一党的な性格が強い事から大きな団体とはなり得ず、清の末期になると、そのほとんどが哥老会と哥弟会に吸収されてしまいます。ちなみに、江湖とは「世間」を意味することもありますが、ふつうは任俠、武俠の徒が渡り歩く「渡世」という意味です。語源は、前述したように昔から江南には任俠、遊俠の徒が多く、かれらが江南の運河や湖を根城としたことから、渡世人が渡り歩く世間を江湖というようになったのです。

台湾の天地会、添弟会は全く同じ組織で、これを鄭成功の系統と呼んでもよいと思います。

広東、広西の三合会、三点会も一括りに出来る秘密結社です。伝説的には、福建少林寺の神話で登場した蘇洪光（威宗）の生まれ変わりである天佑洪が自分が率いる義軍を「三合軍」と名付けた事から、「三合会」、「三点会」の名前が生まれたとされています。では何故「三」という文字を頭に付けるのかというと、この三は「洪」の左側の（さんずい）偏「氵」を意味するからです。たとえば三合会系の枝の団体に「三共会」という組織がありますが、これは（さんずい）偏「氵」を「共」につけたら「洪」になるというふうにです。ロンドン博物館には、洪門関係の資料として、洪門の達宗「萬雲龍」の墓碑に関する文献が保存されています。それによると萬雲龍の墓碑銘の「受戩長林寺開山第枝達宗公和尚塔」の十六文字の全てに（さんずい）偏「氵」が付けられているそうです。

哥老会

四川の哥老会（袍哥）については贅言が必要です。哥老会は、前述した四川の無頼集団である「國魯」が、水上流通経済の発達と共に発展解消して反清復明を掲げる秘密政治結社「哥老会」となったものです。この哥老会は別名「袍哥」とも呼ばれますが、この袍哥の伝承に哥老会設立の経緯が示されています。

清・嘉慶十一年（一八〇六）、天地会の林懐明が貴州で「紫青山」を創立します。林懐明には文武両道の「林濤」という素晴らしい息子がいました。周囲は、この得がたい人材である息子を紫青山に入会させたかったのですが、天地会の幇規（規定）では「父子同堂」を禁じています。親と子は同じ堂（団体）に加入出来無いのです。何故ならば、天地会が義兄弟の血盟によって横に広がる組織である事から、これに縦の関係である親子を加える事は組織の乱れに繋がるからです。これが一つの理由です。また中国の風習では、親子が義兄弟の契りを結ぶという事は不忠となります。これが二つめの理由です。しかし、林濤をどうしても紫青山に入会させたい周囲は一つの便法を考え出しました。それは便宜上、林濤を父親である林懐明の甥子として、まず伯父と甥子の同盟の契りを結んでから、三年たった後に改めて義兄弟の血盟を行うというもので、これを「改袍換帯」と呼びます。袍は中国の着物ですから、着物を改め、帯を交換する事で、子が新たに甥子となって父親と同盟を結ぶという意味です。これを「同盟伯叔」と呼びます。

現在の洪門の規定ですが、親子が同じ堂に入会するのに「改袍換帯」は不要です。しかし、子は入会して三年たたないと親と義兄弟になれないという点では天地会の幇規をそのまま継承しています。

清・嘉慶十二年（一八〇七）、林懐明は新しく紫青山に入会した林濤たちを率いて河南で起義していますます。清の官憲に投獄された天地会の李文成という首領を救出する為です。しかし、この起義は失敗でした。この時、清軍に追撃された林懐明と林濤を救ったのが四川の國魯の首領「劉国明」だったそうです。この事件を縁として、林濤は四川に移り天地会を広めたとされています。この天地会系の組織は、改袍換帯の故事に因んで首領の林濤を「袍哥」と呼びました。これが四川の「袍哥」の起源です。ですから四川に於いては、天地会の「紫青山」が哥老会を反清復明の団体として組織化したともいえるのです。

致公堂

ここで海外の洪門についても少し話しておきます。

中国人の海外移民が始まったのは、航海時代がスタートした南宋（一一二七〜）の時代からです。場所は東南アジアのジャワやスマトラで、かの地の特産物の輸入することを目的として、福建や広東の海商たちが積極的に海外交易に乗り出したのです。

この南宋の末期に、モンゴル軍が南宋に侵略します。この侵略に宋の名将「文天祥」たちは徹底抗戦するのですが、最後には広東の崖山でモンゴル軍に破れ、南宋は滅亡したのです。この時、南宋の遺臣である張世傑は敗残部隊を率いてベトナム南部に逃げ落ち、この地に華人社会を形成しています。恐らくこれが海外で初のチャイナタウンでしょう。

元の支配下になると、これに反抗する人々が密出国をして東南アジアに新天地を求めました。そして、明の時代に入ると、成祖「永楽帝」が宦官の鄭和を総指揮官とする大艦隊を遠くはアラビア半島にまで派遣するといった、中国の大航海時代（一四〇五〜一四三四）をむかえます。こうした追い風もあって、大艦隊の派遣が都合七回にも及んだ大航海時代の終わり頃には、ジャワやスマトラには華人や混血華人が居住する大型のチャイナタウンが建設されていたといいます。

永楽帝の後の明は民間による海外交易を禁止して、「朝貢」貿易を始めましたが、中国南部の沿岸部の海商たちは違法を覚悟のうえで商売を続けたのです。

その代表ともいえるのが福建の鄭芝龍を頭とする鄭氏一族です。

鄭成功説で、洪門の先賢の一人である朱舜水が明末に安南と呼ばれていたベトナムなどを駆け巡って反清復明の義勇軍を募ったと書きましたが、この頃には、もう既にジャワ、スマトラ以外にもベトナム南部、タイ、カンボジア、フィリッピン等にもチャイナタウンが形成されていたのです。鄭成功が台湾を占領すると、清は沿岸住民を内陸に退去させ、海外交易そのものを禁止しますが、そんな事で怯む中国人ではありません。密貿易に乗じた移民は継続されたのです。そして、鄭氏政権が清に降伏すると、これに異を唱える鄭一族の「鄭玖」は南洋に向かい、やがてカンボジアに拠点を築くのです。

海外に始めて天地会と三合会が進出するのは、天地会が創立された清・乾隆三十二年（一七六七）以降となりますが、いざ海外進出となると、広東の三合会の方が遥かに積極的でした。記録によると、一七九九年にマレー半島のペナンで発生した暴動は三合会系の組織が起こしたものとされていますし、一八一九年にはマラッカに三合会系の「義興公司」が設立されていました。三合会は東南アジア全域で、「義興」、「義福」、「義信」等の名前で拠点を陸続と設立したのです。

中国人の海外移住が大々的に始まるのは、アヘン戦争（一八四〇～四二年）以降です。ヨーロッパの列強による熱帯地区でのプランテーションと呼ばれた大型の農園経営や鉱山開発には、奴隷制度の解放を穴埋めする安価な労働力が必要でした。この労働力として、貧困に喘いでいた中国人労働者はピッタリで、彼等は苦力と呼ばれました。この苦力の重要な供給源となったのが中国南部の福建、広東と海南島です。もう既にお判りのように、これらの地域は天地会、三合会の土地です。この時期に天地会と三合会は一気に東南アジアの諸国へと進出したのです。

こうした大量の苦力の導入は、南洋における天地会と三合会の力を飛躍的に増大させました。シンガポールを例にとると、一八四六から一八六七年まで、ほぼ毎年のように三合会系組織の暴動が起きています。アヘン戦争勃発以前に、英国政府が確認したシンガポールの天地会と三合会のメンバーは数千人規模だったといいますが、これが五十年後の一八八八年には六万三千人にも増加し、当時のシンガポールの華人人口の約半分を占めるまでに成長しているのです。

東南アジアに向かった苦力とは別に、この時代に米国に渡った中国人労働者も数多くいました。一八六二年、南北戦争の最中に、連邦議会は大陸横断鉄道建設を採択し、ユニオン・パシフィック社がネブラスカ州オマハから西へ、さらにセントラル・パシフィック社はカリフォルニア州サクラメントから東に向けて、ヨーイドン式に鉄道を敷設することになったのです。当然、労働者が不足します。この補充に中国人労働者が導入されました。セントラル社は一八六五年から彼らの採用を始めましたが、僅か二年後には、同社の鉄道労働者の九割が中国人となったのです。

この鉄道敷設による中国人労働者の大量移民の以前、一八四八年から米国で始まったゴールドラッシュの頃には、既に三合会系の組織が米国のサンフランシスコに設立されていました。これが「致公堂」です。

そして、一八六〇年頃から中国人労働者の大量移民がスタートすると、致公堂は瞬くまに大躍進します。米国で働く中国人は「致公堂にあらずんば人にあらず」といった状態で、各地に続々と「秉公堂」、「瑞瑞堂」、「協英堂」、「協勝堂」、「合勝堂」、「華勝堂」、「華英堂」、「保良堂」、「保安堂」、「群賢堂」、「昭義堂」、「西安堂」、「俊美堂」等々の支部が設立されたのです。

まとめ

以上の論拠をまとめた、私の洪門誕生の仮説は次のようになります。

一、異民族「清」の侵攻に危機感をだいた「復社」等が、漢人の民衆にとって判りやすい三国志の「興漢滅曹」の故事を脚色して「興漢滅満」の思想を喧伝した。これが「漢留」の思想です。漢留の思想は秘密結社による革命思想です。

二、この「漢留」の思想を、武力による「反清復明」に失敗した鄭成功がとり入れた。

三、鄭成功の「漢留」思想は息子の鄭経に受け継がれ、清の台湾平定後にはこれが福建の漳州を拠点として広められた。

四、漳州の観音寺は「復社」系の反清の士大夫と学者の潜入場所となり、この観音寺が福建九連山少林寺のモデルとなる。

四、観音寺では、「漢留」思想に、士大夫や学者の様々な知識（墨子、朱子学、陽明学等や民間の三国志演義、水滸伝、隋唐演義等）がとり入れられて、秘密結社としての組織と儀礼が完成する。

五、観音寺の洪二房が「天地会」を創立する。

六、洪二房の門下が、自らを洪の門下、つまり洪門と称し始める。

七、天地会の「反清復明」の思想が、広東の匪賊に広まって、反清復明団体の「三合会」と「三点会」が設立される。

八、天地会の「反清復明」の思想が、四川の無頼の集団に広まって反清復明団体「哥老会」が設立される。

九、天地会系、三合会系、哥老会系の反清復明団体が、統一名称として「洪門」を名乗る。

従って、洪門流の言い方をするなら、「父を『**漢留**』とし、母を『**天地会**』とし、兄弟を『**三合会と哥老会**』として『**洪門**』は誕生したのだ」という事になります。

第二章　洪門の精神

ギルド集団　墨家

中国の秘密結社の思想は「墨子」を源流とします。墨子の本名は「墨翟」といい、彼とその弟子たちの思想をまとめた書物が『墨子』で、この思想を奉じる者たちを「墨家」と呼びます。少しややこしくなりますが、墨子は本の名前、墨翟はこの本の主人公、墨家は墨子を奉じる人々の集団だと思って下さい。

洪門の精神はこの墨家の思想の下流域で形成されたものです。ですから、洪門の精神を説明する第一歩として、まずは墨翟がどのような人で、また墨子が何を説き、また墨家とは如何なる集団だったのか、これについての話から始めてみたいと思います。

墨翟が活躍したのは紀元前四五〇から三九〇年頃だとされていますから、時代としては春秋時代が終焉し、七雄と呼ばれる韓、趙、魏、楚、燕、斉、秦が群雄割拠していた戦国時代です。

この動乱の時代は、また後世の歴史家が「諸子百家」と呼ぶ、新しい思想の群れが絢爛豪華に花開いた時代でもありました。一般的には、陰陽家、儒家、墨家、法家、名家、道家、縦横家、雑家、農家、兵家の十家をもって諸子百家と称し、墨子はこの諸子百家の思想のひとつですが、団結力の極めて強い墨家集団を擁していた事でも知られています。

墨翟の「墨」は入れ墨を意味しますので、墨翟が身体に入れ墨をしていたと指摘する学者もいます。この時代の人が身体に墨を入れるのは、だいたい宗教的なものか、刑罰的なものか、また仲間同士を識別する為のものですから、恐らく墨翟もこうした理由で墨を入れていたのかもしれません。

近代の中国系の学者は、当時、刑罰に入れ墨が用いられ、また彼等が墨徒と呼ばれた事から、墨翟も刑徒であったとする説をとっています。墨子を読むと、墨翟が非常に正義感の強い人であった事がわかります。ですから、墨翟は窃盗や強盗の類の刑徒ではなく、政府のやり方に異を唱えた政治犯であったのではないかと推測できます。

後の世の任侠、遊侠の徒に大きな影響を与えた墨家の開祖である墨翟が、もし全身に入れ墨が入っていたとすれば、それは非常に興味深い事なのですが、残念ながらそれを決定づける証拠はありません。しかし、後に述べます墨家のリーダーの一人である腹鯨の「腹鯨」という文字には「入れ墨をした人」という意味がありますので、もしかすると、墨翟にならって、墨家のリーダーには入れ墨をする伝統があったのかもしれません。

墨家のリーダーは「鉅子」と呼ばれました。初代の鉅子が墨翟で、二代目の鉅子が「禽滑釐」、三代目の鉅子が「孟勝」です。

墨翟という人は勇気の塊のような人物でした。当時の強国である楚が、弱国である宋を攻めようとした時に、斉にいた墨翟は単身で楚に乗り込みます。獰猛な事で有名で、誰もが怖れていた楚の国王と直談判をして、楚の宋への進攻を止めさせる為です。また墨翟という人は、口に出した事は死んでも守る人であったそうです。これを中国人は「一言九鼎」、「一諾之誠」と表現し、義の中心をなすものとしますが、日本語でいうなら「吐いたツバは呑まない」ということになります。こうした義に篤く生死を度外視して事に臨んだ墨翟の気質は彼の弟子たちにも受け継がれ、前漢の淮南王が学者に編纂させた『淮南子』には、「墨子に従う者百八十人、みな火炎も刀下も辞せず、死を恐れぬ者ばかり」との記述があります。また戦国時代の秦の時代の『呂氏春秋』にも、三代目鉅子の孟勝が陽城君という所で義の為に死んだ時に、その弟子百八十三人が殉死したと記録されています。

墨家の規律は非常に厳しく、呂氏春秋には、秦に住んでいた墨家の鉅子の腹鯨という者と彼の息子の話が載っています。腹鯨の一人息子が殺人を犯した為、秦の法律によって死刑が決定されますが、秦の恵王は腹鯨の墨家の鉅子という立場を重んじて、彼の息子を恩赦にしようとするのです。「先生は高齢であり、またこの息子の他に跡継ぎも無い事から、寡人は特赦を命じました」と恵王が述べると、鉅子の腹鯨は「墨家の法では、殺人を犯した者には死を、人を傷つけた者には刑を下すと定められています。殺人は天下の大義に反します。たとえ王が我が子を赦すと仰られても、腹鯨は墨家の法を曲げる訳にはまいりません」と答えたのです。

こうした墨家の義烈の精神は、後世の中国の義士や侠客たちに強い感銘を与えました。これゆえに、後の任侠、遊侠の団体である「幇会」の中には、墨翟を任侠の祖師として敬い、幇会の首領を鉅子と名付ける組織が多く生まれたのです。

墨家についてはもうひとつ説明しておかねばならない事があります。それは墨家が築城のプロの集団だという事です。単なる思想家の集まりではなく、城を造るという高度な技術を持った人々の集団だったのです。また、墨子には「備城門」、「備高臨」、「備梯」、「装水」、「装突」、「備蛾傅」、「旗織」、「号令」、「雑守」といった城を攻守する為の戦術文集ともいうべきものも収められていますので、墨家は築城のギルド集団であると同時に、城の攻守に長けた戦術家の集団でもあったとも言えます。一枚岩の思想で団結し、かつ築城のギルド集団の親方と弟子の厳しい師弟関係で団結し、また築城は軍事集団ですから、更に軍制の上下関係でよりいっそう団結するといった、この墨家というのは実に恐るべき団結力を持った集団だったのです。そして国王から防衛の要である築城を請け負うのですから、この集団が金銭的にも極めて豊かであったのは推して知るべしです。

ところが、不思議な事に、紀元二〇六年、秦の始皇帝が天下を統一して集権国家を創立すると、ほぼ時期を同じくして墨家の集団は歴史上からふっと消えてしまいます。その消えた原因ですが、秦の始皇帝の焚書坑儒に反対して消えたとか、思想を捨てるように強制されたので、捨てるよりは死を選んだとか、後世の学者が色々と詮索していますが、私は墨家が地下に潜って秘密結社化したのではないかと考えています。

この墨家を思う時、いつもフリーメーソンを思い出します。共に思想を持ち、またギルドの集団でもあったこの二つの結社は実によく似ているのです。

少しフリーメーソンについて話してみましょう。

秘密結社フリーメーソン

世界の秘密結社の代表格は何といってもフリーメーソンです。フリーメーソンのフリーは「自由」で、メーソンは「石工」ですから、意味するところは自由な石工の集まりといったところでしょう。

フリーメーソンの伝承によると、初代のグランドマスター（石工の総頭領）はイスラエル王国のソロモン王ですから、その起源は約三千年前という事になります。墨子が活躍したのが約二千五百年前ですので、この両者は創立された時期も似通っています。しかし、フリーメーソンの起源はあくまで伝承ですので、これは割り引いて考えるべきでしょう。もしかすると、世界初の秘密結社は墨家なのかもしれません。

フリーメーソンは、その後、建築物の殆どが石造りだったヨーロッパ社会のなかで、高度な技術を持った石工職人のギルド集団として大繁栄します。なにしろ仕事の発注者が王室や国家や、また当時はそれ以上に権力を持っていた教会ですから、ともかくいい物を造ってくれればと、金には糸目をつけなかったのです。また、城は防衛上の要ですから、手抜などされてはたまったものではありませんので、フリーメーソンは、国王から治外法権的な特権さえも与えられていました。

ですから、この時代のフリーメーソンは、戦国時代の墨家集団と同じように堂々とした表の組織です。

では、なぜこの表の組織が秘密結社と呼ばれるようになったのでしょうか。それは、政府が危険分子と認定した人々が大量に入会したからに他なりません。この危険分子がテンプル騎士団の残党とユダヤ人です。

一一一九年にフランスのボルドーで、僅か七人で結成されたテンプル騎士団は、やがて最盛期には二万人もの騎士を擁し、ヨーロッパ全土に莫大な財産を所有するといった十字軍最大の組織へと発展します。しかし、一三〇七年になると、悪名高きフランス王のフィリップ四世の差し金によって、実にあっけなく壊滅してしまうのです。

まず、この崩壊したテンプル騎士団の残党がフリーメーソンに逃げ込みます。彼等は、いわば平家の落ち武者や豊臣の残党のようなものですから、自分の身分や本名を隠す必要がありますし、生きる為にはその日の飯も食べなくてはなりません。この点で、ヨーロッパ中にロッジと呼ばれる拠点を持ち、かつ仕事も提供してくれるフリーメーソンは、彼等にとっては格好の隠れ家となったのです。

日本でも、少し前までは、脛に傷を持つ者や追い込みをかけられた者が、よく土木や建築の飯場へと逃げ込んだものです。飯場は、親方さえOKといえばその場で住み込みが出来て飯が食べられますし、身元の詮索もうるさくなかったのです。当時のフリーメーソンのロッジは、親方の命令が絶対で、仕事に飯のついている飯場のようなものだと思ったらよいでしょう。

築城には大量の労働者が必要になります。おそらく墨家の仕事場にも、各地の政府から危険分子とみなされた者たちや犯罪者が多く逃げ込んだのではないでしょうか。こうした人物が多くなってくると、組織はだんだん秘密結社化していくのです。

ではユダヤ人はというと、この時代に彼等はヨーロッパ全土で差別や迫害を受けていました。理由は色々とありますが、仕掛け人はローマ法王庁で、その理由の根幹はというと、ユダヤ人がキリストを裏切った民だという宗教的な解釈によるものでした。イスラム勢力との戦闘を使命とする十字軍でさえ、その一方の矛先がユダヤ人にも向けられていたといいますから、彼等に対する迫害がいかに激しかったかが偲ばれます。この迫害から逃れる為に、ユダヤ人はフリーメーソンのロッジに逃げ込んだのです。

こうした落ち武者と迫害から逃れる者、いわば秘密を持つ者が大量にロッジに入る事によって、フリーメーソンは徐々に秘密結社化していくのです。現在でもフリーメーソンに受け継がれる多くの伝承と秘密儀式に、テンプル騎士団とユダヤ民族の神話が濃厚なのはこの為です。フリーメーソンの秘密結社としての起源を一三〇七年のテンプル騎士団の崩壊に求めますと、フリーメーソンの歴史は今年でちょうど七百年になります。実に息の長い秘密結社だといえます。

前述しましたように、墨翟の弟子たちがその思想を纏めた書物が「墨子」です。この墨子は四部構成になっていて、そこには数多くの墨家の思想が収められていますが、このうちの「尚賢」、「兼愛」、「非攻」、「節用」の四つの思想を説明してみたい思います。

尚賢の思想

尚賢とは賢人を尚する、つまり人材にスポットライトを当てるといった意味です。墨子は在野にある賢人を優遇して政府に登用する必要性を説きました。この登用の基準となるのが「義」です。為政者が行う政治の判断基準を、前述した「一言九鼎」に求めたのです。現代でいうなら、公約した事は死んでもやる政治家や官僚を起用するということです。

また登用する場合には、古代の聖王の「堯」と「禹」が埋もれていた人材である「舜」と「益」を発掘し、「湯」が料理人の「伊伊」を抜擢し、また「文王」が猟師と漁師の「閎」と「素顚」を選抜した例を引いて、賢人の登用に貴賤の差や有名か無名かといった差別は不要な事と強調しています。学歴や出身などに惑わされる事なく、真に有能な人材を抜擢しなさいという事です。

墨子は、金持ちとか貧乏とか、また家柄や学歴とかで人を判断する事に徹底して反対しました。近代でいう平等思想です。

他の秘密結社と比較すると、洪門は実に平等な組織です。まず門戸がいかなる身分や職業の人にも開放されています。組織ですから当然に上下関係はありますが、その上下関係にしても、あくまで兄と弟、姐さんと妹といった兄弟関係が基本となります。他の秘密結社のような親と子や師弟といった上下関係が厳しい「縦糸」の組織ではなく、あくまでも緩い「横糸」の関係なのです。

洪門の思想のなかには、墨子の尚賢の思想が色濃く反映されています。

兼愛の思想

世の中が混乱しているのは、人々が互いに愛し合わないからだ、墨子はそう考えました。人は誰でも自分を最も愛するものです。「兼愛」とは自分を愛するように他者を愛しなさいという意味です。これを墨子は、「父と子の反目」、「兄弟の不和」、「君主と臣下の対立」、「泥棒の理屈」、「追いはぎの理屈」、「貴族の勢力争い」、「国家間の戦争」の七つのケースを例にとって説明しています。

簡単にいうと、泥棒や追いはぎは、他人が所有する物を奪って、自分の愛する家族を養います。それは自分の家族を愛して、他人を愛さないからです。墨子は父と子、兄弟、君臣、貴族間、国家間の反目や不和は、全て自己愛が原因だと考えました。

自己を愛する感情は野放しにしておいたら収集がつかなくなります。そこで、墨子は「無理やりにでも他人を愛する事を」を説いたのです。収集のつかない感情を、無理やりに他人を愛する方向にまとめるには、何か、強い精神的な吸塵器のようなモノが必要です。墨子はこれを天の意思である「義」に求めたのです。

墨子の思想はイエス・キリストが説いた「ＬＯＶＥ」の思想と酷似していますが、イエス・キリストの誕生以前に、中国でこうした思想を持った人がいたという事は特記すべき事だと思います。現在、南京にある孫文記念館の大きなゲートは「大洪門」と呼ばれていますが、民族、民権、民生の「三民主義」を唱えた孫文は洪門人です。自由と平等を愛した孫文の座右の銘は「博愛」ですが、この博愛はキリスト教でいう「ＬＯＶＥ」ではなく、墨子が説いた兼愛の思想なのです。

非攻の思想

「非攻」とは他人を攻撃してはならないという事です。これを墨子は次のように説明しています。

ここに一人の男がいて、他人の果樹園の桃を盗んだとします。人々はそれを「不義（悪い事）」だと非難するでしょう。もし、この男が鶏や豚を盗んだとしたなら、また牛や馬を盗んだとしたならば、その不義はもっともっと大きくなります。それは桃をくすねるよりも、家畜を奪うほうが、他人に与える損害が大きいからです。

人を一人殺せば、世の中はこれを不義として必ず死刑にし、王もまたこれに賛成します。ところが、国家が他国を侵略して多くの人の命を奪う事については、誰もそれを不義だと非難する人がいません。それればかりか、これを正義の戦などと称するのです。

もし、ある人が少しの黒を見て「黒」だと言い、沢山の黒を見て「白」だと言ったり、苦いものを少し舐めて「苦い」と言い、沢山苦いものを舐めて「甘い」と言ったりしたら、どうなりますか。人々はこの人を物事の区別のつかぬ者と思うでしょう。これと同じで、為政者が、小さな犯罪は不義だと非難し、戦争のような大きな犯罪は正義だと讃えては、全く不義と正義の区別などつかなくなってしまうのです。

このような観点から、墨子は国家が他国を攻撃する事に対しては徹底的に反対しました。これが非攻の思想です。

しかし、墨子は国家間の戦争は避けられないものと考えていたようです。ですから、これを多少でも防ぐ為に、他国が攻撃する事をためらうほどの強固な城を築城し、また城の防衛策を研究する事に全力で取組んだのです。いわゆる専守防衛策です。歴史的にイエス・キリストを始めとして非攻を唱えた思想家は少なくありませんが、墨子は、紀元前に、専守防衛に尽力する事で非攻の思想を行動で実現しようとした実に稀にみる人物だったのです。

こうした非攻の思想も洪門の精神には取込まれています。如何なる場合においても、他人や他団体に対して先に手を出してはならないと洪門人は教えられます。戦うのはあくまでも防衛の為だけです。洪門が活躍した反清復明の戦いにしても、抗日戦にしても、それは異民族の侵略に対して義を持って立ち上がった「起義」の戦なのです。

節用の思想

「節用」とは節約の事です。

墨子は、国家というものは、外に領土を拡大する事によって繁栄するのではなく、自国内の節約によって十分に繁栄出来ると考えました。

たとえば住居は雨露や暑さ寒さをしのぎ、盗賊の害を防げればよいので、見た目に金をかけた物はいらないのです。

また王や貴族が宝石や装飾品を収集する事にも反対しました。衣服や乗り物も実利的であればよいので、いまでいうブランド品などは不要だとしました。それでは質素倹約して余った金を、どこにかけるかというと、人民の暮らしに役立つインフラの整備にかけるのです。

現在とは社会背景が異なりますが、墨子の時代は農業経済が中心で、国家の繁栄は農作人口が増える事でした。つまり一人でも働き手を増やす為の「生めや増やせや」が奨励された時代です。ですから、華美を取り除く事で生まれる余剰資金をインフラの整備に廻す事によって、人々の日常生活は楽になり、生活が楽になれば子供がたくさん生まれると考えた訳です。

現代の消費経済からみると、この墨子の思想はだいぶ的外れにも感じられますが、バブル経済とその崩壊のひとつの原因が、人々が華美や贅沢に染まり過ぎた事にあると考えたならば、やはり墨子の実利を重んじる徹底した姿勢には少なからず学ぶ点があるのではないでしょうか。

洪門人も、墨子が説く節用の精神を持って、余った金を洪門の兄弟姉妹の為に遣う事が奨励されているのです。

この四つの思想の他に、墨子は「節葬」、「天志」、「明鬼」、「非楽」、「非命」等々を説いています。節葬は「王族や貴族が葬儀に金を掛け過ぎる事を戒め」、天志とは「天の意思が義にあり、人は義にそって生きる事によって人生を恙無く過ごせる」という事を説きます。明鬼とは「この世には不可視な霊という存在があり、これが我々の行為をいつも監視している。だから不義はしてはならない」という霊の実在論です。また非楽は「今でいうミュージックや趣味の快楽に耽溺することを戒める」ものので、非命とは「運命は定められておらず、人はその努力によって自分の運命を切り開けるのだ」という、宿命論の否定です。

まず、こうした墨子の思想が、洪門の精神の源流にあると思って下さい。

司馬遷と『史記』

墨子の次に洪門の精神に影響を与えるのが『史記』の遊侠列伝に登場する遊侠の人「郭解」の精神です。

郭解に触れる前に史記について述べてみたいと思います。

大歴史家の司馬遷が後世に残した大作が中国初の通史である『史記』です。通史というのは、中国の歴史を一本の長い竹として、それを節目節目ごとに二十四本に切った歴史書の総称だと思って下さい。この通史の一番最初の節目が『史記』で、最後の節目が明の歴史を綴った『明史』です。これを史書と呼びますが、ふつう史書は一つの王朝を節目として、この制作は、後の王朝の時代に行われます。ですから、最後の明史は後継王朝の清が制作しましたが、清の後の中華民国や中華人民共和国は清の史書を製作していませんので、現在は二十四本で完了となっている訳です。

ふつう中国の大きな王朝の歴史というものは、ざっと平均すると二百三十年ぐらいなものですが、とはいってもこの史書の編纂と記述を行うことは実に大変な事です。ところが、司馬遷の『史記』のテリトリーは、五帝と呼ばれる伝説の五人の皇帝からスタートし、夏、殷、周から秦の始皇帝の即位までの無数の出来事を追い、更に項羽と劉邦の王朝争奪戦を経て、漢成立の後の呂太后の一族の言行から漢王朝の五代目の孝文帝までの、十二の王朝と帝王の節目を網羅しています。これを「十二本紀」といいますが、その時間的な流れは、伝説の王朝までも含めるとなんと三千年にも及びます。

それればかりではないのです。『史記』には「十二本紀」の他に、「十表」という年表、「八書」といわれる礼楽、律暦、兵権、山川、鬼神、天人関係などについての説明書、「三十世家」といわれる諸侯の伝記、そして「七十列伝」という七十の伝記が付け加えられています。

司馬遷は、生まれたのが紀元前一四五年頃で、没したのが前八六年とされています。時代的には、今から二千百年前ぐらい昔の前漢の中期の人で、司馬遷が『史記』を書き始めたのが、「大史令」に就任した三十八歳の頃だといわれていますから、約二十有余年をかけて『史記』を完成させた事になります。その数じつに百三十巻（冊）、全くもって、あり得べからざる偉業と言う他ありません。

司馬遷は、匈奴との戦いに敗北した「李陵」が敵側に投降した事を弁護しました。この義侠心からでた発言は、前漢七代目の皇帝「武帝」の逆鱗にふれ、司馬遷は「腐刑」の処罰を受けました。腐刑（宮刑）とは去勢する事です。

『史記』を読んでいると、複雑な歴史の出来事を縦横無尽に切りさばく、著者の歯切れのよさが伝わってきます。これを威風堂々と表現しても良いでしょう。こうした気質の男が去勢を受けるという事は、おそらく想像を絶する程に苦悩した果ての決断だった感じます。本来ならば士大夫として自殺の道を選んでいるところです。

南宋の英雄「文天祥」は、元のフビライに捕らわれながらも、自殺する事なく、元の非道を地下牢で叫び続けました。文天祥は生き延びる事で、忠義の心を天下に示そうと覚悟したのです。そしてこの時に生まれたのが「正気の歌」でした。司馬遷も同じです。宮刑を受けることは、ただ生き延びる為の決断などではなく、そこには生き延びることによって果たそうとした確固とした目的があったのです。その確固とした目的が『史記』の完成です。司馬遷の父「司馬談」も前漢時代の太史令でした。もともと司馬の家というのは、周の時代から綿々と続く記録係の家系で、『史記』を書くことは司馬談の夢でもあったのです。司馬遷が三十六歳の時に父の司馬談は没しますが、この臨終の床で、司馬談は泣いて息子の司馬遷に『史記』の完成を委託しているのです。この父の遺言が、辱めを受けるくらいなら自殺を選ぶという士大夫の死生観を握りつぶし、これを、司馬遷は歯がみして心の暗部に押し込めたのだと思います。

司馬遷は獄中で去勢を受けることを覚悟しました。四十八歳の時の事です。

遊侠列伝

前述したように、司馬遷の『史記』には王朝、帝王の伝記である「十二本紀」の他に諸侯の伝記である「世家」や、それ以外の伝記となる「七十列伝」もあります。七十列伝は、殷の末期の伯夷と叔斉の物語を描いた「伯夷列伝」から始まり、最後の司馬遷の自伝である「太史公自伝」に至るまで延々と七十の異なる伝記を書き上げたものです。

この列伝の一つに、遊侠、任侠の人々を主題とする「遊侠列伝」があります。

遊侠列伝を読むと、「朱家」、「田仲」、「劇孟」、「王孟」、「瞯氏」、「周庸」、「郭解」などの遊侠の名前が出てきますが、司馬遷がいちばん筆を揮っているいるのが「郭解」です。

この郭解に触れる前に、まず遊侠とは何かを考えてみたいと思います。

司馬遷は遊侠列伝の冒頭で、「彼等（遊侠）の行為は必ずしも正義とはいえないけれども」と前置きをしたうえで、遊侠の条件を次のように語っています。

「然其言必信、其行必果、已諾必誠、不愛其軀、赴士之阨困、既已存亡死生矣、而不矜其能、羞伐其徳」

この言葉は八つに分けられますので、一つ一つ区切って説明してみましょう。

一、其言必信　　吐いたツバは呑まない。ケジメをつける。

二、其行必果　　行動は果敢である。スジをとおす。

三、已諾必誠　　誠をもってモノゴトを引き受ける。

四、不愛其軀　　　捨て身でいく。
五、赴士之阨困　　火のなか水のなかでも飛びこむ。
六、既已存亡死生矣　命を度外視する。
七、而不矜其能　　何かをしても、自分の能力を誇らない。
八、羞伐其徳　　　手柄話をしない。控えめである。

これが司馬遷がとらえた遊侠の八つの精神です。

私は、日本の任侠に生きる人とも、また中国の遊侠に生きる人とも、色々と付き合いましたが、一流と呼ばれ、カタギの人たちから慕われている人（侠客）には、みなこうした条件が備わっていたと感じています。司馬遷の時代から二千百年も過ぎた現代に至っても、大衆から慕われる侠客の条件は不変なのです。

それでは、この八つの条件を一つに纏めると何になるのでしょうか。

私は、それは「我慢」の一言に尽きると思っています。

墨子の「兼愛」で述べましたが、自己愛の感情は野放しにしておいたら収拾がつかなくなります。誰でも我が身が一番可愛いのです。そこで、墨子は「無理やりにでも他人を愛する事を」を説き、収拾のつかない感情を、他人を愛する方向にまとめる為の指針を、天の意思としての「義」に求めたのです。

無理やりという表現は適当でないかもしれませんが、しかし、考えてみてください。司馬遷が遊侠の条件とした一から八までは、これを行う者にしたら、どれもがみな苦しい事です。これを苦行と呼んでもいいでしょう。昔の禅僧が「人の心というものは、馬に猿を乗せたようなもので、放っておいたら何処へ行くかわからない」と説いたように、精神を放っぽらかしていたら、とてもこの八つの苦行などできるものではありません。遊侠とは理屈で考えたら割の合わない行為です。損を覚悟でやるのですから、これは無理やりやらねば出来るものではありません。そこで、我慢が必要となります。我慢、我慢、我慢。「遊侠」と呼ばれる人々には、皆この我慢があります。もし、我慢をせずに、弱い者を苛めて、身勝手に生きるのであれば、中国ではこれを「流氓」と呼びます。日本でいうところのヤクザです。

では、遊侠は、何故こんなに苦しい事を敢えてやるのでしょうか。

一言でいえば、「男を磨く」為です。

ここで、僧侶が何故厳しい修行をするのかを考えて下さい。悟りを開く為というのが一般的ですが、では何故悟りを開かねばならないのでしょうか。それは衆生を救う為です。仏教では「上求菩提」といって、修行者はまず自らの為に悟りを求めます。そして「下化衆生」といって、悟りを開いた修行者は、今度は迷える衆生を救う事を悲願とするのです。遊侠が男を磨く目的もここにあります。迷える衆生というのは仏教語ですから、これを「苦しむ民衆」や「権力者に虐げられる民衆」と言い換えたらよくわかると思います。つまり、遊侠は、苦しむ民衆や権力者に虐げられた民衆を救う為に男を磨くのです。ですから、「弱きを助け、強きをくじく」者を遊侠と呼ぶのです。

司馬遷は遊侠を「布衣の徒」と表現しています。「布衣」とはボロ着の事で、民間人を意味します。またこの場合の「徒」は、どちらかというと「役立たず」という蔑称ですから、今の時代でいうなら「非生産的な人」の事です。つまり、これに遊侠をつけると、街の遊び人という事になります。

遊侠列伝では、遊侠と、「孟嘗」、「春申」、「平原」、「信陵」といった戦国の四君を区別しています。この戦国の四君は、食客と呼ばれる客人を多く持っていた義侠心に溢れる人たちですが、彼等はみな王の一族で、領地もあるといった、いわば貴族です。もし彼等を呼ぶとしたならば「義侠の士」となります。

司馬遷が遊侠としたのは、定職につかない遊び人で、また彼等の行為は国家の法律からみたら正義ではないかもしれないけれども、それでも、社会の底辺で、男を磨きながら、民衆の救済に命掛けで取組んだ人たちという事です。

遊侠　郭解

司馬遷に遊侠の代表格として選ばれた「郭解」は、「遊侠列伝」には軹の出身だと記されています。今の場所としては河南省濟原市で、黄河の中流の風光明媚な名勝の多い所です。

郭解は、戦国時代の末期に天下第一の人相見として知られる許負の外孫に当たります。許負は、後に漢高祖「劉邦」の后の一人となる薄夫人が、まだ高祖に出会う前に「お嬢さんは、いずれ天子を生む事になります」と占った事で有名で、この薄夫人の生んだ子が漢の三代目の皇帝となる文帝です。

郭解の父親は漢の文帝の時代に殺されています。「遊侠列伝」には処刑の理由は述べられていませんが、ただ原文に「解父以任侠孝文時誅死」とある事から、この父親も任侠の人で、文帝の時代に任侠の行為が元で誅殺された事が判ります。郭解はこの父親と同じ道を歩んだのです。

郭解は小柄でしたが、非常に精悍な人であったといいます。酒は飲まなかったようですが、青少年の頃には、すぐ頭に血がのぼって、カーッとなるとすぐ人を殴り飛ばし、それも相手を殺してしまうまで徹底するという、短気で獰猛で、そして感情のコントロールの利かない少年だったようです。

また、偽金造りや墓の盗掘もし、身体を張って友人の仇を討ったり、官憲に追われる仲間を匿ったりしたといいますから、若い頃の郭解は、義侠心は強いのですが、かなりの悪ガキだったといえるでしょう。

しかし、郭解は、事件を起こしても官憲には捕まる事が少なく、また捕まってもすぐに恩赦で出獄するといった非常にラッキーな男でもありました。

大人になると、郭解は性格が一変します。鬼の郭解がホトケの郭解と呼ばれるようになるのです。人の命を助けたり、施しをしたり、またそれを誇らないといった男に育ったのです。老子に「以徳報怨」という言葉がありますが、憎んで当たり前な相手にも徳を持って接することの出来る人物に成長したといえます。

郭解のように、青年期にはメチャクチャに悪かったチンピラが、中年期に入ると本物の侠客と呼ばれ、カタギの人たちから「あの親分は実力があるのに本当に謙虚な人」だと尊敬される例は意外と多いのです。この原因には色々とありますが、その一番のものが「自分が生かされている」と感じる事にあるようです。自分の力で生きていると思うと、人は謙虚になれる筈もありません。自分の力で生きている、自分の頭で飯を食べている、自分の能力で成功している等と思ったら、とてもとても謙虚になれる筈がないのです。

ところが、毎日、生死が紙一枚の修羅場に身をおいていると、生きるという事は如何に偶然の幸運に左右されているかに気付かされます。一昨日はオレより強いアイツが刺されて死んだのに、隣にいたオレは生きてる。昨日はオレだけ逃げ延びたけれど、オレより頭の切れるアイツは捕まってしまったとかいう事が、度々重なると、まず「あぁ、オレがこうして生きてるのはオレの実力なんかじゃなくて、単に運が良いだけなんだ」と感じるようになります。そしてこの感じが切り口となって「オレは生かされている」と思うようになるのです。誰に生かされているのかは、感じる人によってまちまちですが、それを突き詰めていくと、やがて「神」や「宇宙の摂理」といった、もう自分の存在など及ぶべくもない不可視の存在に行き当たります。人が、神や宇宙の摂理の前では、人間なんてちっぽけな存在だと感じると、人は謙虚になり、また「生かされている」と感じると、いま生かされている命の尊さを知ります。ですから、本物の侠客には信仰心の厚い人が多いのです。おそらく郭解もこうした心の旅路を通り抜けた遊侠の人だったのではないでしょうか。

遊侠列伝には、郭解と甥っ子の話がのっています。郭解の甥っ子が、叔父さんの威を笠に着て、周囲に相当威張ったそうです。酒席でも「オイ、オレのオジキを誰だと思ってるんだ。オレの酒が飲めねえのか」といった調子です。威張られる方の周囲も気の荒い侠客たちですから、最初は郭解に遠慮をして黙って盃を干していますが、それにも限度というものがあります。また盃を何度も干せば酔っぱらって気も大きくなりますから、やがて「この野郎、自分をダレサマだと思っていやがるんでぇ」となって、はじめは周囲の誰かがこの甥っ子を殴ったか、また突き飛ばしたか引きずり廻したかしてるうちに、最後は刺し殺してしまいます。当然、手を下した下手人は「ヤバイ」と姿を晦ましました。

息子が殺された母親は激怒して、この一件を弟の郭解に持ち込みました。郭解は手下を使って下手人を捕えますが、この下手人から話を聞くと、「オマエが甥っ子を殺したのは当然の事だ。非はアイツにある」と、捕えた下手人を放したのです。

これだけですと話しがみえないでしょうから、少し補足説明をします。

中国人は、酒を飲む時の乾杯をとても重んじます。まず目下の者が盃を挙げて、目上の者に対して盃を乾して乾杯をするのがルールです。これを任侠の方の兄弟分でいうと、弟分の方は盃を干しますが、兄貴分の方は盃は挙げても、酒の方は干してても干さなくてもよいのです。ですから目上が盃を干したのに目下が乾さなかった場合は、これは非礼とされますし、まして目下の者が目上に対して乾杯を強制する等という事は実に無礼千万な事で、任侠の方でこれをしたなら本当に「ブチ殺されても」仕方無い事なのです。この場合は、若造が偉い叔父さんを笠に着て兄貴分に乾杯を強制したのですから、遊侠の人である郭解が甥っ子を刺し殺した下手人を赦した事は実に筋が通っているのです。

郭解は日本でいう「親分さん」ですから、郭解が街を歩くと、やはりカタギの人は怖いというか、遠慮するというか、みなが郭解に道を譲ります。ところが、ある日、一人の男が道端に座って郭解に「ガンを飛ばした」そうです。子分たちは、この男を殺すと息巻きましたが、郭解は「自分の住んでいる街の人々に尊敬されないのは、自分に徳が無いからだ。あの男に何の罪がある」と子分たちを諫めたそうです。更に、郭解は、裏から手を廻してこの男の兵役義務を免除してやっています。「遊侠列伝」には書かれていませんが、恐らく道端に座っていたこの男は足が悪かったのでしょう。当時、成人した男は、一ヶ月単位で交替する兵役の義務がありましたが、お金を払って代わりに兵役にいく人を雇う事が出来、また貧しい人には兵役代行の希望者も多かったといいます。一ヶ月が過ぎても、三ヶ月が過ぎても、兵役の音沙汰が無いので、不思議に思ったこの男がそれとなく尋ねてみると、郭解が男の代わりに兵役にいく人を雇っている事が判りました。「遊侠列伝」にはこれを知った男が「肉袒謝罪」したと書かれています。この時代には、祭祀で神々に感謝するときに、上半身を裸になって感謝の意を示しました。ですから「肉袒謝罪」とは、男が郭解に対して最高の謝罪をしたという事です。

またこういう話もあります。

雒陽という県に揉め事を起こす事で有名な一家がありました。雒陽の顔役たちがいくら調停に骨をおっても、この一家は聞く耳を持ちません。ある日、客人からこれを何とかして欲しいと依頼された郭解は、夜半に人目を忍んでこの一家を訪問します。大親分の郭解が出張ってきた事に驚いたこの一家は、一も二も無く、郭解の言葉に耳を傾けました。そこで郭解は「今ご一家さんが、私の顔を立ててくれ、仲裁を受けてくれました事は大変に嬉しい事です。しかし、他県の者である私が、この県の顔役の皆様の顔をつぶすわけにはまいりません。ひとつ私の仲裁はなかったことにして、改めて、ご一家さんから申し出るかたちで、顔役のみなさまの仲裁を受けてはいただけませんでしょうか」と語ったそうです。

このような郭解の言動は、当時の民衆に大いに歓迎され、みなが遊侠の大親分として彼を慕ったといいます。

この他にも、「遊侠列伝」には、郭解が揉め事の方が付くまでは決して宴席を受けない人だったとか、公共の場所に出入りする時には、人様に迷惑をかけぬ為にはるか手前で車から降りる人であったとか、漢王朝の将軍ですら郭解を庇ったという話も描かれていますが、このように慎み深い郭解その人も、最後には政府に処刑されてしまい、司馬遷はこの事を嘆いています。

原因は、郭解の子分が、親分に盾突いた楊季主という男を殺し、また悪口を言った儒者の舌を切り取って殺したからです。しかし、こうした事件は郭解のあずかり知らぬ事で、また殺害した郭解の子分も行方を晦ました為、警察は証拠を摑めませんでしたが、政府は、最終的に子分の責任は親分にあるとして、郭解を処断するのです。

郭解を処断した公孫弘という政府高官は、「郭解は民間人のくせに任侠を看板に威勢を張り、彼の子分は怒りにまかせて殺人を犯した。郭解本人はこの事を知らぬといっても、子分の責任は親分にあり、その罪は子分よりも重い。これは大逆の罪だ」と断じて、郭解のみならず、彼の一族を全て処刑したのです。

しかし、民衆は政府の処置に大いに不満を感じ、遊侠の八つの精神を大事にする郭解を慕い続けました。

『史記』には、「これ以後、任侠の人は多く出たが、そして、みな任侠を売りものにしていたが、郭解のような人物は出なかった」と書かれています。

任侠を売りものにする遊び人には、保障された給金というものがありません。給金があれば、今でいうサラリーマンですから、遊び人とは呼ばないわけです。ですが、遊び人も生きていく為には飯も食べなくてはなりませんし、女房子供といった扶養家族がいれば、これも養わねばなりません。これが、若い衆を抱える兄貴分にでもなれば、対外的なメンツも出てきますので服装にも金をかけ、祝儀不祝儀の義理の金もはずみ、また若い衆に小遣のひとつもやらねばなりません。そこで、遊び人も稼ぎをする必要がでてきます。この稼ぎをシノギといいますが、このシノギを前述した八つの精神でやるのが任侠を売りものにする遊び人だといえます。約束は必ず守り、決して逃げ腰になる事なく、誠意をもって、自分の事は考えず、火のなか水のなかにも飛び込む心意気で、謙虚に、あれこれと手柄話をしないでシノギをする。これが遊侠の男の稼ぎかたなのです。といってみても、こうしたシノギの方法は実に至難の業で、司馬遷が「郭解のような人物は出なかった」と書いているのは、みなこのシノギの方法で躓いたからだと思います。

前述した「孟嘗」、「春申」、「平原」、「信陵」といった戦国の四君のように、親から受け継いだ財産や、領地からの年貢米で遊侠をやるのではなく、遊侠の徒は裸一貫、自分の才覚だけで飯を食べ、また周囲を食べさせていかねばなりません。言わば非常に厳しい渡世です。そうしたなかで、自分のシノギで民衆までも救済した郭解という遊び人は、本当にたいした男だと感嘆するばかりです。

郭解は司馬遷と同時代の人ですから、今から二千百年も前の人です。この人が実践した遊侠の精神は、その後、延々と二千年にわたって民間の任侠の人々の間で受け継がれ、一九一一年の辛亥革命の原動力となった洪門の精神にも大きな影響を与えているのです。

三把半香

墨子と遊侠の精神の下流で、洪門の「三把半香」が生まれます。

三把半香には洪門の精神が凝縮されています。これを知る事が、洪門を知る事だと言っても良いでしょう。

洪門の義兄弟が握手をする時の指の形を三把半香と呼びます。

手を開いた状態で、人差し指、中指、薬指、小指の四本をぴったりとくっつけて人差し指だけを折り曲げる、親指も立てたまま、これが三把半香です。または三把半香は「三指訣」とも呼ばれました。

三把半香の指の形は、数字の三、一、九となります。小指、薬指、中指の三本が「三」、親指が「一」、折り曲げた人差し指が「九」です。明の最後の皇帝である崇禎帝が自縊した明崇禎十七年「三」月「一」「九」日という日は明が滅亡した日でもあります。三把半香には、まず洪門はこの三月十九日という日を決して忘れないという意味があります。反清復明の誓いが秘められているのです。

三、一、九という指の形がまずあって、この指の一本一本に洪門の精神を託したのが三把半香です。立てた一本めの指には、戦国時代の羊角哀と左伯桃の命を賭けた義兄弟の交わりである「捨命全交」が秘められ、二本めの指には、三国志の「興漢滅曹」が秘められ、三本めの指には、水滸伝の「替天行道」が秘められ、そして四本目の半分に折り曲げられた指には、隋唐演義の「瓦崗結拝」という、洪門の三つと半分の義の精神が秘められているのです。

捨命全交

『三国志』には「正史」と「演義」があります。正史は、物語というよりは三国時代の出来事を羅列した年表のようなものです。よく知られているように、三国時代の曹操が建国したのが魏で、魏の実力者だった司馬炎が新たに興したのが晋ですが、この晋の時代に「陳寿」が書いたのが正史です。正史は後の宋の時代に「裴松之」という人が注釈をつけますが、これ以降、民間に急激に広まっていきます。民間では街の講釈師に様々にアレンジされた『三国志』が好評を博し、特に、モンゴル族が中国を支配した元の時代になると、講釈だけではなく、演劇としても大流行し、また、これが『三国志平話』として出版されます。平話というのは「口語体の文章で書かれた読みやすい話」といった意味です。異民族の圧政下のなかで、漢の皇室を再興する為に戦う劉備、関羽、張飛の三兄弟のストーリーが、漢民族の心を捉らえて離さなかったと言えます。

やがて、「紅巾の乱」で朱元章が元を倒して明朝を開く事になる元末から明初の激動の時代に「羅貫中」という人が「演義」を書きます。これが『三国志演義』です。この『三国志演義』は、日本では元禄時代に「湖南文山」という人が翻訳して『通俗三国志』という本になり、今でいうベストセラー本となったそうです。吉川英治の『三国志』や横山光輝の漫画『三国志』もこの演義がネタ本になっています。

この羅貫中の『三国志演義』の第二十六回「袁本初　兵（いくさ）に敗れ将を折（うた）れ　関雲長　印を桂（か）け金を封ず」のなかに、関羽が「捨命全交」の心意気を示す場面があります。物語はこうです。

曹操との戦いに敗れた劉備、関羽、張飛の三兄弟は散り散りばらばらになります。なかでも兄貴劉備の夫人を護っていた関羽は、曹操軍に囲まれて、逃げるに逃げられない状態に陥るのです。関羽の実力を知る曹操は、何とかしてこの豪傑を配下にしたく、部下の張遼を関羽のもとに派遣します。出来る事なら兄嫁（姐さん）を救いたいと願う関羽と、何とかして関羽を取り込みたいと希望する張遼との間で激しいやりとりが交わされましたが、結果として関羽は三つの条件を曹操にだしました。

三つの条件とは、

一、自分は、皇叔（劉備）とともに漢の王室を再興する事を誓った者であるから、自分が投降するのは漢の王室だけであって、曹操ではない事。

二、二人の姐さんには皇叔の知行を賜り、いかなる者も門内に立ち入ることを禁じる事。

三、皇叔の所在が判ったなら、たとえ千里の果てであろうとも、すぐに馳せ参じる事。

どうしても関羽が欲しい曹操はこの三つの条件を呑み、関羽は二人の姐さんを連れて曹操に投降するのです。

関羽が投降した後、曹操は、三日に一度の大宴会、五日に一度の小宴会を開き、また関羽が馬に乗る時には金を、馬を下りる時には銀を贈り、また美女十名を供し、更に名馬「赤兎馬」を贈るといったように、関羽の取込みに全力を傾けましたが、関羽の心は岩の如く動きません。ある日、曹操が山の如く金銀で刺繍された衣服を贈っているのにも拘わらず、関羽がいつも古びた服を着ているのを不思議に思った曹操が「関羽、何故そうも倹約をするのか」と尋ねたところ、「いいえ別に倹約をしているのではありません。この衣服は皇叔から賜ったものです。この服を着ていると、兄貴のお顔を見ているような心持がいたします。丞相（曹操）より新しいものを頂いたからといっても、兄貴から賜ったモノを忘れることは出来無いのです」と、関羽は答えます。そして、この言葉を聴いた曹操は「関羽は真の義士である」と感嘆するのです。

やがて、関羽が曹操のもとにいる事を知った劉備は、関羽に密書を送ります。

「私と貴方は、桃園にて契りを結び、共に死ぬことを誓った仲です。いま道なかばにしてこの約束をたがえて、兄弟の絆を断つとはどういう事であろうか。貴方が、もし功名と富貴を望んでいるのならば、私は喜んでこの首を差し上げよう。書面にて意を尽くせないのが残念であるが、ひたすらご返事を待ちます」という密書に対して、関羽は泣きながら返書を認めます。

「義は心に背く事はありません。忠の心も死も怖れません。私は幼少の頃から書物に親しみ、多少は礼儀をわきまえている積もりです。かつて『羊角哀と左伯桃の故事』を読んで感動して涙を流した事があります。先ごろ、下邳を守っていた時には、内に兵糧の蓄えも無く、外に援軍が無かった事から、一度は死を決意いたしましたが、二人の姐さんの身ばかりが心配で、それ故に暫くここに身を寄せて、再度のご対面の時をお待ちしておりました。近頃、汝南で兄貴のお便りを耳にして、すぐさま曹操殿に暇乞いをしましたので、姐さんをお護りして兄貴のもとに向かう積もりでした。私が、もし心変わりをするのであれば、神も人もそれを罰するでしょう。今の気持ちをお伝えしたいのですが、筆では書きされません。ひたすらお目に掛かる時をお待ちしています。伏してご推察の事、お願い申し上げます」

こうして関羽は二人の姐さんを連れて劉備の所に帰るのですが、曹操はこれを妨げませんでした。曹操も義の心を理解し、また度量の大きな男であったといえるでしょう。この関羽の手紙にある「羊角哀と左伯桃の故事」が、洪門の三把半香の第一の精神である、命を捨てて全力で交わる「捨命全交」です。

では少し長くなりますが、羊角哀と左伯桃の物語を話しましょう。

中国で紀元前一一〇〇年から前二五六年まで続いた王朝が「周」です。開祖は武王で、「周武」と呼ばれます。この周武の十二代目の「幽王」まで、周の首都は、後に長安となる場所にありましたが、第十三代の成王の前七七一年に、北方から侵入した「犬戎」に追われて、今の洛陽の付近に遷都しました。犬戎とは、この時代に陝西や山西の山地にいた遊牧系の未開民族の事です。首都がおかれた場所の関係から、幽王までを西周、成王からを東周と称します。

東周は徐々に没落していき、中国は群雄割拠の状態になりますが、そのなかでも、周の第十三代成王の弟の子孫が興した「晋」が大きな勢力を持ちましたが、やがて時代が下ると「韓」、「魏」、「趙」の三国に分裂してしまいます。

歴史的には、東周の没落から晋が三国に分裂するまでを「春秋時代」と称し、その後に秦が天下を統一するまでを「戦国」とし、この時代の総称を「春秋戦国時代」と呼びます。年代的には東周となった前七七一年から、秦が天下を統一する前二二一年までの五百五十年間の事を指します。日本の戦国時代と同じで、力と力がしのぎをけずり、血で血を洗うといった時代でした。

捨命全交の物語は、この戦国時代の末期の出来事です。

戦国時代の西羌に「左伯桃」という男がいました。西羌というのは、今の四川、青海、チベットの周辺の事を指し、ここで生活していた民族を「三苗」といいますが、後の漢代には西羌と呼ばれました。

この左伯桃は、三十八、九歳まで儒学を学び、いつか世の中に貢献したいと願っていました。何故、四十歳ちかくまで仕官をしなかったかというと、当時の戦国時代は武闘派の諸侯が多く、左伯桃の目指す仁義の政治を行う王侯が少なかったからです。ある時、左伯桃は楚の元王が仁政を行い、また賢者を求めている事を知り、はるか揚子江の中流域にある楚を目指して旅立ちます。

旅路の途中のある一日、突然の夕立に出合った左伯桃は、激しい雨に打たれながら一軒の草ぶきの家に辿り着きます。腹をすかせ、寒さに震える左伯桃が戸板を叩くと、中から一人の男が顔を覗かせ、笑顔で左伯桃を招き入れました。この男が「羊角哀」です。左伯桃が家の中を見まわすと、家は質素でしたが、清潔に整頓され、たった一つの床の上にはうず高く書物が積まれていました。話を聞くと、両親を亡くした羊角哀が一人で住んでいるとの事でした。

共に学問の好きな二人は夜を徹して語り合うと、すっかり意気投合してしまい、五歳年上の伯桃を兄、角哀を弟として義兄弟の契りを結ぶ事にしました。兄の伯桃は「実は、今から楚にいって仕官をしようと思っているのだが、弟も一緒に行かないか」と誘い、弟の角哀は喜んでこの誘いを受けるのです。

楚を目指して旅を続けた二人は、やがて人里のない場所に足を踏み入れます。行けども行けども人家は無く、やがて降りだした雨はみぞれとなり、そして雪に変わりました。夜半になって疲れ果てた二人は、雪の中に黒々と立つ古墓のそばで夜を明かす事にします。しかし、朝になっても雪は止まず、疲労の限界に達した伯桃は、「弟、俺たちの着物は薄く、もう食糧も底をついてきた。もし、これ以上二人で旅を続けたら、二人とも凍死するか餓死するのは自明の理だ。俺の着物をやるから、おまえ一人で楚に行って仕官をしなさい。いつか戻ってきてくれて、俺の骨を埋めてくれればいい」と話します。

「兄さん、なにをいうんだ。死ぬなら私が先に死にます。兄さんが楚に行って下さい。それよりも火を熾しますから」、角哀がそう言って薪を拾いに出かけようとしたその隙に、伯桃はさっと着物を脱いで角哀に着せかけました。「とんでもない」とこれを突き返す角哀。「いや着るんだ」と押し付ける伯桃。いつまでも着物を突き返す弟に業を煮やした伯桃は近くを流れる川に飛び込もうとしますが、角哀は兄に泣きながらしがみついて、これを放そうとしません。

こうしているうちに、力尽きた伯桃が雪の上に倒れ込みます。角哀は必死になって裸の伯桃から雪を払い除けるのですが、身体の髄まで冷え切った兄には動く気配すらありません。「兄さん、兄さん」と大声で叫ぶ角哀に、伯桃の目がうっすら開き、凍結した指がいずこかの彼方を指し、蒼白な唇が「さあ行け」とかすかに動き、そこで止まりました。

兄の遺体の側で暫く泣いていた角哀でしたが、やがて寒さの為に意識が朦朧とするなか、「さあ行け」という兄の言葉が脳裏をよぎり、ふらふらと兄の衣服を片手に歩きだしたのです。この場所を梁山といいます。

楚に辿り着いた角哀は、すぐさま元王に拝謁し、かねてから暖めていた富国強兵の十策を提言します。この提言を喜んだ元王は、角哀を中大夫に任ずると、彼の為に華やかな宴席を設けるのですが、角哀は、運ばれてくる料理に箸も付けず、ただ嗚咽し続けます。これを不思議に思った元王が訳を尋ね、角哀が兄の裸の遺体を残してきた事を知ると、元王も泣き、すぐに兄の遺体を埋葬するよう角哀に命じたのです。

角哀が梁山に戻ると、兄の伯桃の遺体はまだそこにありました。角哀は兄の遺体に元王から賜った大夫の衣服を着せ、風水の良い場所を選んで墓を建立して、盛大な葬儀を行います。

ところが夜半になると、突然、陰気な風が部屋の行灯の火を吹き消し、そこに伯桃の亡霊が現れたのです。伯桃の霊は弟に、墓の建立と盛大な葬儀を感謝するのですが、続けて「弟がオレの遺体を埋葬した場所は、秦王政（後の始皇帝）の暗殺に失敗した刺客『荊軻』の墓のすぐ近くにあり、荊軻の霊が風水を壊されたと激怒して、俺を寒さと飢えで野垂れ死にした下らぬ男と罵り、剣を突き付け、はやく墓を移さないと、俺の墓を暴くと言っている。だから墓を何処か別の場所に移してくれ」と話すのです。翌日、角哀が兄の墓の近くを探すと、やはり荊軻の墓と彼の像を祀った廟がありました。角哀は荊軻の墓に向かって、「お前こそ、燕の太子から黄金や美女を賜りながら、秦王政の暗殺に失敗した下らぬ男だ。それに比べて私の兄は義兄弟の為に命を捨てた義の人だ。もし、これ以上兄を困らせるなら、お前の墓と廟を叩き壊してやるぞ」と怒鳴ったのです。

その晩、また伯桃の霊が現れ、「弟の気持ちには感謝するが、今日の事に腹を立てた荊軻が復讐を考えている。荊軻は村人たちが供えた藁の人形を沢山もっていて、これが奴の兵隊となっているから、弟も俺の墓に藁人形を供えてくれ」と依頼しました。早速、角哀は沢山の藁人形を作って、兄の墓の前でそれを焼きますが、その直後に雷鳴が轟いたかと思うと、「いま荊軻の軍隊に、奴の友人の高漸離が加勢している。このままでは負ける」と、兄の亡霊が叫びます。

角哀は荊軻の墓を暴き、廟の像を叩き壊そうとしますが、村人たちが荊軻の祟りを怖れて、大勢で必死で止めます。「いま加勢しないと兄さんの霊が危ない」、そう思った角哀は、自分を起用してくれた元王に遺書を認め、村人に自分の遺体を伯桃の墓の隣に埋葬する事を頼んだ後、「兄さん、いま加勢に参ります」と叫ぶと、帯刀を抜き放って自刎したのです。

その夜は激しい雷鳴が轟き、翌日、村人が眺めると、荊軻の墓は崩され、廟も落雷によって燃え尽きていたそうです。驚いた村人たちは伯桃と角哀の二つの墓の前にひれ伏しました。この話を聞いた元王は、これにひどく感動して、二人の墓前に廟を建立し、角哀に上大夫の位を遺贈しました。その後、近隣の人々はこの廟に参拝を続けましたが、大変に霊験灼かだったといいます。

長くなりましたが、これが関羽が劉備に送った返書の中にある「羊角哀と左伯桃の故事」です。関羽は自分と兄貴の劉備との関係を、命を捨てて全力で交わった羊角哀と左伯桃の義兄弟にみたてたのです。

他の中国の秘密結社と比べて洪門は宗教色がうすく、洪門のメンバーにはキリスト教徒もいれば、仏教徒も道教徒も、また回教徒もいますが、ただ全員が関羽だけは「聖賢二爺」として拝するのです。中国で「爺」というのは「おじいさん」の意味もありますが、日本のように老人をさす言葉ではなく、尊敬語なのです。ですから、大爺といえば旦那様で、少爺といえば若旦那という意味です。また「二爺」というのは、関羽が三兄弟の次男なのでこう呼びます。三爺なら三男です。ですから「捨命全交」といえば、それは関羽の義心の代名詞なのです。「捨命全交」、これを洪門では三把半香の第一香として最も重んじます。

興漢滅曹

三把半香の二本目の指ですが、これには『三国志』の「興漢滅曹」が秘められています。興漢滅曹とは、漢を興し、曹操を滅するという事です。

紀元前二〇二年に劉邦（高祖）が建てた漢は、途中で外戚の王蒙が謀反を起こして新を建国して帝位に就いたものの、この新は僅か十五年の短命政権で、再度、劉秀（光武帝）が漢を再興しました。歴史的には、劉邦から王蒙の謀反までを「前漢」、劉秀からを「後漢」と呼びます。後漢は後二百二十年の献帝の時に滅びますが、前漢と後漢を合わせた帝国の長さは四百二十二年も続きました。

中国の歴代王朝の中で四百二十二年という長さはずば抜けています。古代国家の殷、周を除くと、唐が二百九十年、女真族の侵攻によって北から南に政権が移動した宋が三百二十年、明が二百八十年、そして満洲族が建てた清が三百年ですから、いかに漢の時代が長かったかが判ります。ですから、中国人といえば漢人というほどに、この漢が後世に与えた影響は大きいのです。

その後、異民族である女真族、モンゴル族、満洲族が中国に政権を打ち立てる度に、漢人はいつも「興漢」を叫び、これを反抗の旗印としたのです。洪門のスローガンである反清復明も、別の言葉で表現すると「興漢滅満」となります。この興漢の意識というものは、所謂中国人の民族意識ですが、漢にも、またそれ以前の中央政権下の中国人には、こうした民族の意識といったものはありません。無いというより「気にもしなかった」のです。民族意識というものは、誰かがこれを鼓舞したり、煽るから生まれるのであって、放っておいたら人々がこれを自覚する事はないのです。

後漢の滅亡から、隋による天下統一までの三百七十年間は中国から中央集権国家が消えた時代ですが、この混乱の時代の始めが「三国時代」です。中国で「俺は漢人だ」という自意識が初めて生まれるのが、蜀、魏、呉の三国が鼎立したこの時代です。そして、このスローガンを声高に叫んだのが劉備の蜀でした。正確にいうと、劉備は「俺は漢人だ」と叫んだのではなく、「俺は曹操の魏を潰して漢を再興するんだ」と叫んだのですが、彼の掲げた「興漢滅曹」によって、「俺たちは漢民族だ」という意識が中国で形成され、その後、異民族が中原に侵攻する度に、漢民族意識が高まったのです。

洪門の三把半香の二本目の指に秘められた「興漢滅曹」の意味はこうしたものですが、もう少し、この時代の背景を見てみる事にします。

よく知られているように、劉備は、幽州の涿県の出身です。後漢の行政区画は十三の州に分かれていましたが、幽州というのは後漢では最北東に位置する州で、涿県というのは現在の河北省張家口市あたりです。北京のすぐ隣といったほうがピンとくるかと思います。北京の北側を取りまく万里の長城のメインゲートである「大境門」のすぐ外側に位置し、北京の攻防には重要な場所でした。

若い頃の劉備はこの涿県で履（靴）を売り、筵（むしろ）を織っていたといいますから、その暮し振りは貧しかったと思われます。学問のほうはからっきし駄目でしたが、乗馬や、闘犬、闘鶏といった賭事を好み、形（服装）にも凝るといった気っ風のよい遊び人で、涿県の界隈では少しは名の知れた兄貴格であったようです。若い衆から慕われるこの劉備に目を付けたのが、中山の大商人で、馬の売買で大きな財をなした張世平と蘇雙です。馬の売買というのは、何十頭、何百頭という馬を連れて歩くわけですから、これを狙う盗賊も多く、どうしても屈強な用心棒が必要となります。北部での馬の売買を企画していた大商人が、涿県の遊び人のあにいを用心棒の頭に起用したというところです。

張世平と蘇雙にしてみても、荒っぽい馬の売買をするくらいですから、カタギの商売人ではありません。馬の注文があり、馬を連れて行っても、売った代金を支払って貰えるかどうかは判りません。ときには、力尽くで代金を取立てる時もあったでしょう。しかし、馬を売り込む相手というのは豪族が中心ですから、彼等の武力は強く、そうそうは力尽くという訳にもいかなかったでしょう。ですから、何よりも信義が大切とされる世界だったと思います。また用心棒がいつ盗賊になっても可笑しく無い時代ですので、用心棒を雇うにしても、よほど人物に対する眼力が無くては、庇を貸して母屋を盗られる事にもなりかねないのです。ですから、この馬の売買で巨大な財産をなした張世平と蘇雙には、相当の度胸があり、更に無数の修羅場を潜った者が持つ人物鑑定の眼力があったという事です。その決め手は「其言必信」、吐いたツバを呑まず、物事にきっちりとケジメをつける人物かどうかという点にあったと思います。

この二人から見込まれたのですから、若き日の劉備には生まれながらにして、前述した郭解が持っていたような遊侠の条件が備わっていたのでしょう。また劉備の家には、その劉の姓が示すように、祖先が前漢の景帝の皇子である中山王劉勝であるという言い伝えがありました。その真偽は兎も角として、劉備その人はこれを深く信じ、落ちぶれたと雖も漢の皇族としての誇りを失わなかったのです。

人は生来の気質もありますが、こうあるべきだという自分の美学を持つ事によって、自身を磨くことが出来ます。「俺は漢の皇族の子孫だ」という誇りが、遊び人である劉備に気品を与え、信義を守らせ、人を引き付けるまばゆいオーラが全身に輝いたのではないでしょうか。

張世平と蘇雙は劉備を信じ、彼に多額の資金を与え、用心棒の集団を編成する事を依頼しました。劉備が募集を始めると、この噂を聞いて、各地から多くの若者たちが涿県に集まって来ましたが、その中に、劉備が一目で惚れ惚れとするような男が二人いました。言わずと知れた関羽と張飛です。

張飛は劉備と同じ涿県の人ですが、関羽の方は山西河東郡解県の人です。この解県という所には解池という塩水湖があって、そこで大量に採れる塩は品質の良い事で天下に知られていました。塩は政府の貴重な専売品ですから、これを売買することは非常に儲かりますので、密売業者が横行します。当然、政府は厳しくこれを取締りますし、同業者や盗賊による襲撃もありますので、密売業者は腕のたつ用心棒を多く抱える事になります。関羽は故郷の解県でこの用心棒稼業をしていました。しかし、この時期、政府による大掛りな取締りがあって、関羽は暫く体をかわす必要があったのです。そんな折に、関羽が耳にしたのが、涿県で馬の護送の用心棒を募集しているという噂です。馬の用心棒は違法ではありませんし、また用心棒代も高かった為、腕に自信のある関羽は涿県に向かい、そこで、終生の義兄弟となる劉備と張飛に出会うのです。張飛は涿県で酒や肉を売り、また田畑も相当あったといいますから、こちらの方は、言わば金持ちの坊ちゃんですが、ただし、腕のほうは関羽に負けず劣らず強かったようです。この張飛が兄貴分の劉備が義勇軍を旗揚げする時に、嬉々として全財産をはたいた姿が目に浮かぶようです。青年時代に塩の密売人の用心棒をしていた関羽の言動には、人の心を思いやる苦労人らしさが感じられますが、張飛の方は、自分が尊敬する兄貴分には素直でも、目下の者には我が儘という坊ちゃん気質がありありと覗われます。

この三人が桃園で義兄弟の血盟を結ぶストーリーは余りにも有名です。洪門はこの桃園での義兄弟の契りを「桃園義気」と呼び、自ら兄弟仁義の模範としています。

時は後漢の末期で霊帝の世ですが、十常侍と呼ばれる権力欲の塊みたいな宦官に取囲まれたこの皇帝は「お金」が全ての人でした。即位する前の皇族時代に貧乏を経験している霊帝は、帝位に就くなり、官職を販売する「売官」行為によって、自分の財産を築こうとするのです。官職は宮中の西園の売官所で売買されました。専門の売買所まで設けて売りに出される官職にはそれぞれ定価が付けられ、あまり賄賂を受け取るチャンスのない中央政府よりも、収賄のチャンスの多い地方政府の官職の方が値段が高かったそうです。また官職が欲しい人の名声や人格によって価格には変動がありました。たとえば清貧で名の高かった崔炎という人には、定価が一千万銭であるところを五百万銭に値引したり、また曹操の父親である曹崇が大尉という余りたいした事のない官職を買った時には、定価は一千万銭だったにも拘らず、曹崇は一億銭を支払わされています。この曹崇が養子縁組をしたのが宦官の大ボスの曹騰で、曹操には祖父にあたります。曹家は大変な大金持ちだったので、定価の十倍もの金をポンと支払えたのですが、何故十倍になったかというと、曹家が卑しいとされた宦官の出身だったからです。

また霊帝は、販売の効率を上げる為に官職の任期を短くした為、買う側は短期間に元を取らねばならないので、せっせと収賄に励む事になりますが、これは言い方を換えるならば、人民を絞れるだけ絞るといった、払う方にしてみたら全く堪らない話でした。払わなければ問答無用で首を切られるのですから、払えない人民は、もう夜逃げするしかありません。夜逃げする先は流民と呼ばれる流れ者の集団か盗賊の群れしか無いので、後漢末には、こうした流民や盗賊が国中に溢れたのです。

こうした状況のなか、太平道という妖しげな新興宗教団体が急激に信徒を増やしていきます。最初、太平道は病気を治す事から布教を始めました。病人に懺悔をさせた後に、符水という呪符を浮かべた水を飲ませる事で、病気治療をしたのです。

よくみられることですが、宗教による病気の治療は、やがて民衆の心の病の治療に変じます。いつの世にも悩める民衆側にはこうした需要があるのです。特に希望のかけらすら無い暗黒の時代には、人々は精神的にひどく病んでいます。現実に絶望し、誰も彼もが、何か超越した存在に救いを求めるのです。そこに太平道の教祖である大賢良師の張角が「蒼天（漢の世）既に死し、黄天まさに立つべし、年は甲子にあり、天下大吉」と神聖革命論を唱えたのですから、国中の百姓や流民が救われたい一心で「オラも、オラも」とワーッと張角のもとに集まったのも無理からぬ事でした。仲間の目印に黄色の巾を頭に巻いた事から、黄巾軍と呼ばれましたが、政府側は「黄巾賊の乱」と呼びました。

漢・中平元年（一八四年）の初頭、張角を天公将軍、弟の張宝を地公将軍、張梁を人公将軍とする黄巾軍は、各地でまるで地雷が炸裂するように蜂起します。政府は、食肉業者から成り上がった何進に首都防衛を任せ、討伐司令官として盧植、皇甫嵩、朱儁といった後漢生え抜きの精鋭を投入します。この討伐戦には、劉備、曹操、孫権も参戦しますが、軍職からいうと近衛騎兵隊長である騎都尉の曹操がもっとも偉く、左軍司馬の孫権は部隊長クラスですから、余りたいした事はありません。馬の用心棒グループを率いて参戦した劉備は、討伐軍全体からみると足軽、雑兵といったものでした。

張角の病死や弟たちの戦死によって「黄巾の乱」は一年をたたずして沈静化します。

戦後の論功行賞ですが、義勇軍として戦った劉備にも安熹県の尉というちっぽけな官職が与えられました。田舎の町の警察署長といった役職ですが、劉備には土俵が余りにも小さすぎたのでしょう。劉備は関羽と張飛を連れて、幽州を本拠地とする公孫瓚を頼りました。公孫瓚と劉備は、かつて盧植の下で儒学を学んだ先輩後輩の間柄ですので、同郷の先輩に身を寄せたといったところでしょう。

漢・中平六年（一八九年）、お金が大好きだった霊帝が亡くなります。享年三十四です。霊帝には沢山の子供が出来ましたが、不思議と夭折してしまい、そんな中で、後宮の何氏が生んだ「辯」と、王氏が生んだ「協」の二人の皇子が成長していました。霊帝が死んだ時、辯が十四歳で協が九歳です。

この霊帝の死を機に、いよいよ英雄たちの三国志の物語が本格的に始まるのです。

劉備、曹操、孫権、何進、董卓、呂布、袁紹、袁術といった英雄たちによって繰り広げられる戦いの世界は、関羽、張飛、呂布ら豪傑の活躍に目が奪われて、ともすれば男同士の力と力のぶつかり合いのように見えますが、あに図らんや、その実像は謀略戦に他なりません。

中国古代の兵法書には「武経七書」と呼ばれる「孫子」、「呉子」、「司馬法」、「尉繚子」、「李衛公問対」、「六韜」、「三略」の七書がありますが、特に孫呉の兵法と称される「孫子」と「呉子」が飛び抜けています。この孫呉の兵法書を鷹とするなら、他は雀といってよいのです。そして、この二書を比べてみると、孫子が断然と優れています。孫子が太陽なら、呉子は月です。

『三国志』の時代、孫子の兵法が縦横無尽に駆使されました。この時代に武将と呼ばれた者はみな孫子の兵法をテキストとして戦ったのです。特に魏の曹操は孫子の注釈書まで作る程この兵法に造詣が深く、また蜀の諸葛孔明もそうでした。何事にもそうですが、同じ物を見ても、見る人によって理解の程度は異なります。一を聞いて十を知る人もいれば、十を聞いて一しか判らない人もいるのです。そうした意味で、『三国志』の戦いは、その理解度の差はあっても、共に孫子を学んだ者たちの戦いであったといえます。ですから、『三国志』を理解するには、まず孫子の兵法を理解する事が必要なのです。

孫子は戦国時代の「孫武」によって書かれました。では孫武はこの書物で何を言わんとしたのでしょうか。その要諦は「心理戦」の一言に尽きます。

孫子は、内容別に十三章に分けて編集されています。計篇、作戦篇、謀攻篇、形篇、勢篇、虚実篇、軍争篇、九変篇、行軍篇、地形篇、九地篇、用間篇、火攻篇の十三です。戦う前の準備の仕方、兵站の準備の仕方、攻め方、守り方、行軍の仕方、指揮官の心構え、戦う地形の見かた、スパイの使いかた、火攻めのやりかた等々、孫子には、実に微に入り細にわたって戦いに勝つ為にはどうしたらよいかが懇切丁寧に述べられています。そして、これらの戦争哲学と技術を終始一貫しているのが「人間の心理を知り尽くしたうえでの、これに対する対応策」なのです。

孫子を読んでいると、心の底から恐ろしいと感じます。それは、なぜ民衆を愛するのか、なぜ兵士を慰撫するのか、なぜ不意打ちをするのか、なぜ伏兵を置くのか、なぜ囮（おとり）が必要なのか、なぜ地形を読むのか、なぜスパイを送り込むのか、なぜ裏切りを誘うのか、なぜ暗殺するのか、こうしたなぜ、なぜ、なぜの答えが常に「人の心理の裏をかけ」という一点に集中されているからです。

それを代表する言葉が第一章の計篇にある「兵は詭道なり」です。兵は戦争で、詭道は騙す事ですから、「戦争は騙しあい」だという意味です。敵を騙すという事は、敵の国王、将軍、兵士、民衆といった人々を騙すという事ですから、つまり、人間を騙すという事なのです。実に嫌な事に聞こえますが、孫子は冒頭で「兵は国家の大事なり、死生の地、存亡の道、察せざるべからざるなり」と、これについての心構えを説いています。簡単にいうと「戦争に負けたなら、国は滅び、男も女も子供も殺されるのだから、戦争という事を真剣に捉えろ」という事です。戦争にはどんな事をしても勝たねばならず、その勝つ為の哲学が「敵を騙すこと」で、騙すための技術が「兵法」だと孫子は述べるのです。

この孫子の哲学と技術を知ることは簡単ですが、いざこれを実践することは至難の業です。何故ならこの要点が「正と奇の無限の応用」にあるからです。正とは正攻法ですから「セオリー通りにやれ」ということで、奇とは奇襲ですから「意表を衝け」という事です。剣道や空手といった武道でもそうですが、まず基本や型を学びます。これが実戦となると、相手の出方に対応して自分も臨機応変に戦わねばなりません。相手が右から来るなと思ったら、自分は左に体をかわし、上から来るなと思ったら下にかわし、相手が右から来るなと思ったら左を攻め、上だと思ったら下を攻めるという事で、これが「奇」です。しかし、臨機応変に動くには、その基本の姿勢がなくてはなりませんから、この姿勢が「正」です。武道でいうならこれが「構え」となります。

この正と奇の応用を、孫子の第五章の勢篇では「声は五に過ぎざるも、五声の変は勝（あ）げて聴くべからず、色は五に過ぎざるも、五色の変は勝げて観るべからず、味は五に過ぎざるも、五味の変は勝げて嘗むべからず」と説明しています。

音というものは基本は五つだが、その組合わせは無限であり、色の基本も五つだが、その組合わせは無限であり、味の基本も五つだが、その組合わせは無限だという意味です。つまり、基本はその応用によって無限のバリエーションを持つものだと語っているのです。この孫子のモノの捉えかたは、陰と陽の二つの要素が互いに交じりあう事によって万物が生じるという、老子のタオ（道）の捉えかたそのものです。タオは変化の哲学ですが、こうした無窮の変化に対応する為には、これを行う者の心に、相手に勝とうとか、功名を上げようとか、怒りや憎しみといった固定された心や観念があっては駄目です。あくまで自軍と敵軍との有りの儘の戦況に応じて対応する事が要求されますから、これを指揮する将軍は「無我」、「無心」でなくてはなりません。では冷徹であればよいかというと、これも冷徹にとらわれたら、その逆のワーッとした変化が来た時に乗りきれませんので、これも駄目です。あくまでも「無我」、「無心」が要求されるのです。

ここに孫子の実践面での差が出てきます。とかく英雄というものは情熱家ですし、また情熱家でなくては天下を統一しようとも思わないものです。また、英雄には軍師や参謀が必要となります、劉備の諸葛孔明、孫権の周瑜、呂蒙等がそうです。曹操にも軍師はいましたが、どちらかというと曹操その人が兵法の達人だった為に余り目立った存在とはなりませんでした。

しかし、謀略が渦巻き、腹の探り合いに尽きる、この心理戦の世界は実に気骨の折れる人間不信の空間です。心を許したら駄目ですから、義や人情等はどこを探してもありません。ですから、この権謀術数と裏切りの時代に、最後まで桃園で結んだ義兄弟の契りを守りとおした劉備、関羽、張飛の三人は、いってみれば有り得べからざる奇跡の存在だったのです。特に関羽の義は格別で、であるからこそ、孫子哲学の権化のような曹操ですら関羽を義士と讃え、前述の羊角哀と左伯桃の物語で述べたように、孫子のセオリーからいうと殺しておくべき関羽を劉備のもとに返したのです。また、荊州を守備していた関羽が北伐を行い、魏と密かに結んだ呉軍に殺された時、軍師の諸葛孔明が止めるのを振り払い、劉備は関羽の仇討ちを慣行し、白帝城で没したのも、偏《ひとえ》にこの義ゆえです。

その後の時代に於いても、孫子の兵法は重要視されました。時代が孫子の哲学を必要としたという事は、時代がいつも「騙し合いの世界」だったからでしょう。そして、現在も孫子の兵法はビジネスの指南書として書店で売れています。という事は、現代も「騙し合いの世界」なのでしょうか。しかし、反面、今も昔も人々は『三国志』の劉備、関羽、張飛の義の物語に涙をながし、震えながら感動をします。権謀術数の世界にあって、生きんが為に汲々としている人の心の奥底にも、きっと、この三兄弟が成した「有り得べからざる義の奇跡」に対する強い憧憬の念があるのかもしれません。

洪門は民衆を基盤としています。皇帝、貴族、士大夫、官僚、また宦官といった支配層ではなく、彼等に苛められ、搾取され、差別される世の底辺の人々から生まれた組織です。時の権力が苛斂誅求であった時には、自分の身は自分の手で守るしかありません。しかし、一人一人の力など実に微々たるものですから、どうしても助け合う仲間が必要となり、この結束を強くする為に兄弟姉妹となるのですが、この集まりを「幇」と言い、劉備、関羽、張飛も「三人幇」と呼ばれました。これは本当の兄弟姉妹でないのですから、この関係を結び付ける指針といったものが必要となります。これが義兄弟の頭につく「義」です。

義の根本は、約束を守る、嘘をつかない、仲間を裏切らないという事ですから、これを破った者は仲間の掟で厳しく罰せらます。これが「幇規」です。民衆にとって、政府が腐敗している時の法律などあって無いようなものですが、この幇規を破れば仲間から追放されます。それでは生きていけないので、民衆は一所懸命にこれを守ります。つまり義を守るのです。

こうした意味で、「復漢滅曹」には、劉備、関羽、張飛の義と仁（愛）を復興させ、世の「騙し合い」の精神を滅するという、民衆の願いが込められているのです。

替天行道と瓦崗結拝

三把半香の三本目の指には、『水滸伝』の「替天行道」が、四本目の折り曲げられた指には『隋唐演義』の「瓦崗結拝」の意味が込められています。

替天行道とは、天に替わって道を行う事で、これが『水滸伝』梁山泊の英雄豪傑たちのスローガンでした。乱れた世を正すという意味です。

瓦崗結拝とは、『隋唐演義』に登場する瓦崗の寨（砦）の三十六人の英雄豪傑たちの結拝を意味します。結拝とは義兄弟の契りの事です。『隋唐演義』は言わば娯楽小説ですので、内容そのものは史実から掛け離れていますが、小説では、この瓦崗寨に立てこもった義兄弟たちが、腐敗した隋を打倒して唐を建国した功労者である李世民（太祖）の大きな力となったと書かれています。それでは、なぜ瓦崗結拝の指だけが折り曲げられるのかというと、洪門がこの瓦崗の義兄弟関係を完全なものとして観ないからです。つまり、「瓦崗の義兄弟の契りは半分ぐらいしか本物でない」と考えるから、四本目の人差し指を半分に折り曲げるのです。

『三国志』の桃園の三兄弟も、『水滸伝』の梁山泊の百八人の兄弟も、義兄弟の契りを結ぶ時交わした「名字は違っても、同年同月同日に生まれてなくても、死ぬ時は同年同月同日に死ぬ事を願います」という誓約には忠実でした。つまり最後まで行動を共にした訳です。ところが、瓦崗の三十六人の義兄弟たちはそうではなかったのです。隋が滅び唐が建国されると、隋に対する叛乱軍であった瓦崗の義兄弟たちも新王朝である唐に帰順することを決めますが、三十六人のうち三人だけは行動をともにしませんでした。これを義に背く行為だとして三、一、九を表す指の折り曲げられた人差し指を瓦崗結拝とします。

『水滸伝』は、『三国志演義』、『西遊記』、『金瓶梅』と並ぶ中国の四大奇書の一つですが、類似した本が大変に多く、この原作が、元の時代の「施耐庵」によって書かれたとも、明の時代に「羅貫中」によって書かれたとも、また施耐庵の原作を羅貫中が書き加えたともいわれていますが、その確実な根拠は無いようです。判っていることは、モンゴルが中国を支配した元の時代に『水滸伝』の原作が生まれ、これが巷の講談師たちによって面白ろ可笑しく脚色されて民間に広まり、やがて明も末期になって百回本と呼ばれる小説になったという事です。百回本とは、本のストーリーが百に分けられているので、そう呼ばれる訳です。

『三国志』や『水滸伝』と比較した場合、『隋唐演義』の影の薄さは否めませんが、これは『三国志』や『水滸伝』が余りにも有名な為であって、隋唐演義そのものは中国の民間で大変よく読まれた小説です。この『隋唐演義』の構成も百回本となっており、著者は清の初期の「褚人獲」です。物語は、三国時代の後の五胡十六国の南北朝時代末期の五八一年に、北朝の北周を乗っ取った楊堅が即位して国号を隋とし、やがて南朝の陳を滅ぼして、天下を統一する時代を背景として始まり、やがて李淵、李世民の親子が隋を倒して唐を建国する興亡の歴史が描かれ、最後は、唐の六代目の玄宗皇帝が安禄山の乱の後に長安に戻るところで終わっています。

この『隋唐演義』の見所は、何といっても物語の最初に登場する山東の秦叔宝を始めとする義気あふれる「瓦崗寨」の英雄豪傑たちの活躍です。

『水滸伝』と『隋唐演義』に登場する英雄豪傑は、正確にいうと任侠の群れで、決して士大夫や大将軍や豪族といった社会の上層部を形成する人々の物語ではありません。この点が、曹操、孫権といった英雄が活躍する『三国志』と違うところでしょう。

『三国志』の劉備、関羽、張飛も、桃園で三兄弟の契りを結ぶ頃までは任侠の群れでしたが、その後にこの三人は王となり大将軍となって、三国鼎立の一方の雄である蜀までも建国してしまい、途中から社会の超エリートになってしまいます。ところが、『水滸伝』と『隋唐演義』の英雄豪傑たちの多くは、最後まで、下っ端の軍人、入れ墨を入れた遊び人、闇商人、農民であったりした出身層のキャラクターを失っていないのです。彼等は、前に述べた義兄弟の「義」を失ったら生きていけない庶民であり、幇のメンバーであり続けました。これが読者の大半を占める中流以下の民衆の心に共感を生んだのです。『三国志演義』、『水滸伝』、『隋唐演義』が書かれた元、明、清の時代の中流以下の民衆は文字を読めない人が圧倒的で、彼等がこうした物語を知るのは、士大夫くずれの講釈師が「かくして関公は赤兎馬にうち跨がり、手に青龍偃月刀を引っ提げて、ダダンダン、曹操のもとを後にしたのであります」といった講釈や、街の芝居小屋からでした。文盲率も減って出版技術も向上する後の時代はいざ知らず、この時代の民衆にとってこうした講談や芝居こそがまさに歴史を知る唯一の場でありました。

構成員の大部分が中流以下の民衆である洪門も、明末から清初にかけて、反清を叫んだ士大夫や学者の思想を少なからず受けてはいますが、その精神は庶民に根差しています。働けど働けど暮らしの楽にならない大工や、背中いちめんに彫り物をして巷で飲んだくれる用心棒や、酷使に年貢を毟り取られながらも一心に農作業をする百姓や、生きる為に官憲の目を逃れて船で塩や茶を運ぶ密売人や、生活の為に酒をつぐ紅燈緑酒の女性や、丁稚や、メシ屋のオヤジや、仕立て屋といった民衆が理屈なく共感できる精神が「義」であり、これが洪門の精神です。洪門は「忠義堂の前では貴賤の区別なし、兄弟姉妹だれもが皆平等」という精神を持って、これらの人々を受け入れてきました。そして、この精神は今でも変わっていません。ですから、『三国志』においては、洪門が尊ぶのは桃園での三兄弟の義の契りであり、『水滸伝』においては梁山泊の百八人の兄弟の義であり、隋唐演義においても瓦崗寨三十六人の兄弟の義なのです。またよく誤解される点に、洪門の秘密性がありますが、洪門は秘密結社になりたくてなったのでは無いのです。異民族の侵略者の支配から脱して、自分の国家を復興させるという民衆運動は何恥ることの無い正義の行為です。ただ侵略者がこれを弾圧するから地下に潜らざるを得なかったのです。ですから、辛亥革命の後、洪門は表の政治結社となりましたが、再度、日中戦争で秘密結社化したのです。その後、台湾の洪門に関していうなら、中国の共産化によって台湾に移転した後に、国民党が布いた戒厳令によって結社の自由が禁止された事で、またまた地下に潜るのですが、戒厳令撤廃後の今は、正々堂々とした表の組織なのです。

洪門では「梁山の根本」、「桃園の義気」、「瓦崗の威風」といって、『水滸伝』梁山泊の「根本」、劉備、関羽、張飛の「義気」、そして『隋唐演義』の瓦崗寨の英雄の「威風」を尊びます。根本とは洪門の組織の基盤という事ですが、実際に組織の構成や儀礼の多くを梁山泊の物語から学んでいます。特に洪門の組織の名称は、その殆どが『水滸伝』梁山泊のそれの模倣なのです。

洪門の会館に入ると、必ず関羽を祀った祭壇があり、その上の方に「忠義堂」と書かれた額が掲っています。忠義堂といえば、洪門の兄弟姉妹たちが集う場所を意味しますが、この忠義堂という名称は、『水滸伝』に出てくる梁山泊の司令室の名前なのです。天地会系の洪門は、梁山泊の兄弟たちが用いた役名を、そのまま使用しています。次に列記する梁山泊の役職名が、現在でも使われているのです。

梁山泊の役職	名前	アダナ	天と地の星
山主	宋江	呼保義	天魁星
香長	呉用	智多星	天機星
陪堂	盧俊義	玉麒麟	天罡星
盟證	関勝	大刀	天勇星
執堂	秦瓊	霹靂火	天猛星
總管	公孫勝	入雲龍	天間星

禮堂	呼延灼	雙鞭	天威星
刑堂	林冲	豹子頭	天雄星
護印	楽和	鉄叫子	地楽星
護剣	徐寧	金槍手	天佑星
心腹	董平	雙鎗将	天立星
聖賢	魯知深	花和尚	天孤星
當家	李應	撲天鵰	天富星
披紅	郭盛	賽仁貴	地佑星
挿花	呂方	小温侯	地左星
紅旗	阮小二	立地大歳	天剣星
黒旗	武松	行者	天傷星
巡風	劉唐	赤髪鬼	天異星
賢牌	張順	浪裏白跳	天損星
江口	燕青	浪子	天巧星
么満	石秀	拚命三郎	天慧星

ここで『水滸伝』の歴史的背景について触れます。第三章の「洪門の歴史」でも述べますが、九六〇年に趙匡胤が建てた宋も、八代目の皇帝徽宗の時代になると大分おかしくなってきます。徽宗その人は良くいえば芸術的才能に溢れた人でしたが、その事が徒となりました。徽宗は自らの芸術欲を満

足させる為に膨大な国費を浪費したのです。浪費した分は当然何処かから補塡するしかありません。徽宗の政府はこれをいきなり大幅な増税に頼りました。しかし、税金を払う民衆の立場になってみれば、いきなりの増税は死活の問題に繋がりますし、不満も増長しますし、これが過酷すぎる場合には、座して餓死するよりは立ち上がって一揆を起こす事になります。宋は、徽宗の時代になって各地で叛乱が頻発したのです

この徽宗の時代が『水滸伝』の時代です。

『水滸伝』の原作は元の時代に誕生しましたが、時代の背景はまさにこの北宋末期です。この時代の民衆の叛乱を題材として『水滸伝』は書かれました。原作に登場する梁山泊の英雄豪傑は三十六人ですが、その後、書き加えられて、これが明の時代の水滸伝では、百二十回本となり、英雄豪傑の数も百八人にまで増えます。

『水滸伝』の舞台となるのが山東の梁山泊です。梁山泊の梁山とは山の名前で、泊とはねぐらの事です。梁山の麓は湖沼地帯で、漁業を仕事とする人々が多く住んでいました。北宋の末期には、この漁民に対しても、漁船一艘にいくらという税金を掛けたのです。塩の専売制に対して密売業者が発生したように、密漁船が生まれるのは当然です。取締まる側の官憲に対抗しなくてはなりませんから、密漁船は武装する事になります。また漁船だけでなく、河の渡し舟にも税金が掛けられました。『水滸伝』の百八人の中に船火児の異名を持つ張横という豪傑がいますが、張横は闇の渡し舟を稼業にしていました。また張横の弟で浪裏白跳という異名をとる張順は魚屋をしていましたが、洪門の伝承では、張順の役職は「賢牌」で、この賢牌というのは船着場を守る若い衆のまとめ役ですので、彼が闇漁船の商売をしていた事が想像出来ます。

『水滸伝』にはこうした水上を稼業とする豪傑が沢山登場します。

小説『水滸伝』の梁山泊の首領は、言わずとも知れた天罡星三十六星の筆頭「天魁星」の宋江です。宋江は慈雨の宋江として、大変に慈悲深く、叛乱集団のボスでありながらも、朝廷への忠義の心の厚い人物として描かれています。この宋江は実在の人物です。宋江は、北宋末に山東を中心に暴れまわっていた盗賊の頭で、彼に従うものが三十六人いたそうです。この盗賊の宋江をモデルにして、『水滸伝』が書かれたわけです。『水滸伝』には、最後に宋江たちが朝廷に帰順して、江南地方で叛乱を起こした方臘を討ったと書いてあります。この方臘の乱については、「洪門の歴史」で説明してありますので、ここでは贅言を加えることを控えます。

『隋唐演義』の瓦崗寨の背景となる隋の時代をみてみましょう。

隋王朝というのは実に短命で、僅か三十七年間続いただけでした。隋の後を襲った唐が二百九十年も続いた事を考えると、まるで夜空に打ち上げられた花火のようにぱっと咲いてぱっと散った政権といえます。しかし、忘れてはならない事は、三百七十年も続いた三国、五胡十六国、南北朝の分裂時代に終止符を打ち、この統一を成し遂げたのが隋だという事です。また封建時代にあって、民間人の登用に道を開いた科挙の制度も、この隋の時代に確立されています。

北周を簒奪して帝位に就いたのが楊堅で、彼が隋の文帝です。二代目は次男の楊広で、この人が悪名高き煬帝です。隋はこの煬帝の時に滅びました。滅亡した原因は、偏に煬帝の飽く事を知らない浪費癖にあります。煬帝は遊び好きの二代目でしたが、遊びに満足する事なく、黄河と揚子江を結ぶ大運河の建設や、長安の大興城の建設といった巨大工事を行って国を食いつぶしたのです。やはり二代目で滅びたのが秦ですが、こちらのほうは初代の始皇帝が行った万里の長城や阿房宮といった巨大工事が原因で滅びました。権力を握った人が、色々とモニュメントを建設したい気持ちは判りますが、それも程々という事を歴史は教えてくれます。

煬帝の父の楊堅は至って質素な人で、楊堅が没した時の隋の国庫は財で溢れていたにも拘わらず、煬帝はこれを食い潰し、愈々金が無くなると、次はお決りの増税に走りました。更に朝鮮半島の高句麗への遠征を敢行するのですが、金の無いなかでの大遠征は人民にとっては堪ったものではありません。この遠征では、夥しい数の下級兵士や人夫が苦しさ故に逃亡しました。人民の逃亡といえば、大運河や首都大興城の建設もそうです。逃亡した人々は、昔の中国パターンで、流民、盗賊となるしかありません。当然、各地に叛乱が起きますが、この叛乱軍の一つが瓦崗寨なのです。

歴史上、悪皇帝の一人に数えられる煬帝は、日本でも「ヨウテイ」と呼ばずにわざと「ヨウダイ」と発音します。「あんたに皇帝の資格はないよ」という意味でのヨウダイなのです。とにかく煬帝の浪費癖は異常でした。長安は後漢の首都でしたが、ここを隋の国都と定めて都市を築く時も、煬帝ときたら、この長安の都をわざわざ全部更地にして、全く新しい首都を建設しました。これが大興城です。

黄河と揚子江の間には色々な川が流れていますが、どの川も途中で途切れていました。ですから、船で南北に物資を運ぶ場合には、一度荷物を降ろして、川から川へと陸送する必要があり、その運送の効率が非常に悪かったのです。煬帝はこれを繋げる大運河を建設したのですから、良くやったと誉めてやってもいいところですが、この大工事が結果として民衆を疲弊させ苦しめたのです。煬帝は南方の江南が好きでよく訪れています。人民の苦しさをそこのけに、自分で造った運河に自分のお気に入りの美女を満載した竜船を浮かべて往復したのです。これで叛乱が勃発しないほうが不思議というものです。

『隋唐演義』の瓦崗の義兄弟には、秦叔宝、翟襄、李密、徐世勣、単雄信、程咬金、王伯当、羅士信、魏徴等の好漢が登場しますが、ここで、李密という人を中心に史実を追ってみる事にしましょう。

隋の文帝が奪った北周には八柱、十二将軍といわれる貴族層がありました。八柱とは国を支える八人の重臣という事ですが、十二将軍から八柱に昇進した人が多いようです。李密の祖父である李弼がこの八柱の一人ですから、李家の出身層は文帝と同じ事になります。李密は名門の家の子なのです。貴公子の李密が、何故任侠の群れである瓦崗に入るかというと、その原因は親友の楊玄感の謀反にあります。楊玄感の父の楊素は文帝の側近でしたが、その実力を鼻に掛けるところがあり、次第に煬帝から煙たがられていきました。この父の楊素が病死した後、楊玄感は礼部尚書（文部大臣）に起用されましたが、父が煬帝に毒殺されたという噂もあって、身の危険を感じていた楊玄感は謀反のチャンスを窺っていたのです。

これを煽ったのが親友の李密でした。謀反は失敗し、楊玄感は殺されましたが、李密の方は上手く逃げおおせたのです。李密は野心家でしたが、追われる身となって意気消沈していたところに、安伽陀という名の道士が唱えた「桃李栄える」という予言が流行ります。隋が滅びで李姓のものが天下をとるという予言ですが、中国語の「逃」と「桃」は発音が同じですから、李密はこれを「逃亡している李」、つまり自分の事だと思ったのです。

この予言で元気づいた李密が逃げ込んだ先が瓦崗寨です。

瓦崗寨は前にも述べたように、逃亡者の群れで、任侠の人、下級軍人や官吏、農民、人夫といった人間の集まりです。「翟襄」という人が瓦崗寨の寨主でしたが、このボスは下っ端役人の出身ですし、瓦崗寨の若き参謀として知られていた「徐世勣」にしても農民の出身ですから、言わば学のある人は余りいなかったわけです。翟襄と徐世勣は運河や水路の船を襲う水賊から細々とスタートしましたが、この集団も、李密が逃げ込んだ頃には数万の子分を抱える大集団に膨れあがっていました。学問もあり、隋打倒の革命意識もある李密は、いつのまにか瓦崗軍のリーダーとして祭り上げられるのです。烏合の衆という言葉がありますが、生きていく為食う為に集まったグループは、だいたい烏合の衆で、利害損得で結ばれるこうした集団は実に脆いものです。この烏合の衆が強力な集団となる為の条件は二つあると思います。一つははっきりとした目的を持つ事です。二つは組織運営の専門知識を持つ人が参加する事です。これに軍師知識が加われば鬼に金棒です。名門出身の李密は、こうした条件を充たす為の十分すぎる資質があったといえます。この李密をリーダーに仰いだ瓦崗軍はみるみるうちに数十万の大軍に膨れあがりました。

李密は自らを魏公と称します。魏の王様になったわけです。人々は隋の次は魏の天下だと噂するようになりますが、李密が洛陽攻めに手間取っている隙をついて、疾風の如く隋の首都長安を陥とした軍団がありました。李淵と息子の李世民に率いられた唐軍です。「義兵を挙げて帝室を匡す」、これが唐軍の革命のスローガンです。

唐軍の長安攻略を横目でみていた李密ですが、彼にも弁慶の泣き所がありました。瓦崗軍そのものが、李密派と翟襄派の派閥争いで揺らいでいたのです。これを実利派と任侠派の争いと呼んでも良いでしょう。もちろん李密が実利派で、翟襄、徐世勣、魏微といった瓦崗の義兄弟は任侠派です。

唐の天下が定まりかけると、瓦崗軍は唐に帰順しました。しかし、唐側の処遇に不満を抱いた李密は、今度は唐に謀反を起こしますが、あっけなく敗れて斬られてしまいます。やはり唐に帰順した徐世勣と魏微の方ですが、彼等は唐に将軍や官房長官として起用され、唐の建国に大いに貢献したのです。坊ちゃん育ちの李密と、社会の底辺から這い上がってきた徐世勣と魏徴の違いを感じます。それは我慢が出来るか出来無いかの違いです。

替天行道を目指して、瓦崗寨の兄弟が叛乱したのは、悪名高き隋の煬帝に対してです。この煬帝を倒した唐の李淵と李世民に帰順する事は、瓦崗の義兄弟にしてみたら義を貫く行為の延長なのです。しかし、昨日まで天下を巡って争っていたという面もありますので、帰順したからといって、暫くは冷や飯を喰わされるのが当然です。これは任侠の群れで義と我慢を叩き込まれた徐世勣や魏徴にとっては当たり前の事ですが、上流社会出身の李密にはこの当たり前の我慢が出来なかったのだと思います。

話は変りますが、道教の廟に行くと、門の扉に見るからに強そうな二人の武将が描かれていたり、また木像が立っていたりします。これは門神といって廟内に悪神や邪気が入らないように見張る門番ですが、この二人の武将が秦叔宝と尉遅敬徳です。秦叔宝は『隋唐演義』の瓦崗寨を代表する好漢ですが、尉遅敬徳もまた叛乱軍から唐に帰順した人です。唐の太祖となった李世民はこの秦叔宝と尉遅敬徳の二人の猛将をこよなく愛したといわれています。

洪門の三把半香の「瓦崗結拝」ですが、『隋唐演義』の三十六人の義兄弟のうち三人だけが唐に帰順しなかったから、四本目の曲げられた指になったという事は既に説明しました。画竜点睛を欠く結果となった瓦崗結拝ですが、史実からみても、坊ちゃん育ちの李密の責任は否めないと思います。

『隋唐演義』の第四十二回「貪賞銀詹氣先喪命　施絶計単雄信無家（賞銀を貪りて詹氣先命を喪い、総計を施して単雄信家を無くす）」に瓦崗寨の司令部として「振義堂」という名称が出てきます。振義堂とは義を振興する堂という事です。『水滸伝』梁山泊の司令部が「忠義堂」と呼ばれた事は既に述べましたが、現在の洪門でも、堂に「義」の一文字を入れる団体は沢山あります。因に、私の属している堂は南華山「龍義堂」といいますが、この南華山の下には他にも「仁義堂」、「聚義堂」、「聖義堂」、「信義堂」、「宏義堂」、「正義堂」、「行義堂」、「崇義堂」等の義のついた団体が沢山あるのです。

第四十二回には、堂の酒席の席順を決める場面があります。色々と譲りあった末に、最長老の王老翁を第一席に座らせ、第二席には瓦崗寨の寨主である翟襄が座り、第三席には李密、第四席には軍師の徐世勣、第五席には単雄信、第六席には王伯当、第七席には邴元真、第八席には李如珪、第九席には王当仁が座るのですが、実は、この席の譲り合いが重要なのです。

中国人はまだこうした席の譲り合いに慣れていますが、日本人の中には、宴席で、目上の人から「どうぞ」と言われて、「はいそうですか、ありがとうございます」と、そのままどっかりと座ってしまうケースがみられます。いくら勧められたからといっても、本来であれば遠慮を三回するのが礼儀なのです。相手がどうしても座れという場合であっても、必ず一回は遠慮する姿勢を持つべきで、これを面倒臭いと思って怠ったら無礼なのです。洪門の場合でも、義兄弟の仁義というのは、こうした小さな礼儀から積み重ねていくのです。また、相手が洪門で無くても、中国の人と酒を飲む時には、「遊侠の人　郭解」で述べたように、宴席での酒のマナーにも気を付けたほうが良いでしょう。席に着いたら、先に目下から目上に対して盃を挙げるのがマナーです。また相手が盃を挙げたら、必ずこれに応えます。そして、相手が盃を干したら、自分も必ず盃を干すことが重要です。相手が飲んだ量だけ、自分も飲むというのが基本ですが、相手が少し飲んでも、自分は盃を干すぐらいの心意気があれば合格です。酒が飲めない人は、酒席が始まる時に「無調法で、申し訳ありません」と、断っておいたほうが良いでしょう。特に注意しなければならない事は、酔っ払って醜態を晒していけないという事です。これが最も礼儀を失する事になります。

ひとつ私の経験を話しましょう。もう二十年も前になりますが、台湾に来たばかりの頃に、ビールから始まって、紹興酒、そしてウイスキーやブランデー、最後には高粱酒までを乾杯する宴会が毎晩続きました。ビールならまだしも、紹興酒やウイスキーを何度もビールグラスで干すのは、酒が結構飲めても、全く苦しい事です。しかし、よく見ると、私が苦しそうに乾杯していると、相手もまた苦しそうに乾杯しているのです。まあ、台湾でもカタギの人は余りこういう無茶な飲みかたはしませんでしたが、遊び人のほうの人はいつもこの調子なのです。そこで、私は「なんでこんなに苦しい事をするのか」と訊いてみた事があります。一人は「メンツ」だと答えましたが、もう一人は「考你」と言いました。中国語ではテストのことを「考試」といいます。你は英語のYOUですから、考你とは「あんたをテストしている」というような意味になるのです。「あんたをテストしている」。こう聴いたときに、それまで酒は旨いから飲む、酒は楽しいから飲むと思っていた私は、何かとても厳しいものを教えられたような気がしました。遊び人の男稼業というものはメンツを捨てたら「ハイそれまでよ」の世界ですし、義も捨ててしまえば「ハイそれまでよ」です。ですから、メンツや義を保とうと思ったら、これは苦しくても我慢を続けるしかないのです。酒の飲みかたから義の話になってしまいましたが、こうした考えが、洪門の兄弟たちと付き合う上で大きな役に立ったと思っています。日本の稼業の方で「人生すべて義理場だよ」と言った人がいましたが、『隋唐演義』に登場する瓦崗の好漢たちの触れ合いを読んでいると、この文句がふと思いだされるのです。

まとめ

この章の最後に、繰り返しになりますが、大事なポイントですので「洪門の精神」をまとめてみましょう。

まず洪門の精神の土壌として、墨子が説いた四つの思想があります。

尚賢の思想（平等）
兼愛の思想（博愛）
非攻の思想（平和）
節用の思想（倹約）

の四つの思想です。

ですから、まず洪門人は平等を愛し、博愛を旨として、平和を守り、倹約につとめる心を持たねばなりません。

つぎが、遊侠列伝「郭解」に代表される侠気です。

一、其言必信　吐いたツバは呑まない。ケジメをつける。
二、其行必果　行動は果敢である。スジをとおす。
三、已諾必誠　誠をもってモノゴトを引き受ける。
四、不愛其軀　捨て身でいく。
五、赴士之阨困　火のなか水のなかでも飛びこむ。
六、既已存亡死生矣　命を度外視する。

七、而不矜其能　　何かをしても、自分の能力を誇らない。

八、羞伐其徳　　手柄話をしない。控えめである。

この侠気を持つことで、洪門人は「世の為、人の為」に生きる事ができるのです。これを、洪門人が人生を生きていくうえでの指針と呼んでもよいでしょう。

これに、三把半香の「捨命全交」、「興漢滅曹」、「替天行道」、「瓦崗結拝」に一貫して流れる「義」を尊ぶ心が加わります。これが洪門の精神です。

ですから、平等、博愛、平和、倹約の四つの心を持ち、世の為人の為にという侠気を生きる指針とし、義を何よりも尊ぶのが洪門人だといえるのです。

第三章　洪門の歴史

秘密結社の歴史

人は一人では生きていけないものです。そこで集団をつくります。でも、ただ集まるだけでは何も出来ません。集団で何かをするには、そこに共通の目的が必要となります。共通の目的を持った集団、これが結社です。昔から結社は世界中のどこにもありましたが、華人社会では、こうした結社の事を「幇」、「教」、「道」、「堂」、「会」、「社」等と呼びます。

どこにでもある結社ですが、これに頭に秘密がついて「秘密結社」になるとイメージがガラッと変わります。暗黒の闇で蠢く恐ろしい人たちの集まりのように思われてしまうのです。これが秘密結社の一つのイメージです。

物事は何でもそうですが、隠す事によって他に与えるイメージは大きく異なります。水着姿の女性が太陽いっぱいなビーチにいるのと、薄暗い部屋で絹のベールに包まれているのとでは全くイメージが違ってしまうのと同じ事です。秘密の花園、秘密の楽園等というと、なんとなく妖しく淫靡なものが漂って、怖い半面興味がそそられます。秘密文化、秘密協定、秘密会談（密会）、秘密文章、秘密資金等も、妖しそうで、知りたいという人々の欲望を煽ります。これが秘密結社の二つ目のイメージです。

次に宗教結社の方でよく秘密教義や秘密真理等と言いますが、これを聞くと、人々は胡散臭いと感じる反面、何だかアリガタイもののようにも感じてしまうのです。神や仏、また真理というものは目で見えない、いわば実体の無いものです。実体が無いということ自体がもう秘密の領域ですから、秘密を知りたいという人間の強い願望がそこに渦巻くのです。簡単には手に入らないモノを人はアリガタがるのです。これが秘密結社の三つ目のイメージです。

ですから、秘密結社には、恐ろしく、妖しく淫靡で、胡散臭いが何となくアリガタイものというイメージがいつも付きまとっています。この神秘的な存在感を、秘密の領域が持つ魔力と呼んでも良いでしょう。

結社が効果をねらってわざと秘密化する事もありますが、ふつう秘密結社というものは、誰かが設立を禁止したり取り締まったりするから秘密にやるのであって、誰も禁止しなければ秘密結社にはなりません。そして禁止する側は政府である事が多いですから、秘密結社はいつも政府に取り締まられる側に立つ事になります。反政府的な組織としての烙印を捺されるのです。特に秘密結社の存在自体が時の政府の基盤を脅かしたりするような時には、これはもう取り締まりどころではなく、徹底的な弾圧や粛清の対象となりますから、こうした秘密結社はメンバーに対して強い忠誠心と目的意識を要求する事になります。メンバーの忠誠心と目的意識が強固であればあるほど秘密が守られ、結社の存在が保全されるからです。

秘密結社の入会式は、入会者の忠誠心を鼓舞し、目的意識を再認識させ、仲間同士の絆を強固にする事を目的として行われます。ですから、新人には必ずといってよいほど、結社の目的を遂行し、結社の掟に従う誓約が義務付けられます。誓約というものは誓う対象が無いと誓約になりません。誓う相手が人というケースもありますが、人よりも神仏の方が偉いので、新人は神仏に対して誓約する事になります。政治秘密結社が宗教秘密結社と表裏一体になりやすいのもこの為です。また入会者には仲間同士にしか判らない符牒、真言、暗号、サインといったものが伝授されます。こうした行為が入会の秘密儀式です。儀式は神秘的かつ複雑であればあるほど効果的となりますし、また外部からは窺い知れないものとなるのです。

秘密を共有するという事は、それだけでとても強い連帯感が生まれますが、それだけではありません。秘密結社には組織を守る為の結束の中心というものがあるのが普通です。結束の中心を「きずな」と呼んでも良いでしょう。絆には、先生と生徒の師弟や、親分と子分の擬似親子や、義兄弟の擬似兄弟の絆があります。この三つの絆のなかで、儒教の影響の強い華人社会では師弟の絆が最も重んじられます。これが「礼」です。次に擬似親子関係、これが「孝」です。そして擬似兄弟関係となりますが、これが「義」です。中国の秘密結社の大部分がこの「礼、孝、義」のいずれかの絆で結ばれています。洪門の場合はこの兄弟関係の「義」を以て組織の絆とするのです。

いつの世もそうですが、秘密結社はあまり良く言われません。これは取締まる側がそうした評判を流すからです。でもこれにあまりこだわり過ぎるのも考えものです。歴史的にみると、革命や政権の交代で、秘密結社が、ある日突然に秘密結社でなくなった例等はごろごろしています。禁止したり取締まる側がいなくなると、もう秘密でも無法者でも犯罪者でも邪教でも何でもなくなるのです。近代でいうなら、辛亥革命の孫文、ロシア革命のレーニン等は、秘密結社の重犯罪者として追及されていた身から、一躍、国家の元首となった代表的な人物です。またそれは、時代がさらに下がった中国の毛沢東、ベトナムのホーチミン、インドネシアのスカルノ、キューバのカストロ等にもいえる事です。日本でも、明治維新で国家の元老となった人たちの多くが、維新前にはみな徳川幕府から犯罪者として追われる政治秘密結社のメンバーだったと表現しても差し支えないでしょう。

宗教秘密結社

宗教秘密結社について話す前に断わっておかなければならない事があります。それは洪門には宗教性が非常に薄いという点です。この点で洪門はフリーメーソンとよく似ています。フリーメーソンのメンバーがそれぞれ異なる宗教を持っているように、洪門のメンバーも、仏教、道教、キリスト教と、実に様々な宗教を持っており、その中には回教徒までいるのです。

中国の歴史は五千年といわれています。何故五千年といわれるかというと、紀元前三〇〇〇年頃、中国の北方に夏という漢人の王国があり、いまの山西省の南部に首都があったとされるからです。あったとされると書いたのは、この夏が伝説の王国だからです。そして前一六〇〇年頃に殷が興ります。この殷になると、考古学的な根拠も多少は出ていますので、この王国はまずあったとみて良いでしょう。となると、殷から現在までの時間は大まかにいって三千四百年です。

この長い歴史のなかで、数多くの王朝が生まれ、そして滅び、また誕生しました。そして誕生と滅亡の狭間には必ずといって良いほどに武力闘争がありました。中国の王朝交代劇は易姓革命が基本です。交代の仕方には、進んで交代する場合と無理やりに交代させる場合があり、前者を「禅譲」、後者を「放伐」と言います。しかし、実際の交代は殆どが放伐です。ですから、一つの王朝が滅びる時には、守るものと奪うものとの間で激しいせめぎ合いが起きるのです。

易姓革命は、天が王朝を選ぶという発想ですから、「俺が天に選ばれた」と宣言すれば、誰でも前の王朝を倒して新しい王朝を創れるのです。ただし天下を制するだけの武力があればの話ですが。ですから、街のゴロツキ出身の漢の劉邦や、乞食坊主だった明の朱元章が皇帝になっても、周囲は余り奇異な事とは思いません。それは天が望んだ事だからです。この点、ヨーロッパや日本は王家の血を大切にしますので、王族や貴族の血脈の中で次の王朝が決まっていく事が多いのです。

　王朝交代の武力闘争には民衆の叛乱がつきまとうのが常です。民衆が叛乱を起こすという事は、政府のやり方に民衆が大きな不満を持つからです。こうした叛乱は政府に鎮圧される事もあれば、叛乱が軍事化して伐軍となって、新しい王朝を打ち立てる場合もあります。中国の歴史には、こうした民衆叛乱が大きなものだけで六十五回も記録されています。

　大規模な民衆叛乱が起こるには、ただ不満なだけでは駄目です。そこには群集を一つに括るような精神的なしめ縄とでもいうものが必要となります。歴史をみますと、このしめ縄が宗教である事が多くみられます。こうした叛乱のしめ縄となった宗教は、政府の立場からみると反政府ですから、これは邪教です。邪教の烙印を捺された宗教結社は、もう地下に潜るしか手がありません。ですから、これを宗教秘密結社と呼んでも良いでしょう。

黄巾の乱（一八四年～、後漢の時期）は太平道／道教
大乗の乱（五一五年～、梁の時代）は大乗教／弥勒信仰
方臘の乱（一一二〇～、北宋の末期）は喫菜事魔／マニ教（弥勒信仰）
紅巾の乱（一三五一年～、元の末期）は白蓮教／弥勒信仰
太平天国の乱（一八五一～年、清の末期）は拝上帝会／キリスト教と道教
義和団の乱（一八九八年～、清の末期）は白蓮教の分脈
等が中国の歴史上の宗教秘密結社の乱の代表格といえます。

中国でキリスト教の布教がスタートするのは十七世紀も半ばに入ってからで、時代的には明の末期です。それ以前の中国の宗教は儒仏道といって、儒教、仏教、道教が中心でした。孔子が開いた儒教の経典は論語ですが、これは孔子の弟子が編纂した師匠の言行録です。孔子その人は神仏的なものを否定しましたから、論語に神秘性はありません。また儒教の儀式も政治的な目的で行われたものですから、この儒教を宗教の範疇に加えるのはどうかと思います。そして仏教は外来の宗教ですので、中国で自然発生した宗教というのは「道教」だけとなります。この道教はとても柔軟な宗教で、儒教と仏教の人受けする点を教義に取込みながら肥大してきました。道教は、長い歴史のなかで中国人が興味を持ったありとあらゆる宗教や哲学を貪欲に取入れることで、その時代、その時代の信徒の様々な精神的なニーズに応えてきたのだといえるでしょう。

ですから道教に網をかけることはとても難しい作業です。

道教を結社的な視点からみた場合には、まず、これを民衆道教と成立道教とに分けて考える必要があります。開祖も教祖も定かでなく、またはっきりとした教義も無く、ただ自然発生的に民間で流布されていった道教を民衆道教と呼びます。これに対して、開祖や教祖もはっきりしていて、教義もある程度は整理されている道教が成立道教です。

一八四年の後漢の末期に起きた黄巾の乱の太平道は、中国で最初の成立道教です。この太平道は、教義に雑多な民間信仰を含んでいたものの、その道教色は濃厚でした。当初は張角、張梁・張宝の三兄弟を中心に病気治療から布教を始めた太平道は、やがて多くの農民信者を得ると、「蒼天（漢の世）すでに死にたり、黄天まさに立つべし。年は甲子にあり、天下大吉」をスローガンにして、大賢良師・

張角に引き入られて武装蜂起したのです。

この黄巾の乱の後の宗教秘密結社になると、教義に儒教、仏教、道教、その他の外来宗教が混じり込んで、宗教的にはごった煮の状態になります。大乗教、喫菜事魔、白蓮教、拝上帝会等は、どれも混合宗教と呼んで良いものですが、よくみると道教の影響を少なからず受けている事が判ります。清の末期に勃発した太平天国の乱を起こしたのは拝上帝会で、教祖は洪秀全という男です。彼は自らをキリストの弟と称して信者を獲得したのですが、ではキリスト教なのかというとそうでもなく、その実態はキリスト教の教義の一部を道教に混載したものでした。これはキリスト教と道教の混合ですが、また、道教の方も、その後の成立道教には「三教合一（儒、仏、道の合一）」や「五教合一（儒教、仏教、儒教、キリスト教、イスラム教の合一）」などを教義とする団体も多く出現していますし、さらに「萬教合一（全ての宗教の合一）」を唱える成立道教の団体もあって、宗教的には、もう何が何だか分らなくなっていくのです。

『水滸伝』の時代

それは北宋の時代になります。後周の近衛軍長官であった趙匡胤によって建国された宋は、年代的には九六〇年から一二七九年まで続きました。宋は首都が今の河北省の開封にあった北宋と、首都を今の浙江省の杭州においた南宋の二つの時代に別けられます。何故南宋と北宋があるのかというと、それは北宋が、更に北に興った女真族の金の侵略に押されて、首都を南の杭州へと移したからです。中国の歴史では一つの王朝を興した人物を高祖とか太祖とか呼びますが、宋の太祖の趙匡胤は軍人出身でありながら、血生臭い事を嫌い、強引であるよりも話し合いによる解決を好んだ人でした。この太祖の遺風を継いだとでもいうのでしょうか、宋は軍事大国であるよりも経済大国や文化国家であることを目指したのです。ですから、宋の時代というのは、実に文化が絢爛豪華に花開いた時代でもありました。隋の時代に生まれた、平民がその実力で出世できる科挙の制度も、この宋の時代になって確固としたものになったのです。

しかし、前に述べたように八代目の皇帝徽宗の悪政により各地で叛乱が頻発したのです。

民衆の叛乱というのは、ただ政府が苛斂誅求だからといってパーッと起こるものではありません。水の中の魚にとって水があるのが当たり前のように、もし生まれた時から死ぬまで周囲の全てが貧困に喘いでいるならば、人はこれを貧困とも思わず、また余り苦しいとも思わないのです。当たり前の事には不満を感じにくいのです。豊かな時があったから、今を貧しいと感じ、幸せな時があったから、今を苦しいと感じるのです。つまり不満は比較から生じます。ですから民衆叛乱が起きるというのは、一つには政府がいきなり想像を絶するような厳しい政策をとった時か、二つには、エジプトからヘブライ人を連れだしたモーゼのような民衆の心に火をつけて大きく煽った者がいる場合です。宋末の徽宗の時代には、この二つの叛乱の条件が揃っていたのです。

徽宗の時代は『水滸伝』の時代でもあります。『水滸伝』は講談をもとにした小説ですが、時代の背景はまさにこの北宋末期です。この時代の民衆の叛乱を題材として梁山泊に籠る百八人の英雄の活躍を描いたのが『水滸伝』です。

洪門では「梁山の根本」といって、『水滸伝』を尊び、組織の構成や儀礼の多くを梁山泊の物語から学んでいます。洪門の組織の単位は「山」と「堂」ですが、この山は梁山から取入れたものです。上位の三十六人を天上の天罡星の三十六星に、下位の七十二人を地上の地煞星の七十二星に見立てた水滸伝百八人の英雄豪傑の物語は、洪門を理解するうえでの不可欠な参考書であることも前述しました。

小説「水滸伝」の梁山泊の首領は、言わずとも知れた天罡星三十六星の筆頭「天魁星」の宋江です。王朝の歴史を綴った史書である宋史の「張叔夜伝」には、北宋の政府軍が宋江を包囲して投降させた事が記されていますので、恐らく実在の人物だったのでしょう。また宋史の「侯蒙伝」にも、向かうところ敵無しだった宋江と三十六人の盗賊を帰順させて、これに江南地方で叛乱を起こした方臘を討たせたとあります。この方臘を征伐する物語は、小説『水滸伝』の最後を飾る華ですが、こちらの方は、どうも史実とするには色々と反論があるようです。

ところで、中国の宗教秘密結社を語る時、この方臘という人物はとても重要な人物なのです。『水滸伝』の舞台となった北宋末期とは、実に叛乱の多い時代でした。高托山という謀叛人などは三十万人の衆徒を率いていたそうです。そして、こうしたなかで、マニ教を根っこに持つ宗教秘密結社による大きな叛乱が惹起します。北宋末最大の叛乱「方臘の乱」です。方臘の乱は徽宗の在位中の宣和二年（一一二〇）に起こりましたが、中国の秘密結社を語る場合には、大変に重要な事件ですので、少し長くなりますがお話をしたいと思います。

白蓮教から方臘の乱へ

中国の歴史に大きな影響を与えた白蓮教という宗教がありました。方臘の乱を花とするならば、白蓮教は花の種といえるでしょう。中国の秘密結社を語るうえでは無視する事の出来ない宗教です。白蓮教が暗黒の地下世界から顔をのぞかせるのは元末の「紅巾の乱」からですが、それ以降、この白蓮教には、邪教、妖教、淫教と、有らん限りの醜名が付けられました。日本の南北朝時代に、文観上人によって武蔵野立川の真言行者に伝えられたとされる真言立川流が邪教とされたようなものです。白蓮教を邪教呼ばわりしたのは体制側ですが、それだけこの宗教に秘められ民衆を引き付けるパワーが強かったという事でしょう。荼枳尼を祀り、男女の和合を修道の秘訣とした日本の真言立川流は、完膚なきまでに体制側に潰されましたが、白蓮教の方は名を変え、地下に潜ってしぶとく生き延び、現代までもその命脈を保っているのです。

白蓮教のルーツについては様々な説が流布されています。まず中国の南北朝時代の晋の元興元年（四〇二）に、慧遠という和尚が廬山の般若谷で設立した「白蓮社念仏」をルーツとする説があります。しかし、白蓮社と白蓮教とは何の関係もありません。この廬山の慧遠という人は、中国浄土教の開祖として有名な人で、その教義の核心は、念仏によって西方の極楽浄土へ往生する事をひたすら願う阿弥陀仏信仰です。これが浄土教として平安期の日本にも伝えられて、空也や源信によって民間に広められました。何故誤解されたかの理由ですが、一つには白蓮念仏社の浄土思想と白蓮教の弥勒思想とがどちらも末法思想を持っているからです。実際には、浄土思想と弥勒思想の末法思想は違うのですが、出家者はいざ知らず、当時の民衆にこうした教義の差など判るはずもありません。二つめは、白蓮という名前です。むしろこちらの方が誤解される大きな原因だったと思います。白蓮社と白蓮教、誰でも関係があると思うのが普通です。

もう一つは、紹興初年（一一三一）に江蘇の延祥院の茅子袁という和尚が興した「白蓮宗」を白蓮教のルーツだとする説です。こちらも全く関係がありません。この白蓮宗も宗旨は阿弥陀仏信仰ですが、こちらのほうは念仏の場に男女を同席させたり、僧侶の妻帯や在家の人の出家を許した事から、かなり異端視されたようです。こちらも名前に白蓮が付く事と、政府から異端視された事が、同じく異端視された白蓮教と結び付けられたようです。まだあります。乾道二年（一一六六）に慈照という和尚が興した「蓮宗」が白蓮教のルーツだという説です。これも間違っています。誤解される理由は、やはり蓮宗が阿弥陀信仰である事と、その蓮が付いた名前でしょう。

白蓮教のルーツが白蓮社念仏、白蓮宗、蓮宗であると誤解された大きな原因は白蓮の名前ですが、ここでこれらが白蓮教のルーツでは無いという決定打を打ちましょう。それは白蓮教が「白蓮教」という名前を名乗ったのは「紅巾の乱」からという歴史的な事実です。それ以前は「弥勒教」とか「明教」と称していました。結論から言ってしまえば、白蓮教のルーツは「マニ教」にあります。

李淵と李世民の親子によって建てられた唐の文化が、最も花開いたのは六代目の玄宗の時代です。玄宗の時代の唐の影響力は天山とパミールの彼方にまで及び、西域への門は大きく放たれていました。この門を潜って西域から多くの人たちが唐の都の長安を訪れました。人が動けば宗教も動きます。イランの国教であったゾロアスター教の信徒も、サマルカンドあたりのマニ教の信徒も、またネストリウス派のキリスト教徒も長安に足を踏み入れたのです。当時の長安は、仏教、道教、ゾロアスター教、マニ教、キリスト教等が勢揃いした国際宗教都市だったのです。

しかし、唐も武宗の時代になると大分様相が違ってきます。武宗は道教を除く全ての宗教を激しく弾圧しました。これを会昌の法難といいます。この時、景教と呼ばれたネストリウス派キリスト教や祆教と呼ばれたゾロアスター教は完全に唐の領土から消えました。しかし「摩尼教」と呼ばれたマニ教はしぶとく地下に潜って宗教活動を続けたのです。

マニ教の歴史は迫害の歴史でもありました。ですからマニ教は迫害には強いと言えます。ようするに打たれ強い宗教なのです。

マニ教の生い立ちについて話しましょう。ササン王朝時代のイランの国教はゾロアスター教でした。このゾロアスター教の改革者であるマニが始めたのがマニ教です。マニ教の宗教観は、この世界を光明神と暗黒神とが創造した二元論の世界とみます。この点ではゾロアスター教と同じですが、マニ教の方がより善悪の区別という面では徹底していると言えます。またマニ教はゾロアスター教以外にも、ユダヤ教、キリスト教、グノーシス主義などの影響を受けています。このマニ教はササン王朝下では異端として厳しく弾圧され、その信徒の多くが処刑されました。教祖のマニ自身も処刑されたのです。宗教が個人の段階で止まっている場合にはあまり弊害というものは出ませんが、これが宗教団体に成長し、国教などにでもなった時は大変です。何が大変かというと、他の宗教を異端視するだけに留まらず、これらを排除する権力を持つからです。自分の信じるものだけが正義で、後は邪教と決めつけて迫害するのですから堪ったものではないのです。

中国に伝わったマニ教は一時は長安に寺院まで持つのですが、前述した会昌の法難で地上からその姿を消してしまいます。地下に潜ったのです。宗教団体が地下に潜るという事は、表面だけ他の宗派を隠れ蓑にする事が一番手っ取早い方法です。そうなるとこの時代の中国で認知された隠れ蓑は仏教か道教しかありません。マニ教は仏教に衣がえしました。その名前を「弥勒教」といいます。後に秘仏と呼ばれるマニ仏もこの時代に作られました。マニ仏とは弥勒菩薩の事に他なりません。

大乗仏教から生まれた弥勒信仰は、簡単に言うと救世主への信仰です。中国では二世紀頃に弥勒諸経典が漢訳されましたが、弥勒信仰がピークとなるのが四世紀から五世紀にかけて百五十年ほど続いた南北朝の時代です。中国の北と南に王朝が乱立したこの時代は民衆が貧困と圧政に喘いでいた時代でした。そのような暗い時代に「弥勒が天下って地上の楽園をつくる」といった弥勒信仰は民衆にとって大きな光明となった筈です。

こうした民衆の期待に便乗する人はいつの世にもいるものです。彼等は「今こそ弥勒の降臨の時である」とか「我こそは弥勒の化身である」とか声高に叫びました。本来、弥勒菩薩は、釈迦入滅の五十六億七千万年後に下生すると仏典には書かれていますが、文字も読めない一般の民衆にそんな文句は通用しません。民衆は今の救いを弥勒信仰に求め、これが大規模な民衆叛乱に繋がったのです。

歴史は、この叛乱に参じた人々を「弥勒教匪」と呼びます。教匪とは宗教に踊らされた盗賊とでもいう意味です。この叛乱の最大のものが延昌四年（五一五）に起きた「大乗の乱」です。この乱の指導者は法慶という坊さんですが、彼は自らを弥勒と名乗って、「弥勒が降臨して旧魔を除く」というスローガンを掲げました。旧魔とは旧来の支配層を意味します。法慶を指導者とする五万人の宗教叛乱集団は異様な戒律を持っていました。これを戒律と呼ぶのはどうかとも思いますが、それは「一人殺せば一住菩薩、十人殺せば十菩薩、百人殺せば百菩薩……」という、人を殺せば殺すほどに菩薩の位が上がるという恐ろしいものでした。この叛乱はやがて北魏の軍勢によって鎮圧されますが、乱の平定後は屍の山だらけだったそうです。

この狂気に満ちた大乗の乱は、中国における弥勒信仰と民衆叛乱とが結びついた最初の例です。民衆がどうしょうもない現状や、打ち破る事のかなわぬ現実におかれた時、メシア（救世主）が現れるという期待感ほど心の救いになるものはないでしょう。メシアの降臨によって全ての救済が実現されるのですから、ギリギリまで追い詰められた民衆が一目散でこれに走るのはある意味では当然な事と言えます。人々が生きていく未来がみえなくなった時、メシアとしての弥勒は、民衆叛乱と結び付きやすいところまで下生するのです。

マニ教の話へ戻りますが、地下に潜伏したマニ教が弥勒教に衣がえした大きな理由はこうした時代のメシア信仰にあったのです。前述した名前の紛らわしい白蓮社念仏や白蓮宗の阿弥陀仏信仰は「念仏を唱えることによって、死後に西方の極楽浄土で救済される」というものですが、弥勒信仰の方は「人間が生きたままメシアに救済される」という意味合いが強烈なのです。中国人は現世利益に対する渇望が非常に強いという国民性を持っています。現世利益を説く道教が発展したのもこの理由からです。ですから、民衆の生活が苦しくても何とか飯の食べられる間は、死後の世界で幸せになれるという阿弥陀信仰でも中国人は救われますが、これが生き地獄となると、中国人は今この場での救いを与えてくれる弥勒信仰に大きく傾くような気がします。そしてマニ教の方も、メシアの再臨を説くキリスト教の影響を受けている事から、教義の中心に弥勒を据える事にはさほど抵抗がなかったと思います。

マニ教徒には何でも仲間同士で分けあう風習があり、その団結心は強靭だったそうです。弥勒教として地下に潜ったマニ教は宋の時代になると、こんどは「喫菜事魔」と呼ばれます。

これはマニ教徒たちがそう名乗ったのではなく、周囲がそう呼んだのです。喫菜事魔とは菜食主義者で魔を拝するといったような意味です。菜食主義は、禁欲主義であるグノーシス主義の影響をうけたマニ教の名残だと思われますが、魔を拝するというのは、恐らく彼等が密かに摩尼佛（マニ仏）を拝んでいたからでしょう。宗教秘密結社が密かに拝する仏像は「秘密仏」となりますので、これを偶然に外部の人が覗いたとしたならば、これは大変異様で不気味な光景として映ったはずです。中国語では「摩」と「魔」は発音が同じですから、外部の人には「魔尼佛」と聞こえます。「摩尼教」も「魔尼教」となって、周囲から「アイツらは恐ろしい魔ものを拝んでる」となる訳です。

前述した北宋末最大の叛乱「方臘の乱」はこのマニ教徒の乱でした。『水滸伝』の最後で、朝廷に帰順した宋江たちが討伐に向かうのもこの「方臘の乱」ですが、方臘とは人の名前です。

宗教秘密結社　方臘の乱

方臘は江南地方で漆園を経営していました。マニ教徒には互いに助け合い、全てを共有するといった一種の共産思想がありますので、方臘の漆園で働く人は全てマニ教徒であったと思われます。

この頃、時の政府は、花石綱の制度を導入しました。花石綱とは大量の荷物を調達してそれを運ぶ政府組織の名称です。この組織の目的は、徽宗の趣味の為に、南の江南から名木、名石、奇岩を北に運んで、北宋の首都開封に江南の景観を模した大庭園を造り上げる事でした。運ぶといっても、代金を支払った商品を運ぶのではありません。殆どの場合が、うむを言わさずに徴収したものを運ぶのです。時の政府は、徽宗の贅沢を満足させる為に、皇族の婚礼器具を製作したり、宮廷で使用する食器を制作するといった特殊な部門を新設しました。これを造作局と言います。婚礼の器具や食器に漆はかかせません。造作局から命令を受けた花石綱は、方臘の漆園から大量の漆を徴収しました。それだけでなく、江南地方の名望者であった方臘に対して色々と金銭的にも無理難題を押しつけたと思われます。

こうした無理難題に土壇場まで追いつめられた方臘は、ついに花石綱の責任者である朱勔を誅する事を大義名分にして挙兵します。方臘は単なるごろつきの頭目ではありません。彼はマニ教という極めて団結心の強い宗教秘密結社の闇の教主という立場にもありました。弥勒の世直しという看板を前面に打ちだしたこの叛乱は瞬く間に拡大しました。勢いにのった方臘は江南の六州五十二県を席巻し、自らを救世主を示す聖公と名乗り、「永楽」という弥勒が実現する救世浄土を暗示した元号さえ用いています。二百四十年後の明初に、この永楽を贈られたのが明初代の永楽帝朱元章です。後に述べる事になりますが、朱元章は後世になると白蓮教と名前を変えていた、マニ教徒の叛乱を切っ掛けに帝位に登ったのです。

「方臘の乱」は決起以来四百五十日で、十五万の大軍を擁した政府軍によって鎮圧されてしまいますが、この叛乱が結果的に北宋の命脈を大きく縮める事になったのです。

この「方臘の乱」の特徴は、世直しという大義名分を持って朝廷の官史や富豪を容赦する事無く殺した点です。宗教組織の叛乱の怖いところはここにあります。情け容赦が全く無いのです。絶対的な存在である神や仏の代理人として戦うのですから、自分たちが絶対的な正義だと思うのも無理ありませんが、だからといって大量殺戮をして良いというものではありません。この点に宗教叛乱の恐ろしさがあります。

方臘の乱によって瓦解した喫菜事魔の集団ですが、マニ教そのものは名前を変えながら、また歴史の地下水脈をゆっくりと流れていきます。

北宋は南宋となりますが、南宋時代にマニが活動したという資料は残っていません。しかし、宗教には比較的に寛大だった元の時代になってから、浙江省と福建省にマニ教徒の信者が多くいたといわれています。『元西域人華化考（西域人の華人化を考える）』という本のなかで、著者の陳垣が「閩書のなかで、福建泉州の華表山に元時代の摩尼教（マニ教）の庵が残っている」と指摘していますので、元の時代に入ってから、マニ教はかなり自由に布教が出来たのではないかと想像します。

幇会　方国珍の乱

北宋は徽宗の時代を境に急激に弱体化しました。前述したように叛乱もありましたが、それよりも国を護るべき軍隊そのものが弱体化していたのです。宋の太祖である趙匡胤の遺風に染まり過ぎて、文人である士大夫を重要視し、軍人を軽んじたのがその大きな原因です。この隙に満洲の金がつけ込んだのです。怒涛の如く南下した金の軍勢は、あっという間に北宋の首都開封を攻略してしまい、皇帝の欽宗と、既に退位して上皇となっていた徽宗を始めとする宋の王族全てを捕虜にして北方に連れ去ったのです。これを靖康の変と呼びます。王族の全てが捕虜となったといいましたが、ただ欽宗の弟の康王趙構だけは、運よく河北にいてこの難を逃れています。開封の陥落によって北宋は終焉しますが、この康王趙構が、現在の河南省商丘市にあった応天府で即位して皇帝高宗となります。歴史では高宗以後を南宋と呼びます。その後、金との激しい攻防を潜り抜けた南宋は、一一三二年に杭州に遷都して、ここに臨時政府を設立します。そしてこの杭州が、やがて南宋が滅ぶまでの実質的な首都となるのです。

この南宋を倒したのが元でした。

モンゴル帝国第五代のハーンは、ジンギスカンの孫に当たるフビライです。このフビライが、一二七九年に南宋を滅ぼして中国にモンゴル族の政権を樹立しました。これが元です。フビライは日本にも侵略の手を延ばしています。日本では文永・弘安の役として知られている元寇がそれです。

元は十一代、百年で滅びます。滅亡の原因となったのが元の末期に起こった海と陸の乱です。海の叛乱を「方国珍の乱」といい、陸の叛乱を「紅巾の乱」といいます。二つの叛乱とも秘密結社が母体となった叛乱ですが、組織の性格は大分異なっています。海の叛乱の「方国珍の乱」は「幇会」と呼ばれる闇経済活動を主体とする秘密結社の叛乱でしたが、「紅巾の乱」の方は、前述したマニ教の系譜に連なる白蓮教という宗教秘密結社の叛乱でした。

方国珍という人は浙江の黄巌という所で塩の輸送を商売にしていました。運輸業をしていたというと聞こえがいいですが、実は塩の密売人です。塩は生活必需品ですが、中国の内陸で岩塩の採れる所はさほど多くありません。ですから沿岸で採れた塩を内陸に持ち込めば、面白いように利益があった訳です。

中国の歴代王朝は塩を政府の専売品として財政収入の大きな柱としていました。紀元前二〇〇〇年に塩が年貢として用いられたとの文献もあります。こうした貴重な塩ですから、当然のように密売者が発生します。この密売される塩を「私塩」と言います。唐の末期に叛乱を起こし、唐の首都長安まで攻め上った黄巣も、もともとは塩の密売人として実力を蓄えました。『水滸伝』に登場する李俊、童威、童猛などはみな塩の密売人で、官憲の取締まりから逃げる為に梁山泊に投奔したのです。

私塩業者に対しては、政府側も徹底的な取締まりをしますので、政府の裏をかいて密売をやるには相当な度胸が必要となりますし、また闇で御禁制品を取扱うのですから、売買における売り方と買い方の信頼関係も不可欠となります。更にお上の裏をかいて、沿岸の塩田や塩水湖で採れた塩を奥深い内陸まで運ぶ事になるので、広範囲に及ぶ情報網も必要となります。

今でもそうですが、こうした密売業は堅気の商売人には無理です。そこで登場するのが任侠と遊侠の集団である幇会、つまり秘密結社です。義で結ばれ、「言必信、行必結（吐いたツバは呑まない、けじめはつける）」を金科玉条とするこうした集団の底辺は「氓」と呼ばれる無頼の人たちによって構成されていました。氓というのは忘れられた民という事で、言わば郷里のはみ出し者です。漢の時代の資料にも、農村の郷里社会からはみ出した無頼の若者が「悪少年」と呼ばれ、自分たちでそれぞれグループをつくって威勢を張っていた事が記録されています。

こうした幇会は自分たちの理想の人物として『三国志』の「関羽」を祀り、劉備、関羽、張飛が桃園で行った義兄弟の契りに倣って、酒に互いの血を垂らした盃を回し飲む事で義兄弟の契りを結びました。これを洪門では「結仁結義」と呼びます。関羽は劉備、張飛と出会う以前は、塩の密売人の用心棒をしていたといいますので、私塩を取扱う幇会にしてみると、まさに守護神でもある訳です。

宋代以降は、今でいうところの流通経済が飛躍的に発達した時代です。特に中国最長の河である長江とも呼ばれる揚子江の流域は水上運輸のメッカであり、揚子江流域の船着場には、荷積みや荷下ろしを稼業とする「牙行」や、船の手配や水夫を束ねる「船牙行」が設けられ、無頼の若者たちはそうした団体に吸収されたのです。この牙行は幇会の拠点でもあり、龍頭という親分がいます。北九州若松港を舞台とした『花と竜』という小説がありますが、火野葦平が書いたあの小説のなかで、主人公の玉井金五郎が度胸と義侠心で沖仲仕の荒くれ者を纏め上げていく姿が描かれています。あの姿が牙行の親分の姿に似ていると思ったら良いでしょう。この牙行がやがて、洪門と並ぶ近代中国の秘密結社の代表格となる「哥老会」や、そこから分かれた「青幇」となるのです。

湖広と呼ばれる湖北、湖南や揚子江流域に張り巡らされたこうした牙行の拠点は、塩の密売人にとっても重要な拠点です。塩の密売人が牙行の親分である事もあれば、「客商」と呼ばれる商売人である事もありました。客商は言わば荷主ですが、この荷主も「軽死重義、結党連群（死を恐れず、義を重んじ、義兄弟の契りを結んだ群れ）」である場合が多かったのです。つまり幇会のメンバーです。ですから各船着場の親分たちは、それぞれ義兄弟の杯を交わしていました。そうでなくては流通経済は動かず、まして私塩（密売の塩）を売り捌く事など不可能だからです。

方国珍はこうした船牙行の親分であり、塩の密売人でもありました。この方国珍に元の政府が海賊の嫌疑を掛けた事から、彼は数千人の一族郎党を率いて海上に亡命して、遂には本物の海賊となって、元の政府と縦横無尽の駆け引きを行うのです。モンゴル族は騎馬民族ですから、もともと海上の戦いには弱く、いくら軍隊を送り込んでも「方国珍の乱」を鎮圧する事が出来ません。仕方無いので、政府は方国珍に官職を授ける事で、彼の懐柔を謀るのですが、方国珍の方は官職を貰っても、また叛乱を起こすのです。そして叛乱を起こす度に方国珍の官職は高くなりました。まさに暴れ得と言えます。

方国珍の叛乱は、政府が幇会の徒に弱腰をみせたという意味で、元の足元を強く揺さぶったのです。そして、この乱が更に大きな民衆叛乱を招く事になります。

紅巾の乱（白蓮教の乱）

方国珍の成功というのも何だか可笑しな表現ですが、でも、地方で叛乱を起こした只の秘密結社の頭目が、元の宮廷から官位を授けられて、「定海県尉」、「徽州路治中」、「海道漕万戸」に昇進して、最終的には「行省参政」にまで出世したのですから、まあ成功と言えるのではないでしょうか。日本でいえば、ヤクザの組長が政府を脅して副県知事になったようなものですから、この出来事はあっという間に中国全土の裏社会に広まりました。「俺も俺も」という人間が出るのは当然の成り行きです。「方国珍の乱」によって、幇会の勢力に元の朝廷が舐められたという事です。

この海の叛乱は高い代償につきました。「方国珍の乱」から三年もたたないうちに各地で民衆の叛乱が勃発し始めたのです。これを「紅巾の乱」と呼びます。「紅巾の乱」は宗教秘密結社の叛乱が引き金となりました。前述した白蓮教、弥勒教、明教等のマニ教系宗教秘密結社の叛乱です。白蓮教徒が流布した「天下大乱の後に明王が現れて世を救う」といった弥勒（メシア）出現の予言は、瞬く間に燎原の火のように広がり、異民族であるモンゴル人の苛斂誅求に苦しんでいた漢民族は、この予言に救いを求めたのです。

まずこれに乗じたのが彭瑩玉という坊さんです。一三三八年、彭瑩玉は弟子の周子旺という男を神輿に担いで、今の江西省辺りで叛乱を起こしました。彭瑩玉は、自分に付き従ってきた五千人の信徒に「佛」という字を書いた衣を着せて、「この衣を着ていれば、槍も刀も通らない」と豪語しましたが、元の政府の手によってこの叛乱はあっけなく鎮圧されてしまいます。神輿に担いだ周子旺は処刑されましたが、坊さんの彭瑩玉の方は上手く逃げのびて、十三年の潜伏生活の後に、こんどは徐寿輝という男を担いで叛乱を起こすのです。この叛乱はタイミングよく成功して、彭瑩玉は徐寿輝を皇帝とする「天完」という地方政権を打ち立てました。ところで、彭瑩玉が徐寿輝を皇帝に立てた理由ですが、「徐寿輝が裸で行水をしているところを覗いたら、後光が射していた」という本当か嘘だか判らないものでした。

彭瑩玉が徐寿輝を皇帝に立てるのと時を同じくして、もう一つの大きな叛乱を起こしたのが白蓮教の教主・韓山堂です。この韓山堂の祖先は、白蓮会を組織して、民衆を惑わしたという事で、河北の永年という所に流罪になっていたそうです。「方臘の乱」で地下に潜ったマニ教を継承したのが韓山堂の祖先だったのでしょう。

この韓山堂を担いだのが、信者の劉福通と、その仲間の杜遵道、羅文素、盛文郁という人たちで、彼等は「天下大乱の時、弥勒仏が下生するであろう」とのメシア降臨を言い触らしたのです。特に劉福通という男は宣伝力があり、白蓮教徒だけでは叛乱の人数が足らないと思ったのでしょう、「韓山堂は、元に滅ぼされた宋の徽宗皇帝の八代目だ」という宋の復興を触れ込みましたが、この叛乱はすぐに鎮圧されてしまい、教主の韓山堂も処刑されてしまいます。しかし、劉福通は現在の安徽省に逃亡して、ここで新たな叛乱を企てます。この時、仲間の目印として頭に紅い頭巾を巻いたところから、これを「紅巾の乱」と呼ぶのです。

この劉福通の叛乱に遅れる事数ヶ月、西の彭瑩玉と徐寿輝も頭に紅巾を巻いて旗上げをします。この二つの紅巾軍を区別する為に、劉福通の方を東系紅巾軍、彭瑩玉の方を西系紅巾軍と呼びます。この時期には、こうした大きな叛乱の他にも、小規模の叛乱が各地で勃発しています。その余りのタイミングの良さに元の政府は驚愕したのです。当時の通信手段といえば手紙ぐらいなものですから、元が全国での一斉蜂起に驚いたのも無理はありません。しかし、叛徒軍の方は素晴らしい通信網を持っていました。それが全国の要所要所に拠点をもつ幇会です。ですから秘密宗教結社と秘密政治結社とは結び付きやすく、コインの裏表の関係である場合が多いのです。

この東系紅巾軍に参加したのが、大商人で、幇会の親分でもある郭子興です。この郭子興の娘婿となり、やがて「紅巾の乱」の大頭目となって、元を倒して新しく「明」を開くことになるのが「朱元章」です。

紅巾軍として立ち上がった各地の親分たちの名前をみてみましょう。紅巾軍ですから正確には将軍です。関先生、破頭潘、白不信、李喜喜等おかしなものが多くあります。関先生は、単に関さんという意味で将軍が付ける名前ではありません。また破頭潘は「破れ頭の潘」です。白不信は「信じない白さん」という意味にもとれます。李喜喜にいたってはまるで幼児の名前です。こうした奇妙な名前は幇会に属する人の特徴といえます。一つには秘密結社の特徴として身分を隠すということ。二つにはお尋ね者である事から本名を隠すということ。そして最も大きな理由としては、幇会の人々は、組織のモデルである『水滸伝』梁山の豪傑のアダナに倣っているのです。日本の任侠の方ではあまりこうした呼び方はせず、むしろ「上州の」とか「水戸の」とか、それぞれ地名で呼びあったようです。『水滸伝』の登場人物はみな本名の他に、宋江ならば呼保義とか、魯智深ならば花和尚、史進ならば九紋龍といったようにアダナを持っています。今でも中国の裏社会の人たちは、この伝統を引きずっていて、たとえ本名が判っている場合にでも、「白い虎」とか、「太った熊のアニキ」とか、「黒い顔」とか、色々なアダナで呼び合いますが、こちらの方は歴史的な幇会の習慣といえるでしょう。

仲間同士の内紛も多かった紅巾軍ですが、やがて東系紅巾軍の劉福通が、何処かから元に殺された韓山堂の遺児である韓林児を探し出して、これを小明王とし、「宋」という地方政権を打ち立てます。何故小明王なのかというと、父の韓山堂が明王と呼ばれたからです。明教（マニ教）の王だから明王なのです。そうこうしているうちに、東系紅巾軍きっての実力者である郭子興が病死します。これを受けた東系紅巾軍の総帥である小明王の韓林児は、総司令官に郭子興の息子の郭天叙を任命し、また主席副総司令官には郭子興の妻の弟である張天祐を、序列三番目の次席副総司令官に郭子興の女婿の朱元章をそれぞれ任命しました。

しかし、東系紅巾軍の中で最大の軍隊を擁していた朱元章はこの人事に大いに不満を感じました。ですが、翌年の南京攻略戦で、郭天叙と張天祐の二人はあっけなく戦死してしまいます。朱元章はこの報復戦を旗印に南京を陥し、ここを拠点に定めると、以後は韓林児と袂を分かちます。こうした東系紅巾軍の動きのなか、西系紅巾軍の徐寿輝が殺され、殺した陳友諒が新しく国を興します。国号は「大漢」です。

この時の状況はといえば、北方の大都には元の朝廷がまだ存在していましたが、これはもう有名無実の存在です。また亳州（現在の河南省）には韓林児がいましたが、こちらの方も、朱元章が離れた後は無力な存在といえます。新しい王朝を開く革命戦は、西方の長江の上流にいる陳友諒、また東方の長江の下流にいる張士誠、そして南京を拠点とする朱元章の三強の間で争われたのです。

一三六八年、他の二強を撃破した朱元章は皇帝の位に就きます。国号は「大明」、年号は「洪武」です。この大明の明ですが白蓮教の「明王」からとったという説が有力です、朱元章その人も白蓮教の信者であったといわれています。白蓮教の叛乱を梃子にして皇帝となった朱元章ですが、帝位に就くなり、今度は打って変ったように白蓮教に激しい弾圧を加えています。自分自身が秘密結社のメンバーだった朱元章ですから、政府にとって、それがどれほど恐ろしいものかは骨身にしみていたのでしょう。朱元章を太祖とする明は二百七十六年続きます。明は中国の歴史の中で漢（四百二十二年）、清（三百年）、唐（二百八十年）と並ぶ長期政権となったのです。

天地会　鄭成功の起義

さあいよいよ洪門の武宗「鄭成功」の登場です。

鄭成功（一六二四～一六六二）は、九州の平戸で、中国人の鄭芝龍と、日本人の多喜（マツという説もあります）との間に生まれました。鄭芝龍は明の末期の東シナ海で大きな勢力を誇っていた海商で、多喜は九州平戸の田川氏の娘です。鄭成功の幼名は福松、中国名が鄭森です。

福松は七歳の時に平戸を離れ、父の根拠地である福建のアモイに渡りました。福建の鄭氏は貿易で栄えた一族です。貿易というと聞こえが良いですが、その実態は海賊に他なりません。明の政府は民間の対外貿易を禁止しましたので、貿易を稼業とする鄭一族は密貿易をせざる得ません。言うまでもなく密貿易は違法行為ですから、政府からみると、これを行う者は「海賊」です。政府の取締まりに対抗する為や、隙があれば同業者を襲ったり、また襲われたりする事から、密貿船はみな武装をしています。この時代、海商と海賊は裏表の関係にあったのです。この海賊鄭一族の頭領が、鄭成功の父親鄭芝龍です。

鄭一族は海賊を生業にしていましたが、この一族の有力者は、政府から水軍の将軍に任命されています。鄭芝龍の弟の鄭鴻逵は明の第二首都だった南京政府の水軍司令という要職にありました。明の政府は海賊を水軍の将官に起用するという「以毒制毒」政策を採っていたのです。以毒制毒とは毒を以て毒を制する事です。

明の時代は海賊が荒れ狂った時代でした。特に日本の海賊に中国の海賊が加わった「倭寇」の脅威は本当に深刻な政治問題だったのです。倭寇が中国の沿岸を荒らした時代は前期と後期に分けられます。前期が十四世紀の元末から明初にかけて、後期は十六世紀の明の興隆期です。前期の倭寇は日本の足利義満が厳しく取締まった事と、日本と明とが正式貿易を始めた事で鎮静化しました。この時代に活躍した中国の海賊が方国珍ですが、この人が前期の倭寇と関係があった事は十分に考えられます。

正式貿易は日本が明に朝貢するという形をとりました。朝貢とは、臣下の王が皇帝に貢物を捧げるという事ですから、室町幕府の将軍足利義満も、自らを臣と称する国書を明の皇帝に提出しています。朝貢貿易は、明側が発行する「勘合」に基づいて行われました。勘合は、いまの貿易ライセンスとクオーター（割当量）を一緒にしたものと思ったら良いでしょう。この朝貢貿易は、朝貢される側の明が数倍のお返しをするという慣例があったことから、明側にとっては苦しいものでしたが、朝貢する日本側にとってはぼろ儲けと言っても良い取引だったのです。この勘合を持たない者は海賊として扱われますから、勘合は大変に貴重なものでした。

室町幕府が力を持っているうちは、この勘合は足利政権の独占でしたが、やがて幕府が衰退して下克上の世に入ると、実力大名たちによる勘合の争奪戦が始まり、最後には堺の商人と組んだ細川氏と、博多の商人と組んだ大内氏が激しく対立する事になったのです。この細川、大内氏の争いは明の国土にまで持ち込まれ、これに嫌気がさした明は、日本との朝貢貿易を打ち切る事になります。

後期の倭寇は、この正式貿易の道が断たれた事によって起こりました。先に述べた私塩のように、御禁制品が儲かるのはいつの世でも同じです。何しろ日本では一貫文でしか売れない日本刀が、明に持ち込めば五貫文になるのですから、海賊がこれを放っておく筈がありません。倭寇は荒れ狂い、明はこの撲滅に精力を使い過ぎて滅びたという説もあるくらいです。

倭寇の脅威を和らげる為に明が採った政策が、海賊を水軍の将官に起用して海上の平和を維持するといった以毒制毒だった訳です。この以毒制毒の看板だったのが鄭氏一族です。彼等はお上公認の密輸とも、また独占貿易ともつかない特権によって、大きく栄えていたのです。

青年時代の福松は名を鄭森と改め、現代の国立大学に相当する南京の最高学府「国子監」に学びました。当時の大学者・銭謙益が「大木」のあざなを与えたほど、鄭森は学徒として大きな将来を嘱望される逸材だったのです。しかし、鄭森が南京で勉学に励んでいるまさにこの時、二百八十年続いた明の命運は既に尽きていました。

明・崇禎十七年（一六四四）の三月十九日、反逆者「李自成」が北京に進攻し、明の最後の皇帝、崇禎帝は首都北京の煤山で首を絞って自殺します。この時、皇后の周氏も自ら首を絞りました。崇禎帝は二人の皇子は逃がしましたが、皇女の命は断つ覚悟をしました。敵に辱められてはならないからです。

やがて反清復明をスローガンとして生まれる洪門は、明が滅びたこの三月十九日を決して忘れぬ為に、指の形で三、一、九を表し、これを仲間同士の秘密の合図としたのです。

崇禎帝が縊死した後、清を国号とする満洲族が怒涛の勢いで北京に侵攻します。

翌年、清は反逆者の李自成を自殺に追い込み、中国北部を完全に制圧すると、南方の南京攻略に乗り出します。その頃、南京では臣下の派閥争いの果てに、福王・朱由崧が亡命政権の皇帝として即位しました。この福王という人物は、前に述べた鄭成功の学問の師銭謙益から七不可があるとされた人物です。七不可とは、貪欲、淫乱、酒乱、不孝、虐下（下の者を虐待する）、不読書、有司（官史）に干渉することとです。福王は人間の持つ全ての欠点を集めたような男だったのです。他にも擁立する皇族の選択があったのにも拘わらず、この福王が選ばれたこと自体が、亡命政権の末路を示していました。

こうしたなかで、鄭森は潔く筆を抛つと、福建を中心に強大な武力と富を擁していた鄭氏軍団に身を投じます。

順治二年（一六四五）、僅か一年で、福王の南京政府は陥落します。南京陥落前にそそくさと蕪湖という所まで逃げた福王は、ここで清軍に捕まり、北京に送られて死ぬのです。福王が死んだ後、魯王・朱以海と唐王・朱聿鍵を担いだ二つの亡命政権が生まれます。唐王・朱聿鍵は、南京陥落で杭州に逃げている時に、やはり故郷の福建に向かって逃げていた水軍司令官の鄭鴻逵とばったり出会ったのです。鄭鴻逵は鄭芝龍の弟で、鄭森にとっては叔父になります。鄭氏一族は複王を擁立する事を決定し、唐王は福州で帝位に就きました。これが隆武帝です。

隆武帝が福州に構えた仮宮殿は天興府と名付けられました。

この時期に、鄭森は父に連れられて隆武帝に拝謁しています。仮宮殿を訪れた鄭森を謁見するやいなや、隆武帝は二十二歳の青年鄭森を一目で気に入りました。

「そちを婿にしたいが、残念ながら朕には娘がいない。その代わりに朕の姓（国姓）を与えよう」という言葉を鄭森は福王から賜ったのです。国姓とは明の王族の姓である「朱」です。また隆武帝は「成功」という名を鄭森に授けました。後世まで民族の大英雄として名を残す国姓爺・鄭成功の誕生です。国姓爺の「爺」は、年寄りという意味ではありません。これは尊敬語で、日本でいうと「旦那さま」といった意味合いです。しかし、鄭成功は生涯「朱」の姓を用いませんでした。忠義の心を持つ、鄭成功には恐れ多い事だったのでしょう。

順治三年（一六四六）、清軍は更に南下を続け、水も漏らさぬ陣容で福建を包囲します。隆武帝は捕らえられ、福州の市場で処刑されました。こうしたなか、勝利に勢いづく清軍は、官位を餌に鄭芝龍に降伏を促しました。鄭成功が哭いて諫めるのにも拘わらず、芝龍はこれを拒絶して、自ら清軍に投降します。勢いを駆った清軍はやがて鄭氏軍団の居城である安平城を攻撃しました。この時、九州平戸から安平にきていた鄭成功の母は、自ら長刀をとって獰猛な清軍の兵士と戦い、そして敗れ、兵士たちの陵辱を受け、自害して果てたといわれています。

居城である安平城を失った鄭成功は、海上に出て反清活動を続ける事を決意しました。出発の時、若き頃より儒者を志した鄭成功は、それまで身に纏っていた儒冠と儒服を脱ぎ払って、軍衣に剣を帯びた武人の姿で孔子廟を拝しました。船に掲げた「殺父報国」の旗が東シナ海から吹き上げる風に棚引くなか、鄭成功とその郎党は福建と広東の境界上にある南澳島へと向かったのです。洪門には、この時、鄭成功が洪門の前身となる反清復明の組織「天地会」を旗揚げしたという伝承があります。

鄭芝龍は清に投降しましたが、鄭一族そのものはアモイ島や金門島で勢力を温存していました。鄭芝龍の投降後の清の出かたを見ながら、一族の身の振り方を決めかねていたのです。本来なら、鄭芝龍の嫡子である成功が一族の首領に推されるべきでしたが、すでに叔父の鄭鴻逵と従兄弟の鄭彩、鄭聯らが一族の指導権を握っていて、彼等にとって、あまりにも反清闘争をむき出しにする成功は、正直煙たい存在であったのです。こうした事から、鄭成功としても一族と合流出来るような状態ではありませんでした。

そして四年が過ぎた順治七年（一六五〇）、金門島の対岸にある鼓浪嶼という小島に拠点を移していた鄭成功は、突然疾風の如くアモイ島を襲い、従兄弟の鄭彩、鄭聯を殺して、鄭一族の軍権を奪い取ったのです。鄭氏水軍総帥の座に就いた鄭成功は、主戦派と和議派で分裂していた一族をきっちりと主戦派に纏め上げるのです。戦争には軍備も必要です。鄭成功は、この軍資金を日本との貿易で稼ぎました。大陸の生糸を満載した「国姓爺船」が頻繁に長崎に来航したのもこの頃です。

順治十五年（一六五八）、軍容を立ち上げた鄭成功は、この年の五月に十七万五千の大水軍を率いて第一次の北伐に踏み切ります。鄭成功の軍団には、日本の鎧兜に身を固めた一万人近くの「鉄人部隊」が参加していました。全員が全員日本人ではなかったでしょうが、この部隊には多くの日本の浪人が加わっていたと言われています。しかし、羊山という場所で、折からの激しい風濤に遭遇した北伐はそこで挫折しました。北伐軍の三百艘の軍船うち三分の一が破損し、死者は八千人にも及んだ大災害だったのです。

普通であれば、これだけの損害を受けたのですから、一旦は本拠地に引き返すのが常識というものですが、鄭成功は引き返しません。温州の近くの盤石衛という所に踏み留まって軍を再建し、翌年、更に第二次北伐を敢行するのです。所謂南京攻略戦です。陣容はやはり十七万余の大軍、兵士全員が白い縞服（喪服）に身を纏い、全軍船が白い布で覆われた鄭氏水軍は、「これを望めば雪の如し」であったそうです。

厳格な軍規、不退転の覚悟を持った北伐軍は、南京に至る各地で破竹の進軍を続けます。しかし、この連勝が北伐軍にいらぬ驕りを生じさせたのです。南京攻略にあと一歩というところで、清軍の突然の不意打ちをうけた鄭氏水軍は、予期もせぬ大敗を喫しました。この大敗北で鄭成功の北伐の夢は打ち砕かれたのです。

北伐に失敗した鄭成功は、その後、徐々に清軍に押され続けました。苦境に立った鄭成功はその活路を台湾に求めます。当時、台湾は、オランダの東インド会社が台南にゼーランジャとプロビンシャの二城を構えて、既に四十年近くも領土化を推し進めていました。ここに乗り込むのですから、当然、両者による戦闘は避けられません。鄭氏水軍四十余艘の艦船に乗り組んだ二万五千人の将兵は、籠城するオランダ軍を烈火の如く攻めたてました。結果、オランダ軍は降伏し、軍配は鄭氏水軍に上がったのです。鄭成功三十八歳の冬でした。

以後、鄭氏一族による台湾経営がスタートします。しかし、台湾攻略を果たしてから、ほんの一年たらずで鄭成功はこの世を去ります。反清復明の志半ばにしての急死でありました。享年三十九、余りにも若過ぎる死であったといえます。

鄭成功の跡は息子の鄭経が継ぎますが、彼の享年もやはり三十九でした。

さて清朝の方ですが、鄭氏水軍が大本営を台湾に移すやいなや、「遷界」と「海禁」の二政策をもって台湾封鎖を断行しました。遷界政策とは、かつて鄭氏水軍の影響下にあった東南沿岸五省（広東、福建、浙江、江蘇、山東）の沿岸住民を、沿岸三十里の内陸に移すという歴史的にも稀にみる大掛かりなものであり、またこの地域における商船と、漁船の立ち入りまでもが禁止されたのです。

この二政策の実施は、政権樹立まもない清が、如何に台湾の鄭氏政権を恐れていたかの証です。しかし、この封鎖政策は清の思惑とは裏腹に動きます。このとてつもない陸海遮断の荒療治が、逆に大陸への密貿易の必需性を高める結果となって、台湾の海上貿易の需要は爆発的に伸びたのです。結果、台湾は極めて短時間の間に、一躍して東シナ海の大貿易拠点へと駆け上がる事になりました。また、こうした封鎖政策によって生活を圧迫された広東、福建の住民が、新天地を求めて台湾に大量に移り住んだ事から、台湾の人口そのものも増加して、鄭氏政権下の台湾は益々その国力を増す事になったのです。

しかし、台湾の繁栄とは裏腹に、政権樹立後、大陸国内の敵対勢力の鎮圧をほぼ完了した清朝が、今度は台湾攻略に本格的に取組む事になります。

清は、鄭成功のかつての有能な部下であり、また鄭氏政権の実態も知り尽くしている施琅を台湾進攻の指揮官に任じ、本腰をいれた台湾攻略に乗り出しました。一六八三年七月八日、福建水師提督の施琅は、二万の兵士を満載した三百余艘の艦船を率いて、鄭氏政権の出城のある澎湖島を攻撃します。約一週間の攻防の末に、同島は施琅の水軍に制されるのですが、澎湖島の陥落が伝えられると台湾の鄭氏政権は激しく動揺し、殆ど何も抗う事の無い儘に、七月三十一日には、提督の施琅に降伏文章を差し出したのです。

当時の鄭氏政権は、既に鄭成功の孫の時代に入っており、政権内部での権力を巡る内紛は日常茶飯事の状態でした。これに清側の懐柔策や情報攪乱策が追い打ちをかけたこともあって、政権の中枢は疑心暗鬼と「我が身可愛さ」の風が吹きまくっていたのです。このような事から、本来は鄭成功の反清復明の遺志を継ぎ、対清戦に全島一丸となって臨まねばならぬ鄭氏政権の意気は全く上がらず、これが余りにもあっけない降伏に繋がりました。結果、九月二十二日には施琅が台湾に無血上陸し、五日後の二十七日には鄭氏政権が正式に降伏します。この日を以て鄭成功の没後二十年続いた台湾鄭氏三代の反清政権は崩壊し、鄭成功の反清復明の志は、福建、台湾の天地会系の秘密結社へと受け継がれて行くのです。

太平天国へ

鄭成功の没後、大規模な軍事力を背景とした反清活動は鳴りを潜めます。鄭成功の反清の戦いは壮絶かつ誠忠無比なものでしたが、この戦には燃え上がる民衆のエネルギーといったものが欠けています。鄭成功一人の「熾烈な思いのパワー」が、周囲の人々を強引に引きずったものだったのです。そして、このパワーの源泉が、彼の勤皇の志でした。

異民族の支配下におかれる事は民族の屈辱には違いありませんが、明も末期になると、漢民族の人々は二百八十年も続いた自分たちの政権に飽きていたのです。嫌気がさしていたといっても良いでしょう。それに新政権としてスタートした清の施政も、明末の腐敗したものと比べると、さほど悪いものでもなかったのです。

歴史をみていると、易姓革命にしろ、民衆革命にしろ、天地人の要素が揃った時に初めて起きるように感じます。私なりの解釈ですが、「天」とは時代です。やはり一つの政権というものは、それがどんなに民衆から歓迎されたものであっても、時代が移るに従って、人々から必ず飽きられるものなのです。人はいつもフレッシュなものを求めます。そうでなくては文明や科学の進歩もなかったでしょう。

「地」とは大地に根差す民衆です。民衆というものは、色々と不満を持つものですが、これは人間だからしかたありません。やがて民衆が政府のマンネリに飽きると、この不満が「政府は何をやっているのだ」といった苛立ちに変わります。政府側がいくらマンネリを排除しようと努力してみても、長く続く事自体がマンネリですから、政権が長期になればなるほど民衆の苛立ちは募る訳です。また政府に限らず何でもそうですが、長く続くと、淀んだ水が臭気を放つように腐敗しますから、これが民衆の不公平感を激しく煽ります。苛立つ心の炎に油が注がれて、怒りとして燃え上がるのです。これに政府の失策による増税や天災が重なって民衆の生活が強く圧迫されると、この怒りが爆発して、民衆は激しい反政府感情を持つようになります。

「人」とは、この民衆の反政府感情を煽る煽動者のことです。革命を火山の爆発に例えるならば、民衆の叛乱は熱い溶岩となって吹き出るマグマです。地底から上がってきたマグマは、まず地表近くに溜ります。これが「マグマ溜り」です。これが十分に溜らないと爆発は起こりません。ですからこの「溜り」が民衆の反政府感情だといえます。この溜りが噴火口から吹き出したのが溶岩で、これが革命の蜂起です。そして、マグマを誘導する噴火口が革命の煽動者だといえるでしょう。

民衆というものはいつの時代でもそうですが、政府から、あれも駄目、これも駄目とぎゅうぎゅうに押さえつけられると反抗的になるものです。民衆とは言わず、これが人間だと表現しても良いでしょう。押さえつけるだけならまだいいのですが、これに政府の苛斂誅求や天災が加わると、民衆は最終的には叛乱を起こします。苛斂誅求は、政府が民衆から年貢や税金を最後の一滴まで絞り取る事ですから、言わば飯が食えなくなる事です。日本では叛乱よりも「一揆」という言葉を使います。飯を食うという生存の権利を奪われた民衆が一揆を起こすのは至極当然な事なのです。

昔は農業社会ですから、一揆といえば農民一揆です。農民一揆それ自体は「米を寄こせ、飯を食わせろ」といった要求行為ですから、政府が軍事力で脅して、彼等の要求をある程度のみさえすれば、割と簡単に沈静化するものです。死に物狂いで一揆を起こす側も、いざ腹がいっぱいになると怖いという感情が戻ってくるのです。しかし、後漢末の「黄巾の乱」や元末の「紅巾の乱」のように、この一揆が道教の回天思想や弥勒菩薩の救済思想を持つ宗教リーダーによって煽動された場合はそう簡単には終息しません。また「義兵を挙げて帝室を匡す」と叫んだ隋末の李世民のような政治理念を持つ軍事リーダーに指揮された場合には、政府はこの鎮圧に尚更苦労する事になるのです。

中国で民衆が大きな叛乱に至る過程は、まず政府の苛斂誅求や天災による飢饉があって、飯が食えなくなった民衆が土地を捨てて逃げる場面から始まります。これを流民と呼びます。流民は家族で逃げても、そこらをうろちょろしている盗賊にやっつけられてしまいますので、どうしても自己防衛の為に集団化する事になります。盗賊が貧乏人を襲わないと考えるのは間違いで、女や子供を連れていますから、これが狙われるのです。ともかく流民になったのは飯を食う事が目的なので、腹をすかせた集団は、移動しながら飯の種を探します。移動していると他の農民の村に行きあたりますから、「おい米をよこさんかい」となります。最初は「恵んで下さい」と言ったかもしれません。しかし、相手もそう簡単に「はいそうですか、どうぞ食べて下さい」とは言いませんので、これを力づくで奪う事になります。奪われた方は、今度は飯が食えなくなりますので、奪った側の流民と一緒に動く事になります。こうして流民集団はどんどんと肥大化するのです。こうなると、政府も黙っていられなくなり、こうした集団を弾圧しますので、弾圧された集団は散り散りばらばらとなりますが、彼等も生きる為に、盗み、押し込み強盗、人さらい、恐喝といった事をやります。こうした流民の群れをリクルートする非合法グループも大変多かったのです。この非合法グループを流民の先輩と呼んで良いでしょう。

政府側はこうした集団を「匪賊」と呼びますが、流民を取り込んだ匪賊も肥大化しますので、今度は政府がこれを軍事力で討伐する事になります。何度も討伐されているうちに、匪賊も強くなって、官憲に対抗する為に匪賊同士の横の連帯関係を持つようになります。こうして巨大化した匪賊は、組織を維持する為に、構成員を精神的な紐で括り付けねばなりません。この紐を紐帯といいますが、精神的な紐帯は宗教や政治理念である場合が多く、大規模な叛乱は、こうした精神的な紐帯によって強化された匪賊によって起こされたのです。

清の後半ほど多くの秘密結社が生まれた時代はありません。清は支配者層の満洲族が少数で、支配される側の漢民族が大多数でしたから、政府は漢民族の動向にいつもピリピリしていたのです。ですから、漢民族が結社を作る事に対しては異常なほどの厳しさで取締まりました。こうした民族の冬の時代に、反清復明という政治理念を持って生まれた秘密結社が「天地会」です。この天地会が反清復明を精神的な紐帯として、他の多くの秘密結社をゆったりと統合して生まれたのが洪門で、やがてこの洪門が辛亥革命の大きな原動力となります。後世の歴史家は、天地会を匪賊の一つとして位置付けますが、時代は、前述したように、民衆が飯を食う為に流民化せねばならず、また生き延びる為に匪賊化した時代です。後に革命勢力となるこうした民衆そのものが、政府から一方的に匪賊の烙印を捺されていた事も忘れてはなりません。

結社が激しく弾圧された清朝下で、「義」を紐帯として、理念も理想もなかった海賊、任侠グループ、盗賊団といった大勢のアウトローたちに目的意識を植え込んだのも洪門ですし、また狂った鼠の群れのように断崖絶壁に向かって突進する宗教集団に方向性を与えたのも洪門です。中国初の民族革命である「辛亥革命」へと導いた洪門の「教育者」「統合者」としての役割には、もっと歴史のスポットライトが当たっても良いと思います。教育者や統合者等と書くと偉そうに感じますので、これを理想肌の兄貴の役割と呼んだ方がいいかもしれません。

勿論、清朝崩壊の原因となった辛亥革命は、洪門の活躍だけによって起こされたものではありません。一秘密結社にそのような力などある筈も無く、これを成し遂げたのは、紛れも無く時代を背景とした民衆のパワーです。前述したように洪門が演じたのは理想肌の兄貴の役割でした。白蓮教の叛乱、アヘン戦争、太平天国の乱、日清戦争、義和団の乱等で立ち上がった怒れる民衆に、この兄貴が滅満という民族意識を吹き込み、やがて屋台骨が大きく揺いだ清朝を、その最後の幕で、兄貴の長ドスがほんの一突きしただけなのです。

台湾で鄭氏政権が滅びた一六八三年から、四川と湖北で嘉慶白蓮教の乱が起きる一七七九年までの約百年間は、台湾で天地会の朱一貴が起こした叛乱を除くと、実に平和な時代だったと言えます。清は、この時代に康熙、雍正、乾隆という名君が続けて傑出した事もあって、政治的には非常に安定していました。つまり、民衆は飯が食えていたのです。
ここで歴史的に清朝崩壊の原因ともされる「太平天国の乱」が起こった背景をみてみましょう。
太平天国の乱は、清末に起きた宗教を精神的な紐帯とする超弩級の民衆の叛乱ですが、この叛乱の直接的な原因はアヘン戦争にあります。

アヘン戦争

十九世紀の初頭に東シナ海に現れたイギリスは、清から紅茶用の茶葉を大量に買い付けました。清の経済が銀本位制でしたから、イギリス側の支払いも銀になります。まず銀が大量に清国に流れ込むという、清にしてみると貿易黒字の状態が続いたのです。この時期に清の銀本位制が確立されました。通貨を取扱う店は「銀行」と呼ばれ、この言葉が日本にも伝わりました。

しかし、茶葉の輸入量がどんどん増大するにしたがって、イギリス側もそうそう銀を一方的に支払うといった赤字貿易を継続する余裕が無くなって、貿易のバランスを取る為に何か商品を清へ売り込む必要が出てきました。ところが、当時の清では自給自足体制が確立していましたから、外国から買いたい物など何もありません。そこで、イギリスはアヘンを売り込んだ訳です。

銀本位制の清で、実際に流通していたのは銅銭です。アヘンの輸入量が増えるにしたがって、清は輸出する茶葉、陶磁器、生糸、絹織物では代物決済が出来なくなります。仕方無いので、銀で決済しますが、今度は清から大量の銀が国外へと流れ出る事になったのです。これを漏銀と言います。この漏銀によって、国内の銀が少なくなりますので、当然に銀の価値が上がる事になります。税金の支払い基準も銀で計算されていましたので、国内の銀の価値が上がれば、税金を払う方は、実際に流通している銅銭をその分沢山支払わねばならなくなります。税率は上がらなくても、これでは増税と同じ事です。清政府の税金の取立ては厳しく、税金を払えない農民は処罰を恐れて流民となるしかありませんでした。

漏銀による経済の問題もさる事ながら、アヘンの吸引によって中毒患者が蔓延すると、これが国家を滅ぼす元凶となります。清はアヘンの輸入禁止政策を採るのですが、需要と利幅が大きいので、密輸する者が後を絶ちません。この時代の日本が長崎だけを外国に開港していたように、清も広東の広州を唯一の開港場としていました。広東には、北京の中央政府から両広総督、広東巡撫、海関監督等の政府高官が派遣されていましたが、実際に取引をしたのは「行商」と呼ばれる政府からお墨付きを貰った中国の商人たちです。こうした商人にしてみても、右から左にぽいっと動かすだけで面白いように利益の上がるアヘン取引をそう易々と手放す筈はありません。恐らく闇から闇へと莫大な額の賄賂が、取締まり側の役人に乱れ飛んだ事でしょう。ですから、御禁制品になってからも、清国内のアヘンの使用量は右肩上がりで増え続けたのです。

こうしたなか、当時の道光帝は、切り札として林則徐を欽差大臣に任命して広東に派遣しました。欽差大臣は臨時職ですが、皇帝直属の大官で、国家の命運に係る重要案件の処理に当たります。

広東に赴任する事が決まった林則徐は、「死生は命なり、成敗は天なり」と、その決意の程を示したと言われます。アヘンの甘い蜜で腐敗した広東の政界と真正面から向き合うわけですから、林則徐にとっては死を覚悟の赴任だったのです。広東に着いた林則徐は、水勇と呼ばれる民間の義勇軍を組織する他、アヘンの撲滅に対して次々と厳しい政策を打ち出しますが、その最大の見所がアヘンの没収とその処理です。

広東に赴任して間もなく、林則徐はイギリスのアヘン商人に対して、アヘンのストックを全て供出するように厳命します。こうした命令は前にも発布されていて、その都度いつも有耶無耶になっていた事から、これをイギリス側が舐めて掛かっていると、林則徐は彼等の居住区である広東十三行街を官兵で完全に包囲するという実力行使に出たのです。当時、この居住区には二百七十五人の外国人がいましたが、彼等の食糧と水の供給は完全にストップされました。兵糧攻めにあったイギリス側は仕方無しにアヘンのストックを供出するのです。供出されたアヘンは、トンに換算すると千五百トン近くもあったそうです。

千五百トンのアヘンといえば膨大な量です。この処分は難事ですが、林則徐がとった方法は、塩水を入れた人工の大きな池にアヘンを放り込み、そこに焼いた石灰をぶち込むというものでした。この時、化学変化が起こって、煙が上がりますので、遠目にはまるで焼却しているように見えたそうです。林則徐は、こうして処理したアヘンを跡形も無く全て海に流し込んだのです。

林則徐がとったこの処置はイギリス政府を激怒させました。理不尽な激怒ですが、強者が無理を通せば弱者の道理が引っこむという事は、いつの時代にもある事なのです。もう番組の名前は忘れましたが、昔、「惑星、ゴリを追放された、この悔しさは忘れはしない。宇宙を旅して目についた、地球を必ず支配する……」というTV番組の主題歌があり、「目についたから必ず支配するというのは、随分と理不尽だな」と思った事がありますが、当時の欧米列強の植民地政策も似たようなものだったのです。

報復を決意したイギリス政府は、清の道光二十年（一八四〇）、旗艦ウェズリーを始めとする武装大船団を編成して清国遠征を敢行します。この武装船団は広東を素通りして中国北部沿岸の天津に向かいました。天津は、南方の広東とは違って、清の首都北京とは指呼の距離です。驚愕した清朝政府は、広東の林則徐を罷免して、イギリスとの間でバタバタと停戦協定を結んだのです。しかし、この停戦協定はイギリス側が提示した賠償請求に、領土の割譲である「割地」の要求が含まれていた事から条件面で折り合わず、再度、戦いの火ぶたが切って落とされました。そして、双方で武力衝突を繰り返した後の一八四二年になって、清にとっては国辱的な南京条約が締結されるのです。南京条約の骨子は次のとおりです。

一、香港島の割譲
二、賠償金、千二百万ドル
三、広州、福州、アモイ、寧波、上海の五港の開港
四、公行の廃止

その後、付属の協定として「五口通商章程」と「虎門条約」が締結されました。イギリス側の領事の裁判権や最恵国待遇等が一方的に盛り込まれた、世に言う不平等条約です。また、四、の公行の廃止ですが、これまでは、イギリス側が清の官僚と連絡をとる時には、公行と呼ばれる機関を通じた請求という形でしか出来なかったものを、対等に直接連絡がとれるようにしたものでした。

これがアヘン戦争ですが、このアヘン戦争で結ばれた不平等条約は、清朝下の漢民族に大きな不満を抱かせる結果となったのです。特にこの条約に領土（香港）の割譲が含まれていた事は、清朝下で、愛国心を持つ漢民族には堪難く奥歯を嚙締めるものがあったと思います。

拝上帝会の叛乱

アヘン戦争で弱腰をみせた清朝は、暴動と叛乱の季節を迎えます。

まず河南、山東、安徽地方で「捻」と呼ばれる男達の集団が激しく蠢動し始めました。この集団は遊俠的な気質を持っていて、また「捻」とは「ねじる」という意味ですが、安徽あたりでは「捻」というと徒党を組む輩の事を指しますから、アヘン戦争で清の政体が緩んだ隙に乗じて、華中地方の小さな任俠団体が義兄弟の盃を交わす事で横に緩く連合化したものだったと思います。一八五五年になると、この連合体は捻軍と呼ばれるようになります。この年に、華中で夫々活動していた捻の親分衆が安徽の雉河という所に集まって捻軍として大同団結をしたのです。捻軍の盟主には、安徽渦陽県の捻の親分である張楽行が就任して、「共に妖韃を誅し、基業を建てる」事を旗印に「大漢国」の樹立を宣言しました。妖韃とは清朝の事です。また張楽行は大漢国の王として「大漢明王」を名乗りました。捻軍は革命軍の様相を帯びたのです。言うまでも無く、この捻軍に革命思想を吹き込んだのが洪門です。

南京条約で、一八四三年に外国に開港された上海でも、洪門系の「小刀会」と呼ばれる任俠団体が暴れ始めました。上海には開港の翌年には既にイギリス租界が出来ていますが、小刀会の叛乱が起きるまでは、租界内への中国人の流入はかなり制限されていたようです。一八五三年に小刀会は叛乱を起こして上海の県城を占領しました。これによって大量の中国人が租界に逃げ込みますが、これを機として、それ以降の上海租界は、中国人と西洋人とが一緒に住む華洋雑居の状態となったのです。

また一八六一年には太平天国の乱に乗じて、天地会系の金銭会が浙江省の平陽県で蜂起しています。埠頭労働者の趙起をボスに仰いだ金銭会は、瞬く間に浙江の温州から福建の福鼎辺りまで勢力を拡大するのですが、翌年六一年には清軍によって鎮圧されています。

こうして、洪門は福建の天地会を思想的なリーダーとして、広東の三合会、四川の哥老会、そしてこの華中の捻軍と小刀会といった様々な団体を取込みながら、辛亥革命へと向かって進んでいくのです。

こうしたなかで、清朝崩壊の大きな原因となる太平天国の乱を予測した人物がいます。曽国藩です。曽国藩は上奏文で、

一、漏銀によって銀の相場が高騰すれば、銅銭で税金を支払う人々の暮らしが圧迫され、これがもとで逃亡する人が増え、これらの人々が無法集団化すること

二、無法集団が激増することによって、社会が不安定な状態となること

三、無法集団が増えると、政府は取締まりに厳しいノルマを課すようになり、これによって無実の人が逮捕される冤罪も多くなって、人民の政府に対する不信感が強まって、大きな謀反の可能性が生まれること

の三つを人民の「疾苦」として述べています。皮肉なもので、後年、これを上奏した曽国藩が民間の義勇軍「湘軍」を結成して、太平天国の乱を実質的に鎮圧する事になるのです。

南の広東の西方が広西です。曽国藩が予言したように、清・道光三十年（一八五〇）、この広西で「拝上帝会」と名乗る宗教団体が「太平天国」を旗印に暴動を起こしたのです。この前年に広西では大規模な凶作による飢饉があり、これが暴動の直接の引き金となりましたが、謀反の条件は十分に揃っていたのです。

このリーダーが広州花県の客家出身の洪秀全という人です。当時の勉学に励む若者たちがそうであったように、青年時代の洪秀全も科挙の試験に挑戦しました。しかし、一度目の試験にも、二度目の

試験にも、また三度目の試験にも、洪秀全は失敗してしまうのです。客家は学を以て身を立てるという意識が強烈で、周囲のものが自分の生活を切り詰めても、一族の優秀な者の学業を支援するという気質があります。特に科挙の合格は一族の大変な名誉となりますので、洪秀全の両肩には、こうした一族の期待が重くのしかかっていました。三度目の試験にも失敗した洪秀全は、帰郷するなり四十日も床に就くという重病になったのです。病名は不明ですが、恐らく試験に落ちた強度の精神ストレスが原因だったと思います。

高熱にうなされながら、洪秀全は真とも現ともつかない夢を見ました。夢の中で、一人の老人が彼に剣を贈り、妖魔がこの世に跋扈しているから、それを退治しなさいと命じ、「天王大道君王全」の七文字を賜ったのです。

洪秀全にはこの夢の中の老人が誰だか判ったような気がしました。実は二度目の試験で広州に行った時に、街角でイギリス人の伝道師から「勧世良言」という布教用のパンフレットを貰っていたのです。彼は夢の中の老人が、パンフレットに登場するキリスト教のエホバの神だと確信しました。彼の本名は洪仁坤でしたが、この夢の中で、エホバの神から賜った「天王大道君王全」の「全」をとって、洪秀全と名乗る事にしたのです。これが後に二千万人もの犠牲者を出して、清朝の屋台骨を根底から揺さぶった「太平天国の乱」の精神的な起点です。

「太平天国の乱」は巨大な地震のような出来事でした。この民衆叛乱は約十四年にも亘って清末の世を激しく揺さぶり、清朝崩壊の大きな原因となったのです。

客家の洪秀全が生まれた所は広東の広州に近い花県ですが、その後の辛亥革命の立役者となる孫文も客家で、こちらの方の出身は、現在は中山市と呼ばれる広東でもマカオに近い珠江のデルタ地帯です。

よく引き合いに出される事かもしれませんが、洪秀全と孫文はとてもよく似ています。まず二人とも客家である事、性格的にも潔癖で倫理観念が高く、また感受性が強い事などです。ただし、二人とも女性関係が華やかだったので、この倫理観念は女性には通用しなかったようです。時代が清末から民国初という男尊女卑が当り前の時代でしたから、この点で二人を責めるのは可哀想な気もします。そして、最も似ている点が、二人とも革命を志した事です。洪秀全は一八一三年に生まれて、孫文が生まれる二年前の一八六四年に亡くなるのですが、同じ客家として成長した孫文は、折に触れて「第二の洪秀全になるんだ」と言っています。こうした事から、辛亥革命を第二の太平天国だと位置付ける歴史家も多いようです。

客家は中国では流浪の民でした。この流浪の民という点で、客家がユダヤ人と比較される事もあります。共に商売上手という点も似ています。現在、客家は中国全土やアジア各地に散らばっていますが、福建省や広東省を出身とするものが多いようです。ここで少し客家の歴史をみてみましょう。

始皇帝の秦が滅び、この動乱に乗じて劉邦が漢を打ち立てるのが、今から約二千二百年前です。この漢は途中で王莽の謀反を挟んで前漢と後漢とに分かれますが、この後漢の命脈が尽きるのが西暦二二〇年です。後漢の滅亡の後が、御馴染みの三国志の時代です。ご承知のように、三国時代は劉備の蜀、曹操の魏、孫権の呉の三国によって覇権が争われますが、まず蜀が滅亡し、次に呉が滅びました。こうした中で力をつけていったのが、『三国志』で諸葛孔明とやり合う魏の将軍の司馬懿で、やがてこの司馬懿の孫の司馬炎が晋を建国するのです。晋は、中原と呼ばれる黄河中流域の平原地帯の覇者となりましたが、この晋も建国三十年ほどで、匈奴と呼ばれる北方の異民族にあっけなく滅ぼされてしまいます。この晋はやがて江南に逃れた王族の司馬睿によって東晋として再興されますが、こちらの方はもう覇者でも何でもなく、ただの地方政権です。この晋の崩壊を切っ掛けとして、五胡と呼ばれる匈奴、鮮卑、羯、氐、羌といった異民族と漢民族がごちゃまぜになった五胡十六国時代がスタートするのです。

客家は、異民族の色が濃厚なこの五胡十六国時代から、後の北宋の末期に亘る八百年もの時間の流れの中で、黄河中流域からゆっくりと南方へと移動した漢民族の末裔だと言われています。

旧約聖書には、エジプトで奴隷だったユダヤ人が、モーゼに率いられて約束の地であるカナンへと脱出するのが、何だかわーっと一瞬の事のように描かれていますが、本当は、この客家の移動のように長い年月を掛けてのものであったように感じます。移動と書くと何だか引越しみたいに聞こえてしまいますので、書き直しますが、これは戦火や迫害からの命を賭けた逃亡でした。中国の北から南に至る長い逃亡の旅路でも、様々な事があったでしょう。盗賊や追いはぎは勿論の事、食糧を得る為に女子供を身売りする家族もいたでしょうし、もっと酷い事もあったと思います。それでも客家の人々は南を目指したのです。

何度も昔の事を言うようで恐縮ですが、私が子供の頃に「シンドバットの大冒険」というTV漫画が放映されました。またまたもうあまり覚えていませんが、この主題歌が「あの空の下には幸せがいっぱい、あの雲の果てには希望がいっぱい。いこうよみんな、いこうよみんな……」といったものであり、子供心にも何となく「夢があるなあ～」と感じたものでした。客家の人々も遥か南方に見果てぬ夢をみたのではないでしょうか。

しかし、現実は厳しく、南方の福建や広東に辿り着いてはみても、そこには先住民がいます。先住民にしてみたら、耕しやすい平地の土地は既得権として、これによそ者が手をつける事は許しがたい事です。客家は、先住民が手をつける事を嫌った山間部の荒地へと追いやられたのです。

中国全土を十四年にも亘って荒れ狂い、二千万人に及ぶ犠牲者を出したと言われる「太平天国の乱」ですが、この大反乱には、洪秀全、楊秀清、蕭朝貴、馮雲山、韋昌輝、石達開の六人の実力派のリーダーがいて、それぞれ天王、東王、西王、南王、北王、翼王を名乗っていました。そしてこの六人全員が客家の出身なのです。ですから、「太平天国の乱」は客家の叛乱と言えるかもしれません。客家はどちらかというと好戦的でなく、子弟への教育を重視する事で知られていますが、この中国最大の叛乱の一つである「太平天国の乱」が、客家のリーダーたちによって起こされ、また指導された事からも判るように、客家の持つ指導力と煽動力には端倪すべからざるものがあるのです。因みに、近代の客家で有名な人としては、この太平天国の洪秀全の他にも、近代中国の国父である孫文、中国の最高指導者だった鄧小平、シンガポールの元首相のリー・クワンユー、台湾の元総統の李登輝などがいます。

この「太平天国の乱」に大きな影響を及ぼしたのが洪門系の天地会や三合会です。

洪秀全は清の指導者たちを「妖」としてとらえ、「我々中国人は妖怪にとらえられて苦しんでいる」と説教しました。この清を「妖」としてとらえる発想は、前述した捻軍の「共に妖韃を誅し、基業を建てる」という発想と同じです。洪秀全の拝上帝会はあくまで宗教団体ですので、反清復明という政治目的を旗印とする天地会とは、その革命への動機は違いますが、現実的にまずやらねばならぬ事は全く同じでした。打倒清朝がそれです。洪秀全はその真っすぐで厳格な性格から、任侠的な雰囲気を持つ天地会系の人々の参入をあまり喜ばなかったのですが、やはり背に腹は替えられません。太平天国はその内部に数多くの天地会や三合会のメンバーを抱え込む事になりました。

しかし、洪秀全は同じ洪門系でも三合会の方は毛嫌いしたようでした。三合会の母体は、広東を流れる珠江の川筋を縄張りとする任侠グループです。別章でも述べたように、天地会がこの川筋者の集団に反清復明という政治目的を吹き込んで組織化したのが三合会です。ですから、洪秀全の拝上帝会とは言わば同郷ですが、どうも洪秀全は彼等が持つ不良性を激しく嫌ったようでした。同郷という事で、昔苛められた経験があったのかもしれませんが、それよりも洪秀全の潔癖性が任侠団体の持つ独特の雰囲気に反発したのだと思います。天地会にしてみても、その母体は任侠団体ですが、こちらの方は出身が福建や台湾ですから、まず故郷が違うという事と、また当時の天地会が理想理念を持つ政治結社化していた事もあって、まだ抵抗感が少なかったのでしょう。しかし、初期の頃には、拝上帝会の宗教的な厳格さについていけずに、途中で逃げ出した洪門のメンバーも少なからずいたようです。

洪秀全の潔癖性を示すよい例が、前述した「捻軍」や「小刀会」との提携を拒絶した点です。捻軍の勢力圏は北から山東、河南、安徽で、この中では安徽の捻軍が最も勢力を持っていました。小刀会の方は華中の浙江と江蘇に挟まれた上海です。四川から上海に至る揚子江は塩の密売連合組織の影響下にありました。この連合組織のリーダーシップをとっていたのが、四川を発祥の地とする哥老会です。また捻軍の中心地であった安徽の方も揚子江の通り道ですから、勢力的には哥老会の縄張りだったと言えます。この哥老会はアヘンの商売が得意でした。元来が、揚子江河岸を網羅した塩の密売組織の連合体ですから、輸送と販売の流通ルートを一手に握っていましたので、彼等にとってアヘンを売る事などお茶の子さいさいだったのです。当時、哥老会と言えばアヘンの密売組織という風評は洪秀全の耳にも入っていたと思います。宗教家である洪秀全が、亡国の麻薬を取り扱う団体を受け入れられないのは当然な事でもありました。

やがて太平天国はどんどんと洪門の色に染まっていき、極めて民族主義の強い檄文すら出すようになります。「……中国には中国の形象あり。今、満洲人は悉く削髪して禽獣となる。中国には中国の衣冠があり。今、満洲人は別に猴冠（猿の冠）戴き、我が先代の服冕（衣服と冠）を壊す。これ中国の人をしてその本を忘れしむるなり、中国には中国の人倫あり、さきに偽妖康熙、暗に韃子（満洲人）、一人をして十家を管理し、中国の女子を淫乱せしむ。これ中国の人をして悉く胡種たらしむるなり……」。これが「奉天討胡檄」です。この文面にみられるように、まさに民族主義の塊のような檄文が出されるようになったのです。教育者としての洪門の面目躍如といったところでしょう。

やがて、先に述べた曽国藩に代表される政府軍の激しい巻き返しもあって、この大きく燃え上がった「太平天国の乱」も徐々に鎮火する事になるのですが、実は曽国藩が率いた政府軍は、前述した郷勇が発展した湘軍と呼ばれる民間の義勇軍だったのです。清の政府はもう自前の軍隊では大型の叛乱を鎮圧出来ないところまで弱体化していました。かつて明の軍勢をいとも簡単に蹴散らした満洲八旗は、すでに両足が萎えていたのです。時代はまた大きく変わろうとしており、洪門の出番はもうそこまで来ていました。

義和団の乱から中華民国へ

洪秀全の自殺によって終結した「太平天国の乱」から、辛亥革命までの五十年間は、清にとってまさに内憂外患の木枯らしが吹きすさんだ時代でした。

「太平天国の乱」で大きく揺らいだ足元を見透かすように、清朝下の社会では様々な事件が起こっています。まず、古代のシルクロードの要地であった中国北西部の新疆を、コーカンド汗国のヤクブ・ベクが侵犯し、ロシアが政情不安を理由に清領の伊犁地方を占領しました。その後、ロシアと清の間で締結されたペテルブルグ条約で、伊犁地方の半分は清に返還されましたが、残りの半分は返還されない儘になっています。暫くすると、牡丹社事件を切っ掛けとする日本の台湾出兵が起こります。牡丹社事件は、台湾南部に漂着した琉球の漂流民六十九名が、台湾の先住民であるパイワン族に連れ去られ殺害されるという事件でした。パイワン族は漂流民を一旦部落で捕虜にしましたが、彼等が逃亡した事から、この内の五十八名を次々と馘首したのです。馘首とは首を切り取る事です。両者の言葉が通じず、意思の疎通を欠いた事から起こった事件だったようです。残りの十二名は、台湾に移民していた漢人によって救助され、清の台湾府に保護された後に、福建省の福州を経由して、宮古島へ送り返されました。明治政府は清政府に対してこの事件の賠償などを求めますが、これが清によって拒絶されたことから、日本の台湾出兵が起こります。やがて両国の間で問題の処置が「北京専約」として取り決められ、清の五十万両の支払いと引き替えに、日本軍は台湾から撤退するのです。

この時期に、清の冊封国であった朝鮮でも壬午の乱が起きています。冊封国とは、元来、中国の皇帝が臣下に土地と爵位を与えて諸侯に封じる事ですが、これが周辺外交に用いられたものです。当時の朝鮮では、朝鮮国王高宗の実父の大院君の一派と、高宗の妃である閔妃の一派とが政権を巡って激しく対立していました。この大院君派の煽動によって、今はソウルと呼ばれる漢城で、大規模な兵士の反乱が起こったのです。反乱軍は政権の舵取りをしていた閔妃派の政府高官を襲うと、その返す刀で、閔妃派を支援していた日本公使館を襲撃して、日本人の軍事顧問、公使館員、また学生たちを殺害しました。これを壬午の乱と呼び、日本が武力を行使して、朝鮮国と漢城条約、清国とは天津条約を結ぶ事で終決するのですが、これが十年後の日清戦争の火種となったのです。

天地会の人　劉永福

この時期に、清仏戦争の火ぶたが切って落されています。この原因となったのが、フランスのベトナム侵攻です。フランスの侵略は一八五八年からスタートし、一時はハノイを占領していましたが、ベトナム政府は、太平天国の乱に敗れた後、ベトナム北部に身をよせていた天地会の劉永福の落ち武者部隊に支援を要請しました。この要請を受けて、黒旗軍と呼ばれた劉永福の部隊はハノイのフランス軍を撃破したのです。

別章で説明したように、現在でも天地会系の洪門は神壇に関羽を祀ります。関羽一人が木像や位牌で祀られる場合もありますが、関羽、義子の「関平」、従者の「周倉」の三人が画像で祀られる場合もあります。これが正式になると、関羽を中央に配して、左側に前五祖の神牌を、右側には鄭成功の神牌を祀り、この前面に三軍司令旗と、前五祖、中五祖、後五祖の三軍旗十五本を入れた「木斗」を置きます。この前五祖の軍旗は「五房旗」と称され、「黒旗」が福建と江蘇（南京）と台湾、「紅旗」が広東と広西、「赤旗」が四川と雲南、「白旗」が湖南と湖北、「緑旗」が上海を中心とする浙江一帯といった、洪門系各組織の誕生地を示しているのです。五房旗を組織的に説明すると、黒旗が天地会系、紅旗が三合会系、赤旗が哥老会系、白旗が捻軍系、そして緑旗が小刀会系という事になります。ですから劉永福の黒旗軍とは福建、江蘇の天地会系の組織だという事になります。

清仏戦争に話を戻しますが、黒旗軍に蹴散らされたフランスは、この雪辱を晴らす為に、遠征軍を編成してベトナムに進攻しました。フランスは破竹の勢いで進軍し、ハノイを流れるソンコイ河のデルタ地方を征圧したのです。窮地にたたされたベトナムは宗主国である清に救援を依頼しました。前述した朝鮮と同様にベトナムも清の冊封国だったのです。この戦いでは、かつて「太平天国の乱」で敵と味方の関係だった清の正規軍と天地会の黒旗軍とが肩を並べて戦ったのです。

現在、広西の欽州市には、劉永福の旧居が保存されていますが、この広西は前述したように洪門系三合会の発祥地です。これを縄張りと呼んでもいいでしょう。ここの出身である劉永福は、本来ならば広東と広西を縄張りとする三合会の紅旗を上げるべきなのです。そこで、何故劉永福が天地会の黒旗を掲げたのか、少し不思議に思うところです。これには二つの原因があります。一つは天地会という組織の特徴なのですが、思想結社を目指した天地会には基本的に縄張りという意識が稀薄です。日本でいうと、思想結社である右翼団体に縄張り意識が無いのと同じだと思ったらいいでしょう。天下国家の為に行動する者には縄張りなどという意識は不要なのです。ですから天地会には来るものを拒まずという体質があり、これは今でも変わりません。二つめは、劉永福が「太平天国の乱」に参加したのが一八五六年頃で、後年の彼の回想によると、「大丈夫と生まれ、朝晩の粥も満足に啜れなく、こんな所にぶらぶらとしていられるか」と一念発起して、「太平天国の乱」に飛び込んだのが二十一歳の時だったそうです。一九一五年に数えで八十歳で没した劉永福が二十一歳の頃というと、時代的には一八五六年頃ですから、太平天国も決起以来六年目に入っています。その頃の拠点は太平軍が「天京」と呼んだ南京にありました。前述したようにこの南京は天地会の勢力圏ですので、劉永福が天地会に入会して、太平軍の一員として清と戦い、やがて「太平天国の乱」の終結によって、本来の黒旗を掲げる事は自然な成り行きだと言えます。

「太平天国の乱」の終焉によって、政府軍の追撃を逃れた劉永福の一党二百余名が天地会の黒旗を挙げたのは、ベトナムとの国境地域に近い、現在の広西壮族自治区西部の靖西県です。これから劉永福の一党を黒旗軍と呼ぶことにしましょう。黒旗軍は、靖西県から、当時は阮朝の支配地で安南と呼ばれていたベトナムの北部に入り、メコンデルタ地帯を流れるソンコイ河の流域に腰を落着けました。彼等は、ソンコイ河の流域を通過する船から水上税を取り立てる事で生活をしていたらしく、言ってみれば水賊稼業ですが、その勢いはたいしたもので、まるで独立国さながらだったようです。南宋の末期に、モンゴルの侵攻を逃れた南宋の遺臣「張世傑」の残党が、ベトナムの南部で世界初のチャイナタウンを形成したという話を、第一章「洪門の誕生」でしましたが、南宋の末期からこの清の末期までは約六百年もの時間が流れています。張世傑を祖とするベトナムの華僑人口もそうとう増加していた筈ですので、僅か二百名の黒旗軍が軍事行動で力を振るう為には、この時代のベトナムの華僑勢力と手を組むのが最も近道だったのではなかったでしょうか。

黒旗軍がベトナムに入るのとほぼ時を同じくして、中国から転戦したフランス軍のベトナム侵攻が始まります。この時代のアジア各地の首長には普遍的にみられる事ですが、ベトナムの王朝の嗣徳帝も、西洋人をひどく毛嫌いして、キリスト教にも激しい反感を持っていました。怖れていたと言った方が正確かもしれません。このベトナム王朝を「阮朝」と呼びますが、この阮朝がベトナム最後の王朝となるのです。阮朝の要請を受けて、一八七三年、黒旗軍はフランス軍と戦火を交える事なりました。黒旗軍はまずハノイを占領していたフランス軍を撃退すると、翌年の戦いではフランス軍司令官のリヴィーエルを戦死に追い込むという華々しい戦果を挙げました。劉永福は、嗣徳帝から三宣副提督に任じられ、更に一等義勇男爵の位を授けられたのです。

この大敗に堪りかねたフランスは、クールベを提督とする大遠征軍をベトナムに派遣しました。圧倒的な軍事力にものを言わせて、遠征軍は破竹の進撃を開始し、あっという間にソンコイ側のデルタ地方を征圧したのです。これにあわてた嗣徳帝は宗主国である清にも支援を要請します。清は、後に台湾巡撫となる唐景崧を司令官として軍隊を派遣しますが、ここで「太平天国の乱」で、敵味方に別れた黒旗軍と清の正規軍とが仲良く肩を並べて戦うという面白い場面が見られるのです。そればかりではありません。唐景崧と劉永福は、やがて日本が台湾を領有する際に、唐景崧が台湾民主国の初代総統、劉永福が二代目の総統として、ほんの僅かな期間でしたが、日本の台湾統治派遣軍との間で戦闘を繰り返すのです。人の縁の不思議さを考えさせられる出来事です。

このベトナムの戦火は中国本土にまで及び、やがて李鴻章の手でフランスと講和条約が締結されます。この条約をチャンスとして、フランスはベトナムの植民地化に拍車を掛けるのですが、それはまた、ベトナムに劉永福と黒旗軍の居場所が無くなるという事に他なりませんでした。

ベトナムでの奮戦ぶりを認められた劉永福は、清朝から太平天国に参加した反逆の罪を減じられて、中国に戻ることを許されますが、黒旗軍の方は解散させられました。この頃の劉永福の待遇はあまり良くなかったようです。

一八九四年に日清戦争が始まります。まず日本軍は、同年九月の黄海の海戦で勝利を収め、朝鮮半島をほぼ制圧し、十月には朝鮮と清との国境である鴨緑江を渡河して、翌月に遼東半島の旅順と大連を占領しました。そして、翌年の二月に入ると、清の北洋艦隊の基地である威海衛を攻略し、三月にはほぼ遼東半島の制圧を終えるのですが、ここでドイツ、フランス、ロシアによる「待った」が入ったのです。いわゆる三国干渉です。特に中国東北部への進出を画策していたロシアは、その要である遼東半島が日本の支配下に置かれる事に激しく反発しました。当時の日本にこれを拒むだけの力はありません。日本政府は三国干渉を受け入れました。全権大使の伊藤博文と李鴻章との間で、下関条約とも呼ばれる日清講和条約が締結され、日本は賠償金二億三千両の支払いと、台湾、澎湖諸島の割譲を受けたのです。

日清戦争が勃発すると、劉永福は台湾防衛を命ぜられ、ここで黒旗軍は再度蘇るのです。そして唐景崧の方もこの年に台湾巡撫に任命されています。台湾でまた一緒になった二人ですが、一説には、二人の仲はあまり良くなかったとも言われています。唐景崧が台湾府のある台北城に劉永福を置かずに、彼を南部の台南地区の防衛にまわしたことが、清の宮廷出身の唐景崧が天地会上がりの劉永福を嫌ったとも、劉永福の才能を怖れていたとも言われていますが、私はそうした説には同意しません。むしろ唐景崧が劉永福を引き立てたような気がします。別の言葉では利用したとなりますが、恐らく唐景崧は、ベトナムのジャングルで共同戦線を組んだ経験から、この男の持っている運の良さ、鋭いカン、駆け引きの上手さ、また粘り強さといった点に目を見張ったのではないでしょうか。生きるか死ぬかといった修羅場を何回か経験した人なら判ると思いますが、生死などというものは本当に紙一重です。それも向こう側の透けて見える薄い紙です。この生死の狭間にいきなり放り投げられた時、人間の持つ技巧や智慧、また判断力などというものは凍りついてしまって全く役に立ちません。右に行くか左に行くか、進むか引くか、それとも立ち止まるか、叫ぶか喋るか、泣くか笑うか、突っ込むか逃げるかといった一瞬の動作だけが、生死を分けるのです。そしてこれを決するのが強運とカンの二つです。しかし運には波があるような気がします。ですから、最後はカンです。劉永福には、この鋭すぎるほどに鋭いカンがあったのではないかと感じてなりません。

一八九五年四月十七日に日清講和条約が締結され、台湾の日本への割譲が決まると、これに反対する台湾住民によって、五月二十三日には台湾民主国の独立宣言が行われます。前述したように、この台湾民主国の初代総統には唐景崧が、また、劉永福はナンバーツーの民主大将軍にそれぞれ就任したのです。また台湾民主国の国旗には、青地に黄色い虎を描いた黄虎旗が定められました。しかし、五月二十九日に日本軍が台湾北部に上陸すると、傭兵を主体とする台湾民主国の軍隊はあっという間も無く総崩れとなり、六月三日に基隆港を占領されると、この翌日に唐景崧は、ドイツ商船アーター号に乗ってアモイに逃れてしまいます。総統の唐景崧が真っ先に逃亡してしまった為、今度は台湾南部の劉永福が台湾民主国の総統に推されました。これを第二共和と呼びます。北部を制圧した日本軍は、十月に入ると南下して、民主国軍との間で戦闘を繰り広げますが、十月下旬には、今度は劉永福が大陸に逃亡するのです。こうして台湾民主国は崩壊したのです。僅か百八十四日の短い政権でした。

大陸に戻った劉永福は、再度、広東で黒旗軍を編成します。黒地に白く「劉」と染め抜いた軍旗が広東の青い空に棚引いたのです。

一九〇〇年、義和団が北京に雪崩れ込むと、この支援の為に劉永福の黒旗軍も北上しますが、思ったよりも早く叛乱が終結してしまった事から、途中で広東に引き上げています。二年後、劉永福は広東碣石鎮の総兵に起用されました。この清の総兵という役職は日本でいうところの将官ですから、出世したと言えるでしょう。

この後、劉永福は、一九一一年の辛亥革命によって清朝が倒されるまで広東で将官暮らしをして、中華民国設立後には、南京臨時政府の胡漢民に請われて広東民団の総長となりますが、僅か三ヶ月でこれを辞任し、故郷に戻って隠棲してしまいます。この年、もう劉永福は七十六歳になっていました。しかし、一九一五年、日本が袁世凱政府の喉元に突き付けた、ドイツの山東権益の引き継ぎや、南満洲や東部内蒙古の権益の拡大を謳った、所謂対華二十一ヶ条に激怒した劉永福は、最後の気力を振り絞って抗日義勇軍の結成に奔走しますが、やはり寄る年波には勝てず、この年内に、八十年の波瀾に富んだ生涯を閉じるのです。

天地会の劉永福が、最後まで反清復明を目指さずに、途中から清の官吏となった事から、洪門の内部でもこの人物の評価については分れるようですが、私は、この人物が天地会の志を忘れたとは思っていません。天地会は愛国団体です。愛国とは、国の生い立ちを愛し、国の民を愛し、また国の山河を愛する事です。山に登る道が一つで無いように、愛国の道にも様々なものがあって良いのです。

義和団の蜂起

三国干渉を受け入れて、日清戦争は終わりましたが、清にとってもこの三国干渉は高いものにつきました。戦後の一八九七年に、山東でドイツ人の宣教師二人が何者かに殺害されるという事件が起こり、これを理由にドイツが清に膠州湾の租借を認めさせたのです。またこれが発端となって、ロシアに旅順と大連を、フランスに広州湾を、そしてイギリスに九竜半島と威海衛といった国土の租借を、それぞれ清は余儀なくされたのでした。

こうした外患の嵐の真っただ中の一八九九年に、山東で義和団が叛乱を起こします。

山東は元々任侠尚武の気風が強い土地柄で、水滸伝の舞台となったのもこの地方です。秦の始皇帝の時代に、蓬莱を目指して旅立った徐福も出身地が山東で、この地方は昔から方術や呪術のメッカでもありました。清の末期にこの山東の尚武の気風を示したのが梅花拳や神拳です。

山東という所は呪術のメッカですから、ここで育った拳法にはどうしてもシャーマニズム的な色が濃厚になります。神拳等を学ぶ者の中には、呪文によって神懸りとなり、体で銃弾を撥ね除けるなどと豪語していた者もいたようです。また練武場に、孫悟空、諸葛孔明、趙雲といった『西遊記』や『三国志』のスターを祀るところも多く、特に孫悟空は無敵のスーパースターですから、この孫悟空の霊が降臨すると不死身の体になるなどと信じられていました。今でも台湾の道教の廟に行くと、刺のあるドリアンの実などで裸の上半身を打ちつけて、全身が血だらけになっているタンキー（童乩）と呼ばれる人を見掛けますが、ああいった人の話を聞くと、「孫悟空が乗り移っている」ので痛みを感じないのだそうです。嵩山少林寺のある河南と山東は隣接していますから、拳法の技自体は河南少林拳の流れを汲むものでしょうが、この山東の拳法はこうしたタンキー的なシャーマニズムの要素が多く含まれていたのです。

山東は昔から白蓮教が盛んだった土地柄ですが、政府による弾圧につぐ弾圧で、さすがにこの時代になると白蓮教を名乗るものは影をひそめ、代りに白蓮教から枝分かれした八卦教、義和門、虎尾鞭、無形鞭、離卦教などという秘密宗教結社が信徒を集めていました。山東の拳法はこちらの方の影響も受けています。ですから、当時の山東の拳法は、土着のシャーマニズム的な要素と、白蓮教の宗教思想とが渾然一体となったものでした。白蓮教の影響とは勿論革命叛乱の仏である弥勒の救世思想です。山東には叛乱の土壌があったといえます。

当時、この山東で流行っていた拳法が梅花拳や神拳で、この総称が義和拳です。そして、この義和拳という紐帯で結ばれた人々の集まりがやがて義和団となるのです。しかし、彼等は最初から義和団と名乗っていた訳ではありません。義和団という名前は、彼等による叛乱が拡大してから付けられた名称なのです。一説によると、梅花拳を学ぶ若者達がキリスト教徒を攻撃した事によって、政府の風当たりが強くなった為、この伝統ある拳法の家元に迷惑を掛けてはいけないと、まず義和拳を名乗り、義和拳の集団だから義和団と呼ばれたそうです。「義で和する」とは、何となく任侠の匂いがぷんぷんする名称です。

義和団の叛乱の原因は、前述したドイツの膠州湾の租借にありました。租借の後に、ドイツはここに軍港を造り、その背後に鉄道を敷設しましたが、この鉄道敷設によって墓地が破壊されたのです。こうした土地柄ですから、現地の人々は風水が壊されたと騒ぎました。梅花拳や神拳を学ぶ人たちは、既に述べたように、この地方の民間宗教と強く結ばれていました。これを迷信深いといっても良いでしょう。また任侠的な気質を持つ人が多かった事もあって、ドイツ人が風水を破壊した事に、彼等は激怒したのです。

膠州湾は、現在の膠州市の南側の入り江で、ドイツはこの入り江の全域と、両側の半島を租借しました。この膠州湾の行政都市として青島が建設されたのです。租借の期限は九十九年間でしたが、第一次世界大戦の勃発によって、日本軍がここを占領した事から、僅か十六年たらずでドイツの領有は終わります。しかし、この地に青島ビールという置き土産を残した事は余りにも有名な話です。

拳法を学ぶ人々が、風水の破壊に抗議運動を起こした時の山東巡撫が毓賢という人でした。この満洲人の官僚は、外国人に対して強烈な排他思想を持っていた事から、風水の破壊に怒った拳法家の一団が、キリスト教徒の多く住む平原州を攻撃した事件では、これを罰する事をせずに、逆に鎮圧した側の政府軍の幹部を更迭したのです。外国人嫌いの西太后の信任を受けていた毓賢は、同じ外国人に反感を持つ義和拳のグループを尊皇攘夷思想に取込もうとしたわけです。こうした毓賢の狙いとは別に、革命勢力である洪門も、この叛乱を反清復明の政治運動に繋げようとしました。少林寺に繋がりの深い洪門は、まず「太刀会」という組織を結成して、この太刀会で山東の拳法家グループを一本化しようと努力をするのです。ですから、叛乱の当初、拳法を学ぶ人たちは「復明興漢」の旗を掲げました。反清復明と復明興漢は、漢人の国家である明を復興させるという点では全く同じですが、ただし復明興漢の方からは反清の意味が失われています。ここに洪門と西太后の意を受けた毓賢との綱引きがみてとれます。陰でかなりの運動資金も動いたのではないでしょうか。やがて、毓賢の暗躍が功を奏し、義和拳を学ぶ叛乱集団は義和団と呼ばれるようになり、そのスローガンも清を扶けて洋を滅する「扶清滅洋」へと変わったのです。洪門の目論見が山東巡撫の毓賢の権力と資金力に負けたといえるでしょう。

欧米列強にしてみれば、自分たちを滅亡させよう、などという「滅洋」のスローガンなど掲げられたら堪ったものではありません。諸外国は毓賢が義和団を支持している事に強く抗議しました。毓賢は山西に飛ばされ、代りに赴任してきたのが外国に好意的だった袁世凱です。袁世凱は義和団を容赦なく弾圧しました。

山東を追いだされた義和団は、日本の徳川幕府でいうところの天領である直隷地の河北へと雪崩れ込むと、鉄道線路、電信柱など西洋に関係あるものを片端から破壊しながら、北京を目指したのです。この段階になると、義和団は既に拳法家の集団から、任侠団体、愚連隊、農民、流民といった雑多な人々を抱えた混成集団となるのですが、興味深い事に、この混成集団の中には「紅灯照」と呼ばれる未婚の女性だけのグループがあって、そのリーダーは「黄蓮聖母」と呼ばれる元売春婦だったそうです。「照」というのは義和団の分団の事です。また未亡人だけの「青灯照」や乞食の「沙鍋照」という分団もありました。

また私の悪い癖で歌を思い出してしまいました。これもまたまた題名を忘れてしまって恐縮しますが、「紅い灯、青い灯、ともる街角に……俺は行く」という歌い出しだったと思います。この歌の紅い灯、青い灯というのが、紅灯の巷という言葉があるように、飲み屋街を意味します。山東や河北の地は、冬になると北からシベリアおろしが吹きすさび、大地が凍りつく場所です。義和団には、そんな真っ白な雪原に点在する田舎の飲み屋街で、寒さで指を屈めながら、生きる為に細々と働かねばならなかった貧しい女性たちも多く参加したのでしょう。また「沙鍋照」の沙鍋というのは土鍋の事で、身体が不自由で働く事も儘ならない乞食たちも土鍋を下げて参加したのだと思います。天下国家を語った義和団の叛乱には、こうした社会の底辺で蠢かねばならなかった人々が救済を求めて立ち上がったという側面もあったのです。

一九〇〇年の六月、総勢二十万人にも膨れ上がった義和団は北京に入城します。扶清滅洋の旗をなびかせた義和団は、北京の清朝政府から勤皇の義軍として迎えられました。

政府からお墨付きを貰った暴徒ほど恐ろしいものはありません。義和団は北京の外国人に対して暴虐の限りを尽くしました。まず日本大使館員が虐殺され、ドイツの公使も殺されるという狂気が横行しました。清朝政府は「男の外国人を一人殺したら五十両、女なら四十両、子供は三十両」を支払うという懸賞金までつけたのです。何となく、前述した法慶の「一人殺せば一住菩薩、十人殺せば十菩薩……」が思い出されますが、狂気は狂気を呼ぶものなのです。清朝もここまで来るともう後戻りは出来ません。ドイツ公使が殺された翌日の六月二十一日に、清朝政府は列強各国に宣戦布告をします。しかし、この気狂い染みた宣戦布告を、全国各地の総督たちが無視した為、この宣戦布告は西太后のお膝元である北京周辺のコップの中の嵐となりました。

清の宣戦布告がなされると、真っ先に攻撃目標となったのが北京の外国人居留地でした。外国人居留地は紫禁城の東南の東交民巷と呼ばれる場所にあって、ここに九百二十五名の外国人と中国人のキリスト教徒三千人が立籠ったのです。この籠城は、やがて多国籍軍である日本、ロシア、イギリス、フランス、アメリカ、ドイツ、イタリア、オーストリア・ハンガリーの八国連合軍が北京を鎮圧するまでの五十五日のあいだ続くのですが、この籠城戦で最も活躍したのが北京公使館付武官の柴五郎中佐です。英語、フランス語、中国語に堪能だった柴中佐が、多国籍にわたる人々の意思の疎通に果した役割は大きかったといいます。またこの籠城戦の指揮官はイギリスのマクドナルド公使でしたが、実際に指揮をとったのは柴中佐だったそうです。

この籠城で柴中佐が指揮をとったのは、各国公使館の護衛兵と義勇軍の合わせて四百八十一名だけでしたが、かたや東交民巷を取囲んだのは義和団の十数万とも二十万とも言われる大兵力です。まるで蟻の大群の前の一粒の砂糖のようなものです。これで良く五十五日持ち堪えたものだと思いますが、義和団の黒幕である西太后には、この東交民巷の外国人を生け捕りにして、列強各国との駆け引きの道具にしようとした思惑もあったようで、今一つ義和団の尻を強く叩けなかったようです。しかし、義和団が北京市内の中国人キリスト教徒を粛清する事にはかたく目を瞑りました。北京には義和団による狂ったような大捜索の嵐が吹きまくりました。キリスト教徒は「教民」と呼ばれましたが、教民のレッテルさえ貼れば、誰でも殺せたのです。家宅捜索は虱潰しに行われ、教民のみならず、外国人のシンパらしき者や、西洋贔屓と思われる者まで悉く粛清の対象となりました。疑わしきは罰せという狂気のなかで、数えきれないほどの暴虐が行われ、多くの罪も無い人々が殺されたのです。またこの狂気を利用した政敵の淘汰も堂々と行われました。政府が義和団を利用して排外運動を行う事に反対した心ある人々も容赦なく処刑されたのです。

やがて八国連合軍が北京に進軍して、西太后が北京城を脱出すると、精神的な支柱を失ったとでもいうのでしょうか、多少の抵抗行為はあったものの、義和団の狂気はあっというまに沈静化しました。既に持てるエネルギーを全て使い果たしていたのです。西安に逃避した西太后は、八月になって自分の罪を認める詔を出しますが、この詔で義和団は「拳匪」や「団匪」と決めつけられました。つい先ほどまで義軍と持ち上げられていたのが、いきなり賊軍となったのですから、義和団の方もさぞかし地団駄を踏んだ事でしょう。スローガンの清を扶けて洋を滅する「扶清滅洋」は、その瞬間から「反清滅洋」に改められたのです。

秘密結社の人　孫文の革命

前にも述べましたが、長期にわたる政権には、その創建時に民衆の後押しというものがあります。これを民衆の願いと呼んでもいいでしょう。特に戦乱や天災、また政権の腐敗が長く続くと、これに反比例するようにして、人々の平和と安定に対する願いは大きくなりますから、この願いのエネルギーが蓄積されて樹立された新しい政権は長く続く事になります。こうして誕生したのが三百年も続いた漢や唐でした。また一つの政権が長く続くと、民衆はこれに飽きてしまいます。政権の善し悪しもありますが、長く続く事自体に倦怠感を持ってしまうのです。このけだるく憂鬱な感情は謂わば火薬ですから、もし政府が苛斂誅求を行えば、これが種火となって民衆の怒りが爆発します。これを煽動者が煽る事によって大規模な叛乱が起きる訳です。

こうした民衆のエネルギーによって生まれた政権が、まだ足場が固まらないうちに、巨大建設や工事などに乗り出して、せっかく蓄積されたエネルギーを使い切ってしまうと、これは短命政権に終わってしまいます。万里の長城を建設した秦や大運河の建設をした隋がそうでした。

明が滅びた原因も長く続き過ぎた点にありました。明は三百年続いたわけですが、人間が長生きしても百歳を超える人が稀であるように、政権の寿命も長くて三百年が一つのメドのように感じます。千年王国は夢幻の世界なのかもしれません。清の治世も三百年で終息しました。清の前期の百年は建国時の風雨が激しかったものの、中期の百年は順風満帆の黄金時代でした。この黄金時代の担い手である乾隆帝が没し、次の嘉慶帝が即位する頃から、清は後期の百年に入ります。清にとっては嵐の時代です。そして、まるでこの時代を待っていたかのように、白蓮教の叛乱、アヘン戦争、太平天国の乱、清仏戦争、日清戦争、義和団の乱と内憂外患の風波が荒れ狂った後に、清朝は政権の幕を閉じるのです。

この引き金となったのが、一九一一年十月に湖北の武昌で起こった政府の反乱軍による武装蜂起です。これを武昌起義とも呼びますが、この蜂起が発火点となって、全国十四の省が続々と清朝からの独立宣言を行ったのです。この年が辛亥の年であった事から、これを辛亥革命と呼びます。清から独立を宣言した各省の代表は南京に集まり、翌年一九一二年一月には中華民国臨時政府が成立され、革命家としての実績もあり、また国民に人気の高かった孫文が臨時大総統に選出されたのです。

孫文が広州で初めて挙兵をしたのが、日清講和条約が締結された年の一八九五年ですから、最初の広州の挙兵からこの武昌蜂起までには十六年もの時間が流れています。この間に孫文は、次々と革命の同志が殺されていくなかで、数々の失敗と挫折を繰り返しながら十回もの叛乱を指導しました。孫文が長年にわたって清朝の屋台骨を根幹から揺さ振り続けた事が、清朝という大屋根が轟音を立てて崩壊する大きな原因でした。この最後の一突きが反乱軍の武昌蜂起です。ですから、この辛亥革命を孫文の革命と称しても良いでしょう。

革命という観点から、客家の孫文が中心となった辛亥革命と、同じ客家の洪秀全を中心とした太平天国の乱を比べてみますと、まず孫文と洪秀全の性格の違いがここによく現れています。孫文の方がなり振り構わなかったのに比べて、洪秀全は理想肌で頑なでした。理想肌という意味では孫文もそうでしたが、理想肌にも陰陽があって、孫文の方が陽で、洪秀全は陰だったと思います。これを外向的と内向的と呼んでもいいかもしれません。外向的な孫文の方には誰とでも付き合って、「理想の為には何でもやろう」といった姿勢がありましたが、内向的な洪秀全の方は「最後まで、理想を信仰の枠の中に押し込めてじたばたした」ところがあったのです。ですから、孫文の方は理想の為であれば誰とでも手が組めましたが、洪秀全は「太平天国の乱」でも、彼の宗教理念と大きく懸け離れた華中の小太刀会や捻軍とは手が組めませんでした。もし、洪秀全がこうした勢力と手が組めたなら、あの時点で、太平天国は清を倒していただろうという歴史家もいます。その反面、宗教を後ろ盾とする洪秀全が一気に叛乱を拡大出来たのに比べて、大衆の蜂起という意味では、政治秘密結社をバックとした孫文の方は大変に苦労しました。宗教による蜂起は現実の利害を簡単に飛び超えてしまいますが、政治を動機とした蜂起には常に利害が重く付纏います。重石を抱えた孫文の革命が十一回目のジャンプでやっと飛び立てた理由がここにあります。宗教という紐帯で結ばれた大衆をバックとして宗教革命を目指したのが洪秀全で、この洪秀全が毛嫌いした任侠のカラーに染まった政治秘密結社をバックとして、辛亥革命に蝸牛のような歩みで進んだのが孫文だったと言えるでしょう。

民衆には完全な満足というものはありませんが、夢に対する期待と興奮はあるのです。これを憧れと呼んでもいいでしょう。理想の無い政治は、たとえ人民が飯を食えたとしても、そこに一抹の侘しい風が吹いています。しかし、飯が食えている間、民衆は革命という生死が賭かってくる行為には腰が重いのです。民衆の蜂起は生存の道を閉ざされないとなかなか起きるものではありません。植民地であった香港やマカオはこうした意味で腹いっぱい飯が食えていた所です。ですから色々と問題を抱えながら、租借が満期になる九十九年間も続いたと言えます。革命は、いつも夢と現実との狭間で行う綱引きのようなものです。

辛亥革命には孫文という人の性格が実によく現れています。洪門の話を入れながら、孫文について話てみたいと思います。

孫文が太平天国の洪秀全に憧れていた事はすでに話ましたが、まず、この夢多き少年に故郷の広東でじっとしていろというのが無理な相談でした。彼は、兄の孫眉がハワイに移民していた事から、十四歳の時に兄を訪ねてホノルルに渡っています。孫文はまずイギリス国教会の学校に入学して、ここからオアフ高校に進みました。洪秀全に強く憧れるこの少年が、ハワイでキリスト教に興味を持つのは当然でしたが、兄の孫眉にとって弟が異教にのめり込む事は許せない事だったようで、一年足らずで弟を広東に送り返しています。

一度外国生活を経験した孫文少年にとって、広東の街々はくすんで見えました。何も彼もが下らなく、また檻にでも入れられたように息苦しく感じられたのです。そんな彼の血を湧かしたのが地元の任侠の世界でした。彼は地元の三合会に出入りをしたり、武術を習ったり、また仲間たちと村の廟に祀られた神像を叩き壊したりする事で、やり場の無い気持ちを発散させていたのです。しかし、暴れても暴れても孫文少年の心は虚しさでいっぱいだったようです。

孫文少年が、村の廟の神像を叩き壊した事は、保守的な広東の田舎では大きな騒動となったようです。孫文の両親は怒り狂う村人から、この暴れ者の息子を庇う為に、密かに香港に逃亡させたのです。この香港で、孫文少年はアメリカから来た宣教師のチャールズ・ヘイガーによって洗礼を受けました。チャールズ・ヘイガーはプロテスタントの中でも会衆派と呼ばれる宗派に属していました。この会衆派は自由平等の精神が旺盛で、教会メンバーの互選によって役員を選んで教会管理をしたり、また教会と教会とが服従関係にならず、各教会の自主独立を目指すというクリスチャンの集まりです。孫文の思いが凝縮された民族、民権、民生を謳った三民主義は、言ってみれば自由平等の精神思想です。彼のこうした思想の源は、この辺りまで遡れるような気がします

多分両親から泣きつかれたのでしょう。兄の孫眉は急遽、弟をハワイに呼び戻して自分の店で働かせようとしますが、時既に遅く、自由の味を知ったこの利かん気な少年は、ホノルルの友達から勝手に借金をして、兄に断わりもなく一人で広東に逃げ戻ってしまいました。

こうなると、兄もどうしようも無くなってしまい、孫文の希望を容れて、学費を出してやり、彼を広州にある医学学校に入学させたのです。翌年、孫文は現在の香港大学医学部の前身である香港西医書院に転校して、二十六歳の時にここを卒業しました。この香港の学生時代に孫文の革命主義が育成されたのです。この学生時代に爆弾の製造法を研究していたといいますから、これを武力革命主義と言った方が良いでしょう。よく言われる事ですが、ドクター孫は、人の身体を治療するよりも、国家の病を治療する道を選んだのです。

孫文が香港西医書院を卒業した二年後の一八九四年に日清戦争が始まりますが、この時に、孫文は李鴻章に意見書を送っています。日清戦争の直前だった事もあったのでしょう。李鴻章からは何の反

応もありませんでした。清の最高実力者の李鴻章が、無名の若造の意見書等にいちいち付き合っていられるかと思ったのかもしれません。しかし、ここに孫文の性格が良く出ています。信じた事はまずやってみる。これがその生涯を通じた孫文の生き方でした。

李鴻章に意見書を出したのは上海でしたが、孫文はこの上海で彼の人生に大きな影響を及ぼす事になる一人の友人と出会います。チャーリー宋というアメリカ帰りの実業家です。靄齢、慶齢、美齢の三姉妹のお父さんと言った方が判るかもしれません。昔中国に三姉妹がいて、「長女は金を愛し、次女は国を愛し、三女は権力を愛した」と言われる宋家のお嬢さんたちです。長女の靄齢が山西の大財閥の孔祥煕に、次女の慶齢が孫文に、三女の美齢は中華民国の総統となる蔣介石にそれぞれ嫁いだから、こう呼ばれた訳です。

三合会の孫文と同じように、チャーリー宋も秘密結社の人間でした。海南島出身のチャーリー宋は洪門の系列からいうと天地会のメンバーでしたが、彼のホームグランドが上海だったという事もあって哥老会のメンバーとも深い繋がりを持っていました。

ここで当時の秘密結社の状況をおさらいしてみましょう。

清朝の創建以来、まず官憲の摘発簿に登場するのは天地会系の秘密結社です。三合会の名前が初めて出てくるのは、清がスタートしてから百六十六年も過ぎた清・嘉慶十一年（一八〇六）になってからで、この時点から、福建・台湾の天地会と並ぶ勢いで広東の三合会と三点会の名前が頻繁に出てきます。やがて天地会の名前は清の後期の光緒年間に入ると激減し、辛亥革命の十五年前の光緒年二十年（一八九六）の江西での摘発を最後にして清側の文献から一切消えてしまいます。また三合会の名前も徐々に消えて、光緒二十六年（一九〇〇）を最後に、後は三点会の名前だけが少し出てきます。

その代わりに、「太平天国の乱」が終息した清の同治三年（一八六四）から次の光緒年間にかけて、哥老会がどんどんのしてきます。この時代の摘発数は百七十六件で、このうち哥老会系が百十二件の六十四％で、天地会が二件、天地会系の黒旗会と白旗会がそれぞれ一件づつ、三合会が一件、三点会が十五件と、これらの非哥老会系を全て合わせても二十件でわずか十一％です。清の末期に、哥老会がいかに活動したのかがよくわかります。

少し大雑把になりますが、

清・雍正六年～乾隆六十年（一六四四～一七九五年）天地会の時代
台湾の朱一貴の乱（一七二一年）
台湾の林爽文の乱（一七八六年）
清・嘉慶元年～同治十三年（一七九六～一八七四年）天地会と三合会の時代
白蓮教の乱　（一七九六年）
天理教の乱　（一八一三年）
太平天国の乱（一八五一～一八六四年）
小刀会の乱　（一八五三～一八五五年）
捻軍の乱　（一八五五～一八六七年）
清・光緒元年～宣統三年（一八七五～一九一一年）哥老会の時代
孫文の広州蜂起（一八九五年）
義和団の乱　（一八九九～一九〇〇年）

ということになると思います。

哥老会の躍進と天地会と三合会の凋落は、どうやら「太平天国の乱」がターニングポイントになっているようです。

既に述べたように、一八五一年に広西の金田村で決起した太平軍は、まず広西の永安を陥した後、北上して湖南、湖北を目指しました。そして、翌年末には漢陽、漢口を攻略して、二年後には武昌を陥します。太平軍はこの武昌から南京を攻め、ここを天京と改名して、太平天国の首都を置いたのです。太平軍は農民のキリスト教徒の叛乱と言われますが、農民に団結心はあっても武力はありません。武力があるのは、やはり拳法や剣術の心得があり、また喧嘩慣れしている任侠グループの方です。

太平軍は、この南京を中心として清の軍勢と戦うのですが、これに馳せ参じたのが福建の天地会と広東の三合会です。特に福建の天地会は総出でこの戦いに加わったと言っても良いでしょう。やはり大きなエネルギーを消耗すると自然の成り行きで組織はしぼみます。決起以来約十六年間も休む事無く荒れ狂い、二千万人もの犠牲者を出したこの「太平天国の乱」によって、天地会の超大型台風のエネルギーは低気圧に変わったと言えます。

政府軍に殺された仲間たちは数え切れませんが、命を永らえた天地会系の兄弟たちも多くいました。彼等は清朝による激しい落武者狩りから逃れて、フィリッピン、ベトナム、マレーシア、シンガポールといった華僑の移民者のいる南洋に安住の地を求めたのです。

この太平天国に呼応して、上海では小刀会の乱と安徽を中心として捻軍が叛乱を起こしています。どちらも揚子江の河岸地で、この時代になると、揚子江の沿岸は、四川を発祥の地とする哥老会の勢力下に入っていました。この小刀会と捻軍の叛乱が起きるまで、哥老会の莫大なエネルギーの殆どが、上海から四川へと延々と続く揚子江の沿岸に温存されていたのです。マラソンでいうならば、哥老会にはラストスパートの力が張っていたのです。

太平天国の乱を、最終的に鎮圧したのは清の正規軍ではありません。曾国藩が組織した民間の軍事組織の「湘軍」です。しかし「太平天国の乱」が終了すると、清朝はこの湘軍を危険視したのです。曾国藩は仕方無しにこの湘軍を揚子江の河岸で解散させました。これによって、いわゆる職を失った男たちが揚子江を縄張りとする哥老会に大量に流れ込みました。こうした男たちは退役軍人ですから、軍事訓練を受けており、実戦経験もあります。この事によって、哥老会は実戦力をもつ武闘派の秘密結社に変貌したと言えるでしょう。

こうしたなか、やがて魔都と呼ばれるようになる上海では、アヘン戦争の終結後にスタートしたフランス、イギリス、アメリカによる租界が急激に発展を遂げていました。「太平天国の乱」が終息した頃には、共同租界も発足して上海の街は活況を呈していたのです。更に太平天国の終焉によってここに大量の流動人口が入り込んだ事から、上海は揚子江デルタに聳え立つバベルの塔の様相を帯びていました。この新興大都市の発展に伴って、哥老会の勢力の中心も、揚子江沿岸から上海へと徐々にシフトされてゆきます。秘密結社は大都市の時代を迎えたのです。

孫文の年表

孫文は言うまでもなく秘密結社洪門の人です。ですから、この孫文の足取りを追う事は、また洪門の近代の歴史を追う事でもあります。ここで、五十七年の孫文の人生を年表形式で振り返ってみる事にしましょう。

一八六六年

広東の香山県で孫文が生まれています。香山県は、現在の地図でいうと、マカオの上の珠江デルタに位置し、一九二五年に孫文を記念して中山県と命名され、その後に中山市になっています。

孫文が誕生する二年前に「太平天国の乱」が終わっています。この頃、洪秀全を生んだこの土地は、怒涛の如く荒れ狂った宗教革命の余燼が到る所でくすぶっていました。別記したように、この珠江デルタ地帯は、水賊を稼業とする洪門三合会の縄張りで、「太平天国の乱」では、数多くのメンバーが太平軍に従軍して命を落としています。乱が終焉し、故郷の広東や広西に逃げ戻った落武者たちが、もとの秘密結社の稼業に戻って、じっと息を潜めていたのもこの頃です。しかし、息は潜めていても、清朝の官憲の目の届かない場所では、十四年も続いたこの聖戦の自慢話や武勇伝が随分と花咲いた事でしょう。これを子守唄がわりに聴いて育ったのが孫文です。

一八八〇年

この年十四歳になった孫文は兄の孫眉のいるハワイに渡ります。多くの貧しい客家の子弟がそうであったように、孫文の兄も海外に新天地を求めて成功した人の一人でした。この時代のハワイですが、まだ米国の領土にはなっておらず、カラカウア王の時代です。独立王国の体裁はかろうじて保ってはいましたが、もう既に米国の植民地政策の長い爪はしっかりと延びていました。これに反発する住民の間には民族意識が高まりつつあり、こうしたなか、孫文はホノルルにあるイギリス国教会の学校に入学して英語を学ぶと、ここからオアフ高校に進学しました。オアフ高校で、彼は医学や政治学に興味を持ちますが、同時にキリスト教にも強く惹かれるようになります。恐らく孫文の心には、洪秀全がキリスト教徒であった事が強く刻み込まれていたのでしょう、また彼の中国人としての民族意識が初めて育まれたのがこのハワイでした。

一八八二年
孫文がどんどんとキリスト教にのめり込んでいく事を心配した兄の孫眉は、この弟を帰国させてしまいます。広東に戻った孫文は、地元の三合会に出入りしたり、武芸を習ったりして若いエネルギーを発散させたのです。

一八八三年
この年に十七歳となった孫文は、村の廟の神像を叩き壊した事が問題となった為に香港に逃れました。ここで宣教師チャールズ・ヘイガーの洗礼を受ける事になります。

一八八四年
孫文が無頼の徒と交わる事を心配した兄の孫眉は、この弟をハワイに呼び戻すのですが、孫文はすぐに帰国してしまい、この年に一歳年下の盧慕貞と結婚しています。やがて盧慕貞は、孫文との間に、孫科、孫延、孫琬という三人の子を授かる事になりますが、後に孫文と宋慶齢とが結婚する一九一五年には離婚しています。自ら身を退いたと表現した方が良いでしょう。盧慕貞は一九一五年にハワイでキリスト教に入信しますが、後の一九三三年にはマカオの浸信教会の初代信徒代表になっています。彼女は敬虔な信徒で、一九五二年に八十五歳で亡くなるまで貧困者の救済に力を尽しました。彼女は孫文より一歳年下でしたから、別れた亭主より二十七年も長生きしたわけです。

一八八六年

孫文は二十歳の時に、広州博済医院付属南華医学校に入学します。この南華医学校で孫文と同級だったのが、天地会の「鄭士良」です。孫文は彼が亡くなるまでずっと兄貴と呼んで慕っていました。鄭士良は、後に孫文が革命団体として初めて結成する興中会のメンバーとなって、一九〇〇年の恵州蜂起を指導するのですが、この翌年に香港で毒殺されています。弟分の為に死んだというと語弊がありますが、兄貴分の鄭士良は、政治ロマンに燃えるこの弟分の心意気をこよなく愛したようです。

一八八七年

この年に孫文は、現在の香港大学医学部の前身である香港西医書院に転校しています。広東の広州から香港に移った孫文は、授業が英語で行われるこの大学で、詩や音楽が大好きで風流才子と呼ばれた「陳少白」、金持の息子の「楊鶴齢」、また義侠心に溢れる「尤列」といった後に孫文の革命行動を全面的に協力してくれる同志を得ています。この学生時代に彼等は「四大寇」と自称しています。この場合の四大寇は四人の謀反人といった意味でしょうが、若い彼等が夜を徹して、口角泡を飛ばしながら、夜通し中国革命を語り合った姿が瞼に浮かぶようです。

後に孫文自身が「余の革命思想が生まれたのは香港」と語っているように、この西医書院で孫文の一生の方向性が決まったと言えるでしょう。また孫文は、この西医書院でイギリス人の教授「カントリー博士」に出会っています。この出会いがやがてロンドンで孫文の一命を救う事になりますが、それは後の話です。

一八九一年

この年に、中国の秘密結社と外国人との結び付きをかいま見せる事件が起こっています。洪門を理解する上で大切な事件なので、少し長くなりますが、説明をしたいと思います。

事件は、香港で大量のダイナマイトや拳銃を購入して、これを鎮江に送る準備をしていた地元の不良グループが逮捕された事に端を発します。江蘇の鎮江は、中国大陸を東西に流れる揚子江と南北を結ぶ大運河とが交差する地点です。揚子江を西に溯れば南京、東に下れば上海、大運河を北上すれば揚州、南下すれば蘇州といった江南の要であるこの都市は、この時代には哥老会の縄張りでもありました。逮捕された香港の不良は首謀者として、鎮江にいるイギリス人のジェームス・メーソンの名前を挙げました。早速、清の官憲はメーソンを逮捕しますが、この時、メーソンは自分が哥老会のメンバーである事を自白したのです。イギリス人であるメーソンは、不平等条約によって釈放されて国外に追放されましたが、彼の自白によって、哥老会のボスである関熙明と李豊たちが捕らえられ、関熙明は処刑されて、李豊の方は獄中で自殺しています。これをメーソン事件と呼ぶのですが、このイギリス人と哥老会との闇の盟約は、この時代のアンダーグランドの世界の奥深さをかいま見させる事件だったのです。

清の官憲の資料にはジェームス・メーソンとしかありませんが、私はこのメーソンという名前に引っ掛かるのです。そうです。政界最古で最大の秘密結社のフリー・メーソンを連想させ、ジェームス・メーソンは、またフリーメーソンのジェームスさんともとれるからです。私の推測の基となっているのが当時の上海の租界です。

話はメーソンの逮捕から約五十年前に遡ります。アヘン戦争の終結によって、上海ではイギリス租界がスタートしていますが、この租界の中心となったのがユダヤ人です。ユダヤ人は上海にユダヤ・コミュニテイを結成して、サッスーン、ジャーデンマディソン、フワイヤー、カドリーのユダヤ四大財閥が上海コミュニティを牛耳っていました。この中でも、イランのバクダッドから興ったスファラディ系ユダヤ人のデビッド・サッスーンを祖とするサッスーン財閥は、この上海で金融、不動産、交通、食品等の様々な事業に大きく網を掛けた一大コンツェルンを築き上げるのです。

サッスーン財閥の祖のデイビッド・サッスーンですが、このデイビッドは「アヘン王」と呼ばれたほどアヘンとは切っても切れない人物です。イランからイギリスの植民地であるインドへ居を移したデイビッドは、ここで大規模なアヘンの栽培を手掛け、このアヘンを中国に売り込んだのです。彼が広東に持ち込んだ膨大な量のアヘンがアヘン戦争を引き起こす原因となったのは言うまでもありません。

なんだか旧約聖書を読むようで、頭がこんがらかってしまうと思いますが、参考の為に説明しますと、アヘン王のデイビッドには、アルバート、イリアス、アーサー、ジュニアという四人の息子がいました。長男のアルバートはやがてサッスーン財閥の後継者となりますが、彼の息子のエドワードがユダヤ系最大の財閥であるロスチャイルド家と縁戚関係を結んでいます。次男のイリアスはやがて「香港キング」と呼ばれ、三男のアーサーは香港上海銀行の創立者となり、四男のジュニアの息子ジョセフが、ロシアのユダヤ財閥のグンツブルグ家と縁戚関係になっています。

アヘン王のデイビッドは、このサッスーンの四人の息子のうち次男のイリアスを香港に派遣し、一八四五年には上海の租界にもサッスーン商会の支店を開かせています。前述したようにイリアスは香港キングと呼ばれますが、このイリアスの子がエドワードで、その子が「上海キング」と呼ばれたビクター・サッスーンです。

いま上海にある和平飯店は、一九二九年にこの上海キングのビクター・サッスーンが、サッスーン財閥の上海事業の本部として建てたものです。

話の内容が、鎮江で逮捕された哥老会のイギリス人ジェームス・メーソンから大分横にそれましたが、一八九一年にメーソンが逮捕された時、上海ではもう既にこのサッスーン一族が力を持っていて、その力の根源がアヘンだったのです。そしてアヘンの販売といえば、揚子江沿岸を縄張りとする哥老会が独占していた事から、当然の事ですが、両者にはアヘンの卸元と販売元という面での深い繋がりが生まれます。ここでサッスーン家の闇の顔が出てきます。それが秘密結社フリーメーソンです。

現在、洪門系の団体にはフリーメーソンの代表的な印の一つである「コンパスと定規」のマークを使用する所が多くあります。私が所属している洪門南華山もその一つですが、これらの団体に共通しているのは、設立された場所が上海の租界であるという点です。第二章の「洪門の精神」でも述べましたが、もともと石工の連合体であったフリーメーソンは、十四世紀のローマ法王庁の迫害から逃れたユダヤ人が大量にフリーメーソンのロッジに逃げ込んだ事から、その後、急激に秘密化し、またユダヤの宗教色に染められていった秘密結社です。ですから、上海に進出したサッスーン、ジャーデンマディソン、フワイヤー、カドリーのユダヤ四大財閥が「コンパスと定規」のマークを使用したか、その理由として考えられるのが、アヘンの卸元と販売元という関係を通じて両者が兄弟団体には想像にかたくありません。そして、この時代に、何故洪門が「コンパスと定規」という裏の顔を持っていた事なったという可能性です。

フリーメーソンも洪門も共にブラザーの関係を重視する秘密結社ですので、組織の主旨としては相互に受け入れやすい面をもっています。フリーメーソンと哥老会とが兄弟団体となる事によって、フリーメーソンの「コンパスと定規」のマークを上海の周辺を縄張りとする哥老会系の団体が使用し始め、やがて上海の租界で設立された洪門の諸団体がこれを使うようになったというところではないでしょうか。このフリーメーソンと洪門との関係を深く述べていたら、アヘンに代表される経済問題から、宗教問題や政治問題、更には米国の中国移民者によって設立された洪門致公堂にまで触れなくてはなりませんので、取り敢えずこういう事にしておきたいと思います。しかし、結論として、鎮江で逮捕されたイギリス人のジェームス・メーソンとは、フリーメーソンのジェームスさんだと思うのです。

一八九二年

孫文は二十六歳で香港西医書院を卒業しますが、香港では医者として働く事が出来ませんでした。西医書院の教育課程が、イギリスの医師の資格基準に合致していなかったのが理由です。一八七七年に創立された西医書院は、一九一〇年に当時の香港総督サー・フレデリック・ルガードによって総合大学として再編され、一九一一年にイギリス政府から大学としての認可を受けていますので、可笑しな話ですが、それ以前は、ここを卒業しても、イギリス連邦内では医師として認められなかったという事でしょう。

そこで、孫文は広州で東西薬局を開きます。友人たちに薬局を開かせて、自分は表には出ずに薬の調合の方を担当したそうです。私はこれを知った時に思わず大きく頷いてしまいました。孫文には失礼ですが、笑ってしまったのです。というのは、この出来事が余りにも、孫文の革命家としての「将来の生き方」を暗示していたからです。辛亥革命は数多くの叛乱をへて成功した革命ですが、これらの叛乱で、孫文その人が実際に現場に参加したのは、一八九五年に興中会が広州で起こした最初の一回だけなのです。孫文がらみの他の蜂起については、彼が代表だった団体のメンバーが陣頭指揮をとったものでした。後に清朝政府のお尋ね者となる孫文は、当然の事として清国への入国は許されませんので、いつも蜂起の現場から遠く離れた所で指揮をとっていたのです。この事が、薬局の裏で病人の処方箋を一所懸命になって調合している孫文に何となく立場が似ていると思って大きく頷いた訳です。また薬局の裏で、孫文は薬の調合ばかりでなく、武闘革命用の爆薬の調合と実験を繰り返していたといいますから、これまた笑ってしまった訳です。

一八九四年

二十八歳になった孫文は、この年の始めに、直隷総督兼北洋大臣の李鴻章に意見書を提出する為に北上しました。この折に立ち寄ったのが上海で、ここでやがて彼の親友となり、革命の同志ともなるチャーリー宋と出会うのです。やがて孫文の岳父ともなると付け加えておいたほうが良いでしょう。

この年は、三月に朝鮮の閔妃が刺客として放った洪鐘宇に金玉均が上海で暗殺され、また同時期には、朝鮮で「東学党の乱」が発生し、七月には朝鮮を巡って日本と清との間で日清戦争が始まるといった動乱含みの一年でした。

孫文の意見書に対する李鴻章からの返事はありませんでしたが、チャーリー宋に触発されたのでしょう。しばらく上海に留まってチャーリーと革命の謀議をした孫文は、八月にハワイに渡って、孫文にとっては初めての革命組織となる「興中会」を設立し、ハワイで革命の為の募金と会員募集を行ったのです。この募集で、百二十人の華僑が興中会に参加したと言われます。

十二月になると、上海のチャーリー宋からハワイの孫文に日清戦争で清が苦戦しているニュースが伝えられました。革命の時至りと勇躍した孫文は、僅かな興中会のメンバーを引き連れてハワイを離れると、香港で楊衢雲の一派と合流しました。仁文社という天地会系の革命組織のボスである楊衢雲は福建海澄の人ですが、この東シナ海に面した福建の海澄港は昔から多くの貿易船が出入りして賑わった所で、昔から天地会の一つの拠点でもありました。

一八九五年

前年の七月に始まった日清戦争はこの年の四月には早々と終戦を迎えていますので、少し時期を失した感じは否めませんが、孫文はこの年の秋に、同郷人でまた親友の陳少白、陸皓東たちと、彼の第一回目の革命蜂起となった広州挙兵を試みます。しかしこの挙兵は内部の密告やごたごたから、事前に清朝側の知るところとなってしまい、この蜂起計画は挙兵の前に潰されてしまうのです。孫文の親友の陸皓東がこの蜂起の失敗から、清軍に捕らえられ、激しい拷問を受けて死んでいます。この陸皓東がやがて国民党の党旗となる「青天白日旗」をデザインした事は良く知られるところです。

孫文たちは決起の日取りを占い師に尋ねたといいます。彼等が決起の予定日とした旧暦九月九日は、奇数を陽の数、偶数を陰の数とする陰陽説でいうと、九は一桁の奇数としては一番大きな数ですので、九が二つ重なるこの日は、陽が既に極まり、これから陰に向かう変化の節目とみます。恐らく占い師は清の天下はここで極まると思ったのでしょうが、よく考えると、確かに清は落ちめには向かいましたが、まだまだ九から八、八から七といったように陰が極まって陽の一になるまでには時間が掛かるのです。実際に清が滅ぶのは十六年後ですが、この孫文が第一回目に挙兵した九月九日という日は、その後の孫文の長い苦労を暗示しているようで、何となく意味深いものがあるような気がしてなりません。

広州挙兵に失敗した孫文は、日本を経由してハワイから米国、そしてイギリスに向かうのですが、この挙兵を重しとみた清朝は、孫文に多額の懸賞金を懸けました。孫文はお尋ね者になったわけです。これ以降、孫文は一九一二年に臨時大統領に就任するまでの十七年間は故国に戻る事なく、海外で革命の指揮を取る事になるのです。

一八九六年

孫文が三十歳になるこの年には、「総理倫敦蒙難」と呼ばれる孫文の拉致事件がロンドンで起こっています。

日本を経由して一月にハワイに着いた孫文を待っていたのは妻の盧慕貞でした。盧慕貞は、孫文の広州挙兵によって故郷にいられなくなり、二人の子供を連れて、ハワイにいた実兄の徳彰と、孫文の兄の孫眉を頼って現地に先に着いていたのです。この妻との再会は、孫文に三番目の子供をもたらす事になりました。長女の孫琬です。この盧慕貞の兄の徳彰ですが、とても朴訥な人柄だったそうです。その後、周囲が徳彰に政界入りを勧めましたが、義弟の孫文がこれを許さず、実業界に進んだといいます。孫文は、政治という泥沼にこの真面目な義兄を引きずり込みたくなかったのでしょう。

半年ほどハワイで過ごした孫文は、ハワイを離れて米国に渡り、ニューヨークで三合会の人々とコンタクトを取りましたが、余り成果はなかったようです。

ニューヨークには安良堂と協興堂が、サンフランシスコには致公堂、協興堂、秉公堂が、またロスアンジェルスには合興堂や瑞興堂という洪門の組織があり、ハワイと同様に、北米一帯の在留中国人の七十％以上は洪門のメンバーでしたが、米国での自由な暮らしが、彼等から民族主義の精神を奪い取っていたのです。実感が無かったと言った方がいいかもしれません。

ニューヨークを後にした孫文はロンドンに向かいます。このロンドンで孫文は清の公使館に監禁されてしまいます。これが「総理倫敦蒙難」と呼ばれる事件ですが、この事件は、孫文が清国に送還される直前に、彼の香港西医書院時代の恩師であるカントリー博士の必死の尽力によって事無きを得ました。歴史に「もしも」は禁物ですが、このカントリー博士の助力が無かったら、後の国父孫文も無かった訳ですから、ここにも人と人の出会いの尊さと不思議さを感じます。また孫文は、このロンドンでの事件を『倫敦被難記』と題した英文の本を書いて、中国革命の必要性をアピールしていますが、この事が孫文の後の活動に非常にプラスになったのです。転んでもただでは起きないという諺がありますが、まさに孫文はそういった人でした。

一八九七年

ロンドンでの監禁事件の後、孫文はイギリスを後にして日本へと向かうのですが、こうした孫文の動きとは別に、時代の方も更に大きく動き始めていました。この年に、山東省でドイツ人神父二人が殺された事を切っ掛けに、ドイツが山東の膠州湾を占領するという事件が起きました。義和団の叛乱の種火が蒔かれたのです。

この頃、孫文の学友であり同志である陳少白は日本にいました。彼もまた広州挙兵でお尋ね者となって、日本に逃亡していたのです。この陳少白の肝入りで、孫文はやがて肝胆相照らす兄弟分となる宮崎滔天と出会う事になるのです。二人が初めて言葉を交わしたのは横浜の陳少白の自宅であったといいますが、この時に滔天が「君のシナ革命の意義はなんだ」と尋ねたのに対して、「僕は、人民による人民の為の政治が正しいあり方だと思っている。これが共和主義だ。この考えだけを持って、僕は革命を行っている」と孫文は返答したそうです。この孫文の最初の言葉に滔天はしびれてしまったのです。

清国のお尋ね者である孫文は、日本の次にベトナムの華僑を訪ねて革命の支援を求める意向だったらしいのですが、悪女の深情けにも以た滔天の一方的とも言える友情を全身に浴びて、暫く日本に腰を落ち着ける事になりました。利害と打算が渦巻き、陰謀と計略が激しく交叉する革命政治の世界にあって、ただ一筋に義と情けに生きた滔天という男の思いが、広州挙兵の失敗で同志を失い、また追われる身であった孫文の荒涼とした心に、何か春風のような暖かいものを吹き込んだのではないでしょうか。無一文だった孫文の生活費は、滔天の奔走によって、その頃、炭鉱の経営で一山当てていた玄洋社の平岡浩太郎が面倒をみる事になり、この年に孫文は滔天の故郷である熊本の荒尾村にも二週間ばかり滞在していますが、孫文にとっては良い心の静養になったと思います。

一八九八年

孫文が三十二歳のこの年に、ドイツが山東の膠州湾を租借し、イギリスが香港の九龍と威海衛を租借し、ロシアが旅順を租借しています。列強諸国による中国の侵略はますます加速していったのです。

一八九九年

山東で義和団が蜂起しました。

この年、孫文と陳少白は日本の興中会の支部である横浜華僑の馬鏡如、馮紫珊等を訪ねています。この時、孫文の希望で横浜に華僑学校の「中西学校」が設立されています。教師に陳少白は梁啓超を推薦しますが、上海にいた梁啓超が来日出来なかった事から、保皇派の康有為の弟子の徐勤應が招聘され、学校の名前も「大同学校」と改称されています。

またこの年には、香港において哥老会、三合会、興中会の統一組織として「興漢会」が設立されます。哥老会からは大親分の李伝彪等の七人が、三合会からは鄭士良等三人が、興中会からは陳少白、史堅如の二人が出席して秘密会談を持ち、総会長に孫文が選出されました。この興漢会の設立によって、今まで三合会が中心だった孫文の革命運動に揚子江領域に根を張る哥老会という巨大組織が参加したのです。

この興漢会の設立を、日本人として助力したのが平山周です。宮崎滔天の同志といった方が判りやすいかもしれません。平山は福岡県の出身で、麻布の東洋英和学校で学んだ後に、宮崎滔天と出会って中国革命に開眼したのです。一八九七年に、平山は犬養毅の斡旋によって、外務省の嘱託として清国に渡っています。

名目は中国の秘密結社の調査です。この頃になると、日本政府も中国の動乱と秘密結社との不可分の関係に目を向け始めたのです。後に平山のこの調査結果を纏めた『支那革命党及秘密結社』の一冊が上梓されますが、平山は、当時の日本で中国の秘密結社を最も理解した人だったといえます。一八九七年の宮崎との出会いによって、孫文が暫く日本に留まった事は既に述べましたが、外務省に提出された孫文のこの時の滞在は、この平山の語学教師の名目で申請されたのです。やがて熱血漢の平山は一九〇五年の孫文の中国同盟会結成にも参加する事になります。

平山を外務省に斡旋した犬養毅は備中国賀陽郡の生まれといいますから、今でいう岡山県岡山市の出身です。この人の号が「木堂」で、本人もこの号を好んだ為、犬養木堂と呼んだ方が良いでしょう。犬養木堂といえば、まず思い浮かぶのが、一九三二年の五月十五日に起こった五・一五事件で、海軍の急進派の青年将校に射殺された内閣総理大臣だったという事でしょう。この時に犬養木堂が叫んだ「話せば判る」という文句は余りにも有名です。犬養木堂が生まれたのが一八五五年ですから、この五・一五事件のときは七十七歳だったわけです。孫文と犬養木堂との出会いはこの五・一五事件から三十五年も昔に遡ります。前述した孫文が初めて宮崎滔天と会った年に、孫文は滔天から犬養木堂と頭山満を紹介されています。この時、三十七歳の木堂でしたが、既に大隈重信が結成した立憲改進党の気鋭の衆議院議員として国政に深く関わっていました。犬養木堂と頭山満の人物を語るうえでキーポイントとなるエピソードがあります。それは日本の明治の政界で隠然たる力を持っていた山県有朋が「朝野の政治家で、俺の所を訪れないのは頭山満と犬養木堂だけだ」と語った一言です。北九州の玄洋社の頭山満は政治家というよりも、当時の右翼の巨頭と呼んだ方が良いでしょう。犬養木堂も頭山満も、決して権力に媚びる事なく、アジアの民族という壮大な視点から日本を見詰める事の出来た人で、またこの二人とも孫文が掲げた中国革命の旗を全力で応援したのです。当時の日本は清と国交がありましたから、広州挙兵で、今でいう国際指名手配となった孫文が日本に腰を落ち着ける事が出来たのは、先程のエピソードでも判るように、権力何するものぞの信念を持った犬養木堂や頭山満といった人々の支援の賜物でした。この支援を、無私無欲の志を持つ男達の友情と呼んでも良いでしょう。後の辛亥革命の有形無形の牽引力となった日中勢力の最初の出会いは、孫文三十一歳、滔天二十六歳、平山周二十七歳、木堂三十七歳、頭山満三十七歳という若々しいものだったのです。因みに木堂は一九〇〇年に開校された神戸中華同文学校の名誉校長を務めていますが、これが孫文との友情から出たものである事は言うまでもありません。

一九〇〇年

この年の六月には、昨年蜂起した義和団が北京に入城しています。この北の義和団の変に乗じて、孫文の興中会は、鄭士良を中心に広東の恵州で蜂起しました。この蜂起には無理があった事から行動の半ばで中止となるのですが、これを伝える為に現地に入った滔天の盟友の山田良政が戦死していま す。この山田の死は辛亥革命における日本人の初めての戦死として知られています。

また湖南では哥老会の唐才常や馬福益が蜂起しますが、失敗しています。馬福益は逃げ延びますが、両湖書院で学んだ知勇兼備の唐才常の方はこの蜂起で討ち死にしています。僅か三十三歳でした。因みに両湖書院は清の高官でありながら、清の民主化に理解を示した張之洞が開いた学社です。

こうした動乱のなか、孫文はハワイへ向かい、三合会系の致公堂に接近し、この線からアメリカの致公堂でも同志を集めましたが、この時にサンフランシスコで致公堂の大ボスである黄三徳と知り合います。致公堂は、一八四八年頃にアメリカのカリフォルニアで起きたゴールドラッシュや、一八六二年からスタートしてユニオン・パシフィック鉄道とセントラル・パシフィック鉄道の大陸横断鉄道の敷設に、大量の中国人が投入された事から、自然発生的に生まれた三合会系の組織です。

一九〇二年

孫文が三十六歳のこの年に、三合会の李杞堂が、洪秀全の三番目の弟といわれる洪全福を担いで蜂起しましたが、事前に逮捕されました。因みに、この年に作家の魯迅が日本に留学していますが、やがてこの魯迅も中国革命に熱く燃え上がる事になります。

一九〇三年

この年の春、孫文はベトナムのサイゴンを訪問し、胞懐堂、華勝堂、群義堂等の三合会系の組織と会議を持ち、彼等ベトナム華僑の支援を取付けています。

孫文が革命の資金募集の為に東南アジア一帯に広がる華僑社会を駆け巡ったのは有名な話ですが、このベトナムに足を運ぶ頻度は高かったのです。当時、ベトナムを植民地とするフランス当局は、上海で売買されるアヘン取引に関与していましたから、この売買を禁止する清朝政府に対して叛乱を繰り返す革命団体に対しては左程悪い感じを持っていなかったのです。また哥老会がアヘンの商売相手という面もあったかと思います。孫文はこうしたフランス当局の感情を逆手にとって、武装団を作り、ソンコイ河の上流から雲南に兵を進める事を考え、小規模ながらも軍事行動を起こしています。しかし、やがて清朝からフランス政府への抗議が強くなった為、孫文は暫くベトナムを去るのです。

一九〇四年

この年の一月十一日　孫文はホノルルの致公堂に正式に加入して「紅棍」の位を与えられています。洪門の天地会系、三合会系、哥老会系ではそれぞれ組織の制度に違いがありますが、孫文が加入した三合会系では、日本の任侠組織で謂うところの組長を「大元帥」や「香長」と呼び、次に若頭にあたる「紅棍」、この下に軍師役である「白扇」が置かれ、次に戦闘隊長に当たる「先鋒」、その下が「草履」といった五階位に分れているのが普通です。現在の哥老会系の洪門が三十六・半というかなり複雑な階位に分れているのは、前述したフリーメーソンが三十六の階位を持っている事から取り入れられたものでしょう。

この年の三月に、孫文はホノルルからサンフランシスコに到着しますが、同地の移民局から十七日間も足止めを喰った為、前述したサンフランシスコ致公堂の大親分の黄三徳が保釈金五千ドルを支払って身元引受人になり、身柄を貰い受けています。当時の致公堂は、サンフランシスコを本部にして、ニューヨーク、ボストン、シカゴ、フィラデルフィア、シアトル等に百数十の支部を持っていました。この頃になると革命家としての孫文の評判は随分と高くなっていて、致公堂は孫文が提唱する「駆逐韃虜、恢復中華、創立民国、平均地権」を組織の新章に入れたのです。韃虜とは満洲人の捕虜という意味で、これを駆逐して、中華を回復し、民族の国家を創立して、また平均地権とは土地の平等所有の事ですから、貧富の無い国家を作ろうといった孫文の思想を表しており、やがてこの思想を土台として彼の三民主義が生まれるのです。洪門のスローガンであった反清復明も、この時代に、孫文によってスローガンが改められたのです。

日露戦争が始まったこの年に、黄興が馬福益と共に三合会、哥老会の連合体「華興会」を作り、広西の陸亜発等と呼応して湖南で蜂起しています。この蜂起で、哥老会の馬福益は清の官兵に斬られて死んでいますが、黄興の方は逃げ延びています。黄興は湖南長沙の出身で、青年期に前述した張之洞の両湖書院に学び、一八九九年の唐常才の叛乱では同志を募りましたが、この叛乱が失敗した事から、日本に逃げていました。この黄興はこれより孫文と共に革命運動に邁進して、後に革命軍の大元帥や臨時政府の陸軍総長に就任するのですが、辛亥革命の五年後に四十二歳で病死しています。

黄興は宮崎滔天とも仲が良く、彼は滔天と一緒に鹿児島の西郷隆盛の墓を訪れた時、「八千子弟甘同塚、世事唯争一局棋、悔鋳当年九州錯、勤王師不撲王師」という漢詩を詠んでいます。日本の明治維新は、語るまでも無く西郷たち勤皇の志士によって成し遂げられた勤皇革命です。また維新政府の軍隊は西郷によって創建されたと言っても良いでしょう。この漢詩からは、西郷隆盛が八千の弟子とともに、西南の役で政府軍に敗れた事に対して、「西郷さん、そんな事は一局の将棋や碁のようなものだよ」という黄興の西郷に対する慰めの気持が伝わってきます。やがて、黄興はこの西郷隆盛と同じような失意の道を歩く事になるのですが、この時、黄興はその事に気付いていたのでしょうか。

一九〇五年

この年に日露戦争が終わっています。孫文は東京に入り、前述の黄興たちと赤坂の坂本金弥の自宅で中国革命同盟会を設立しました。孫文を総理に、黄興を副総理とした同盟会には約三百名もの中国人留学生が加盟したそうです。勿論「駆逐韃虜、恢復中華、創立民国、平均地権」が会の主旨です。この同盟会の設立は、今までそれぞれ勝手に打倒清朝の道を模索していた諸団体が統一されたという意味では実に画期的な出来事でした。

参考の為に、日本で一八九七年からこの一九〇五年の間に結成された団体を拾ってみましょう。これらの多くが同盟会に一本化されたのです。

興漢会（横浜／孫文）、勵志会（東京／戢翼翬）、広東独立教会（東京／馮自由）、興亜会（東京／戢翼翬）、中国亡国二百四十二年記念会（東京／章炳鱗）、青年会（東京／葉攔）、拒俄義勇隊（東京／鈕永健）、共愛会（東京／林宗素）、軍国民教会（東京／董鴻禕）、光華会（東京／葛謙）、湘南学会（東京／宗教仁）、新華会（東京／仇鰲）、革命同志会（東京／黄興）、十人会（東京／秋瑾）、実行共愛会（東京／秋瑾）、女子雄弁会（東京／秋瑾）、太湖南北同盟（東京／留日学生）

また同盟会の設立に伴って、孫文が創刊の辞を述べ、汪兆銘、陳天華、胡漢民等を執筆陣とした同盟会の機関紙「民報」の第一号が刊行されています。

またこの年の秋に、孫文はベトナムを再度訪問していますが、この時にはベトナムの三合会から一万二千元の義捐金を得ています。孫文の革命への情熱が徐々に東南アジアの華僑たちに熱を持たせてきたのです。

一九〇六年

四十歳になった孫文は、黄興、章丙麟等の同盟会の幹部に革命の直接行動を指示し、青天白日旗を革命の軍旗とする事が決定されました。またこの年には、第二次湖南事件として知られる哥老会の一派の洪江会が仕掛け人となった江西萍郷炭鉱の鉱夫の暴動が起きています。

一九〇七年

この年には、同盟会による大きな蜂起が四回、光復会が一回の叛乱を起こしています。日付順に追ってみましょう。
五月二十二日　同盟会による広東の黄花での蜂起
六月二日　同盟会による広東省恵州の七女湖での蜂起
七月六日　徐錫麟、蔡元培、秋瑾の浙江・江蘇省出身者を中心にした光復会による安徽省安慶での蜂起
九月十二日　同盟会による広東省の欽州・廉州での蜂起
十二月二日　同盟会による広西省の鎮南関での蜂起
同盟会は辛亥革命に向かって激しく動き始めたのです。
また光復会の蜂起では、女性革命家の秋瑾が捕らえられて処刑されています。秋瑾は日本の実践女子大に留学していますが、この時、横浜で三合会に入会して、軍師役の白扇の位を与えられています。鞘を抜き払った短刀を握った当時の写真等を見ると、大変に美人に見えますが、一度結婚した事のあるこの女性は、亭主と二人の子供を打ち捨てて、革命一筋に生きる事を決意した人でした。彼女が、名前を男名前の「競雄」と改め、号を鑑湖女侠としたのも、この決意の現れだったのかもしれません。また秋瑾は酒に酔うと、愛好の日本刀で剣舞を舞い詩吟を唸るといった男勝りでしたが、前述した光復会の蜂起で清の官兵に捕らわれた時、秋瑾には短刀を抜く閑さえ無かったと言います。さぞや無念だった事でしょう。

一九〇八年
孫文四十二歳のこの年の四月二十九日、同盟会による雲南河口での蜂起がありました。また夏には、

孫文はシンガポールを訪問して、同盟会の支部を設立すると共に、現地の潮州幇の首領である鄭智勇たちから義捐金を得ています。また孫文は、当時、華僑人口が十二万のカンボジアに、同盟会の王群を派遣して、現地の三点会を中心とした同盟会の支部を設立しています。

因みにこの時代の華僑は、東南アジアが約五百万人と最も多く、米国が約四十万人、オーストラリアが二十万人、極東の日本と韓国の地域が最も少なく約三万人程度でした。また洪門の系列的には、天地会系はフィリッピン、マレーシア、シンガポールを中心に勢力を持っていましたが、名称としては海山、福興、福勝、福徳、福明、義福等出身地である福建の「福」の付く組織が多く存在しました。また三合会系は、東南アジア全域に広がっており、名前には義福、義信、義興、義保、聯義等の「義」の付く組織が多くみられます。またフィリッピンでは天地会系の洪門進歩党が最も大きく、続いて、三合会系の致公堂、天地会系の洪門秉公社、洪門竹林協議総団、洪門協和競業社等の天地会系がメインの団体が多く、この五団体は「フィリッピン洪門五房」と呼ばれました。

一九一〇年

孫文はこの年に、マライのペナン半島で同盟会の会議を開き、黄興、趙多、胡漢民等が参加しています。またこの年から、中国教育義捐金の名目で南洋華僑から資金調達も軌道に乗り始めました。

この年の二月十二日に同盟会の黄興たちが広東の新軍を中心に蜂起しています。三月に孫文は米国に向かい、同志や援助を募る演説をしますが、この年の正月の広州新軍の蜂起が知れ渡っていた事から、会場には千人もの人々が詰め掛けたそうです。またサンフランシスコに同盟会の支部が結成され、またカナダの華僑は元々孫文とは対立関係にある康有為の保皇会に近い洪順堂が力を持っていましたが、ここにも同盟会の支部が出来たのです。時代の風は孫文に吹き始めていたのです。

一九一一年

この年の春、まず黄興が百六十人の同志を率いて広東の黄花岡で再度挙兵しますが、後に黄花岡七十二烈士といわれる、七十二人の戦死者を出しています。

秋に恵州でも蜂起がありました。春の黄花岡事件は広東の人々に大きな衝撃を与え、この復讐戦の意味も込めて、三合会の「陳炯明」が中心となったこの叛乱は、多くの人数を得たのです。まず客家の塩商人である鄧鏗が客家を中心とする秘密結社社員を集めて蜂起し、陳炯明の反乱軍に加わりました。三合会の首領である梁九喜も石竜で蜂起し、また香港からは同盟会の義勇軍百人が援軍として乗り込みました。この援軍にはホテルのボーイやポーターが三十人も混じっていたと言います。三合会の陳亜湘の流れをくむ白扇教の連中も参陣しています。更に三合会の王和順や関仁甫の集団も参加しました。広西の貧しい農民の出身である王和順は数々の叛乱に参加して強力な三合会の武闘派を組織しており、一九〇六年にサイゴンで孫文と出会って共鳴し、その後に同盟会に入っていたのです。

また蛇足となりますが、恵州蜂起の陳炯明は辛亥革命の後に孫文と対立するようになり、やがて米国に拠点を移して、前述した米国の致公堂が「致公党」に名前を変えた時の初代の党首となっています。

そして、この年の十月十日に辛亥革命の幕開けとなった武昌蜂起が起きるのです。武昌で蜂起した革命軍は、僅か一日のうちに 武昌全域を占領、ここに黎元洪を首班とする湖北革命軍政府を樹立したのです。黎元洪は湖北省黄陂の人で、天津の北洋水師学堂を卒業し、後に張之洞のもとで砲兵の練兵に当たり、新軍の編成に参与していますが、この辛亥革命の年には湖北新軍の旅団長を務めていました。この時に、辛亥革命に遭遇して、周囲に推されて湖北軍政府を掌握したのです。翌年、南京臨時政府が成立すると臨時大統領の孫文の下で臨時副総統に就任しています。この武昌蜂起が起きた時、孫文は米国のコロラド州デンバーにいました。アメリカ各地の洪門団体から革命資金を集める為の旅の途中だったのです。

一九〇六年から一九一一年までの六年間に起きた叛乱は都合二十四回で、そのうちの二十一回が孫文の同盟会による蜂起です。一番多く起きたのが一九〇七年の十回で、ほぼ全体の半数を占めています。洪門の人・孫文が辛亥革命のチャンピオンと言われる所以です。

一九一二年

この年が中華民国元年です。米国からイギリス経由で中国に戻った孫文は、南京で中華民国臨時大統領に就任しました。

清の宣統帝も退位して三百年続いた清朝は遂に滅びたのです。孫文によって洪門の目的である駆逐韃虜、恢復中華、創立民国のスローガンが遂に達せられた辛亥革命でしたが、その前途の雲行きは怪しく、暗雲棚引く中に稲光が走り、激しい雷鳴が轟くものでした。孫文は僅か一ヶ月で臨時大統領を辞任したのです。李鴻章の北洋軍をしっかりと受け継ぎ、諸外国からストロングマンと呼ばれた袁世凱の圧力でした。

因みに、僅か一ヶ月しか続かなかったこの中華民国臨時政府の閣僚には同盟会から、陸軍総長の黄興、外交総長の王寵恵、教育総長の蔡元培の三人が入閣しています。黄興については既に何度か述べましたが、王寵恵は広東の人で、日本、米国、イギリス、フランス、ドイツの五ヶ国に留学した国際法のプロで、後にハーグ国際司法裁判所の判事や国際連合創立時の中華民国代表や、戦前の国共内戦時には司法院長も務めるといった中華民国法曹界の大御所となっています。

蔡元培は浙江の人で、後に北京大学の学長となった事で知られていますが、また一九〇四年に上海で設立された光復会の創立者の一人でもありました。前述した女性革命家の秋瑾はこの光復会のメンバーで、一九〇七年の光復会の蜂起の失敗で清朝に処刑されたのです。この蔡元培で思い出すのが、彼が北京大学の学長の時に唱えた「兼容並抱」のスローガンです。兼容並抱とは、物事を全て包み込むといった意味ですが、この方針どおりに、蔡元培は大学の教授の起用にも清朝の遺臣を起用したり、学術方面においても分け隔てする事無く、自由な競い合いを奨励したのです。

この一九一二年を境にして、強大な武力を背景とする軍閥の時代が始まり、中国の秘密結社も、洪門の時代から青幇の時代に入ります。青幇は洪門とは同根と言えない事もありませんが、咲いた花は全く違いますので、この「洪門の歴史」もそろそろ幕を閉じたいと思います。

しかし、興味のある方もおられると思いますので、青幇については、本章の最後で少しだけ説明を加えてみる事にします。

その前に、洪門人孫文が没するまでの足取りを一気に追ってみましょう。

一九一二年、孫文、一ヶ月で臨時大統領を辞任。袁世凱が臨時大統領に就任。孫文、鉄道督弁（鉄道相）に就任。一九一三年、第二革命が起こり、袁世凱が大統領に就任。孫文、日本に亡命。一九一四年、第一次世界大戦勃発。孫文、日本で中華革命党を結成。陳其美が総務部長に就任。一九一七年、孫文、広東に軍政府を樹立、大元帥に就任。一九一八年、孫文、大元帥を辞任。毛沢東、長沙で新民学会を設立。一九一九年、孫文、中華革命党を中国国民党に改組。一九二一年、広東国会で中華民国政府の組織大綱決定。孫文が総統に就任。上海で中国共産党の第一回全国大会が開催。一九二四年、国民党第一回全国代表大会開催、第一次国共合作、黄埔軍官学校設立、校長に蔣介石を任命。孫文、北伐を発表 孫文、神戸で「大亜細亜主義」を発表。一九二五年、孫文五十七歳、北京で没する。

上記の中華革命党結成の時の総務部長の陳其美が青幇の人間です。陳其美は、当時の上海の青幇の大親分「杜月笙」の子分でした。上海の麻薬王の杜月笙といった方がピンと来るかもしれません。

また孫文が死の一年前に神戸で発表した大亜細亜主義は日本に向けられたものですが、その中で「日本は中国を侵略する欧米列強の尻尾にくっついて中国などの弱小アジア諸国を侵略の対象とするのか、それとも弱小アジアの味方になるのか、王道をとるのか覇道をとるのか？」という鋭い質問を投げ掛けています。

翌年、孫文は北京で病に倒れ、三月十二日には帰らぬ人となりました。死因は肝臓ガンです。死病の床に就いた孫文の最後の言葉が「革命尚未成功、同志仍須努力（革命は尚未だ成功せず。同志よ、引き続き努力せよ）」だったそうです。

第一章の「洪門の誕生」で述べたように、私の仮説では、洪門の誕生は天地会が創建されたとされる清の康熙三十二年です。ですから、この天地会創立の年から辛亥革命の年までには百四十四年もの時間が流れています。この間、今まで述べてきたような実に様々な歴史的な出来事がありましたが、反清復明という天地会の悲願を、辛亥革命という大輪の花として咲かせたのが、この孫文だと考えても良いと思っています。

青幇について

もともと四川を発祥地とする哥老会は、揚子江沿岸を網羅する塩とアヘンの密売組織をゆったりとした連合に纏めていました。この密売組織の表看板は、昔から南の江南の米や物資を北方へと運ぶ水運業者です。しかし、実際には、帰り舟で北方で採れる御禁制品の岩塩を南に運んだりしていました。また時には揚子江を溯って関羽の故郷である山西の塩水湖「解池」で採れる塩を南方へと運びもした事でしょう。そしてイギリスの手によってアヘンが中国に持ち込まれた後には、この御禁制品も、彼等の水上流通のネットワークを通じて中国全域に運ばれ販売されていたのです。

別名「長江」とも呼ばれる揚子江は全長六千三百キロもある中国最長の河川です。四川はこの川上に位置して、上海はこの川下となります。揚子江沿岸と一口に言っても、東西に長く延びた日本の北の果ての北海道から南の果ての沖縄までの長さが約三千キロですから、この二倍以上の長さがある訳です。

連合体であった哥老会は、前述したように太平天国側の敗残兵と、鎮圧側の湘軍の解散兵の双方を吸収して一挙に巨大化します。巨大化する事はいいのですが、これを維持する為には、厳しい掟が必要となりました。組織が大きくなると政府から目を付けられる為、哥老会はいつまでも船の手配や水夫を束ねる「船牙行」や、荷積みや荷下ろしをする「牙行」を中心としたゆったりとした連合体ではいられなくなったのです。組織の箍を締め直す必要に迫られたといっても良いでしょう。現代でもそうですが、運送運輸業というのは政府の干渉や許認可のうるさい分野ですので、まず組織の名称を「安清幇」と改めました。安清幇とは、清を安ずる団体という意味ですから、まず親政府の看板を掲げたという事になります。この略称が清幇で、清門とも呼ばれましたが、やがて反清の姿勢を示すために清の字から氵偏を抜いて「青幇」と称しました。

ここで前述した全長六千三百キロの揚子江の話に戻ります。すこし複雑になりますが、青幇が勢力下に置いたのはあくまで揚子江の東側、揚子江の河川で言うならば、上海から武漢当たりまでだという事です。それ以西は引き続き哥老会の縄張りだと思って下さい。しかし、秘密結社を「ここからここまでが誰のシマで、あそこからは誰の縄張りだ」といったように明確に区別するのは難しい為、ここで「鏢局」、「票號」、「武館」という組織について話してみる事にします。

中国の大動脈は北の黄河、中部の揚子江、南部の珠江です。しかし、広大な中国で、こうした河川の大動脈や支脈だけで人や物資の運送が出来る訳はありません。当然に陸上の運送が必要となりますが、昔の中国には、こうして運ばれる人や物資を狙う盗賊も目茶苦茶に多い訳ですから、運送する側はどうしても用心棒を大量に雇う事になります。また用心棒が途中で心変わりして盗賊になっても困りますから、これに保障を付ける必要もありますし、長距離を護送する場合には途中で用心棒を交換しなくてはならなくなる為、この連絡や休憩や交換を行ってくれて、更に用心棒に保障を付けてくれる組織や拠点が必要となる訳です。これが「鏢局」です。そして運搬される物資は売買されたものですから、この売買の支払いを保障してくれる組織も必要となります。今なら現金の銀行振り込みという手もありますが、当時はそんな便利なものはありませんので、今の小切手や手形に当たる通票によって支払いをするのですが、この通票を保障してくれる組織も必要となります。これが「票號」です。また物資の運送には必ず用心棒が必要で、運ばれる物資も膨大ですから、鏢局が必要とする用心棒の数も膨大なものとなります。また大量の現金を取扱う票號の方も当然として用心棒を必要とします。

こうした用心棒をサプライするのが「武館」なのです。つまり鏢局、票號、武館が三位一体の組織とならないと当時の流通は動かなかった訳です。こうした組織を政府が守ってくれればそれにこした事はないのですが、やはり手が届かないので、これを民間の組織にも頼る事になります。広域にわたる組織力があって武力を持つ民間組織と言えば、この時代では天地会、三合会、哥老会がその筆頭でした。特に揚子江流域は哥老会の縄張りでしたから、哥老会の組織がこれを受け持つ事にならざるを得ません。

こうした事を背景にして、青幇と哥老会との関係を考えますと、揚子江のこうした流通経済の水上流通に特化していたのが青幇で、陸上流通に特化していたのが哥老会だと言えるかもしれません。しかし、幾度も述べるように、この渾然一体となった両者を明確に区別する事は困難な面がどうしても付きまといます。この霧がかかった所が、秘密結社の特性の一つとも言えますが、一般的には哥老会の方を「紅幇」、安清幇の方を「青幇」と呼んで区別しています。私は名称だけでなく、清末に政治的な動きをしたものを哥老会とし、経済的な動きをしたもの、特にアヘンの密売に特化したものを青幇として分けたいと思います。

中国の秘密結社には「紅花青葉白蓮藕、三教本是同根生」という諺があります。紅花とは洪門の哥老会を示し、青葉とは青幇を示し、白蓮藕の「藕」は蓮根を示します。つまり、哥老会と青幇とは同じ白蓮の蓮根、つまり白蓮教から生まれたという意味です。秘密結社の根っこを見定める事は不可視な泥沼の底を見詰めるようなものですから、これは至難の業です。しかし、この諺などが不可視な泥沼の根本を暗示していると思います。

水上経済を主体とした青幇は、巨大化した集団を維持する為に必要となる精神的な支柱を「羅教」

に求めました。青幇は身内意識が特別に強く、彼等は身内の事を、中国語で家族を意味する「家裏人」と呼びます。これが同じ発音の「家理人」となって、これから羅教は「理教」とも「在理教」とも呼ばれ、また羅教の集会所を「斎堂」といった事から「斎教」とも呼ばれました。現在の青幇では、羅教は「家理教」と呼ばれています。この羅教を白蓮教の水脈上に咲いた花の一つであるという学者もいます。

羅教は、明の正徳年間に羅祖が開いたといわれる禅宗臨済宗系の宗派で、無為解脱を説いた事から別名「無為教」とも呼ばれます。この羅教は青幇の縄張りである江蘇、江西、浙江、安徽といった江南地方を中心に広まりました、この地方は前述したように太平天国に呼応して哥老会系の少刀会や捻軍が暴れた場所でもありました。安青幇は羅教を精神的な紐帯として求めたのです。

天地会に福建少林寺の伝説があるように、青幇にも翁氏、銭氏、潘氏の三祖師の伝説があります。伝説では、翁氏、銭氏、潘氏ともに明が滅びた明末から清初に掛けての人で、翁氏が江蘇の人、銭氏が河南の人、潘氏が浙江の人だと言われています。翁氏は、明が滅びた後は河南嵩山少林寺の僧について拳法を学んだそうです。また河南開封の人である銭氏は、拳法の方も達者だったそうですが、彼は義侠心が特に篤かった事から、戦国四君の一人「孟嘗」に因んで「小孟嘗」とも称されたそうです。まず反清復明の志に燃えるこの二人が天地会に入り、その後に二人と潘氏との出会いがあって、三人は意気投合し、潘氏も天地会に入ったと言われています。

やがて三人は、道元禅師が伝道の為に杭州を訪れた時に、道元禅師の説法を聞いて弟子となり、道元禅師より徳慧（翁祖）、徳正（銭祖）、徳林（潘祖）の道号を与えられました。因にこの道元禅師は、日本で曹洞宗を開いた道元とは別人です。修行を終えた三人は、この時期に清の圧政によって水運業者が苦しんでいた事から、表面は清朝に従いながら、水運業者の救済を目指して、これを天地会の反清復明の母体とする事を決めました。河南開封の銭祖の家で天地会の頭目を集めてこの案を諮ったところ、頭目たちはみなこの案に賛同したとの事です。翁氏、銭氏、潘氏は清朝の目を欺く為に組織の名前を安清幇と定め、達磨大師を始祖、碧峰禅師を祖師、羅靖禅師を二代目祖師、道元禅師を三代目祖師とした羅教を隠れ蓑として反清復明の地下活動に乗り出したそうです。これが青幇の伝説です。

青幇の特徴は、その厳しい師弟制度にあります。天地会の方は、兄弟姉妹の横の繋がりで広がっていくのですが、青幇の方はあくまでも師弟といった縦の繋がりです。

青幇の師弟の上下関係は、第一章「洪門の誕生」で述べた顧炎武が作ったと言われる漢詩で明確に定められています。現在の青幇の最長老は前二十三代の「悟字輩」です。悟の文字の世代といった意味です。この先代の「通文輩」となるともう存命していないのではないでしょうか。この「悟字輩」で一世を風靡したのが前述した上海の青幇の大親分「杜月笙」と中華民国の総統「蔣介石」がいます。えーっ、そんな昔の人が今でもいるのと思われるでしょうが、それがこの青幇の師弟制度の特徴なのです。

たとえば、ある人が九十歳まで長生きした二十二代の「通文輩」として、この人が三十歳の時にとった二十歳の弟子も二十三代の「悟字輩」ならば、またこの人が死ぬ間際の九十歳でとった二十歳の弟子も「悟字輩」となるのです。ですから極端な話ですが、この場合には八十歳の「悟字輩」と二十歳の「悟字輩」が同格という事になってしまうのです。こうした事が重なってくると組織の序列そのものが目茶苦茶になってしまいますので、最近では余り年齢が離れた師弟関係は結ばないようです。また実際に見ていますと、現在の青幇では余りこうした序列に拘らず、やはり歳の若い方が年長者を立てているようです。
青幇のこうした師弟関係は不動とされていますが、近代で一人だけこの師弟の序列を繰り上げたとされる人がいます。中華民国総統の蔣介石がそうです。蔣介石の師は上海租界のボス中のボスだった二十二代の「黄金栄」ですが、総統になった蔣介石は自分の代をこの黄金栄と同じ二十二代に繰り上げてしまったと言われています。総統となった身には青幇の厳しい序列が疎ましく感じられたのかもしれません。何れにしても、中華民国の総統として最高実力者となった蔣介石ならばこそ出来た事なのでしょう。
今の世代で最も多いのが二十四代の「学字輩」ですが、青幇では次世代の二十四代である「続二十四代」も、そのまた次の二十四代である「後二十四代」の序列も以下のように明確に定められているのです。一代が三十年として学字輩から数えても最後の「流字輩」までいくのは千四百四十年も先です。実に視野の長い中国の秘密結社だといえます。
前述した顧炎武の詩とは以下のようなものです。
前二十四代
清静道徳、文成仏法、能仁智慧、本来自性、元明興理、大通悟学
後二十四代
萬象皈依、戒律傅寶、化度心回、臨持廣泰、普門開放、光照乾坤
続二十四代
緒結崑計、山芮克勤、宣革轉忱、慶兆報魁、宜執應存、挽香同流
言い伝えによると、青幇の組織は、揚子江流域に点在する百二十九の船着場を百二十九の単位に分

けたものだそうです。この船着場の事を中国語では「碼頭」と言いますが、つまり青幇には揚子江全域に百二十九の支部があった訳です。これらの支部は船着場の名前で呼ばれました。例えば、河南省の南端から揚子江に流れ込む全長千百キロの淮水を統括するのは江淮幇と呼ばれ、これは江淮衛から江淮九までの九支部に分かれるといった具合です。因みに現在まで残っているのは江淮四（山東）、興武四（江蘇）、興武六（浙江）、嘉海衛（河北）、杭三幇（山東）、嘉白幇（山東）の六幇だけです。

清幇には「三幇九代」や「一個好漢三個幇、一根籬笆三個椿」という言葉があります。一人の好漢は三つの幇を開ける、一つの根っ子から垣根を伝わった椿は花を三つ咲かせるという意味です。

また洪門、青幇、紅幇を問わず、中国の秘密結社には昔から「清轉洪、鯉魚變龍、洪轉清、剥皮抽筋」という言葉があります。これは「青幇から洪門に移れば鯉が龍になるが、逆に洪門から青幇に移ると皮を剥がれて筋も抜かれてしまう」という意味です。兄弟姉妹といった関係のなかで、自由に自分の能力を発揮出来る洪門と、厳しい師弟関係に縛られる青幇との違いを示していて、なかなか薀蓄のある言葉ではないでしょうか。ですから、青幇の人間が洪門に入る事はＯＫですが、逆に洪門の人間が青幇に入ることは厳しく禁じられているのです。

第四章　洪門の儀式と組織

洪門の符牒

洪門の儀式や組織の内容については、昔から外部に決して公表してはならないというのが鉄のルールでした。洪門は、これを破ったメンバーに対して厳しい処罰で臨んだのです。清朝から危険視され、激しい迫害の対象とされた洪門が最も怖れたのは、内部の裏切り者による密告でした。ですから、組織の刑法とも謂うべき「二十一則」、「十禁」、「十刑」が特に厳しく定められたのです。洪門ではこうしたルールを「家法」と呼びました。日本でいうところの一家の掟です。

外部に組織の内容を漏らした者に対する刑罰を拾ってみます。

二十一則の第六側

「洪門の儀式や会員証の内容を外部に漏らした者は、両耳を削ぎ、百八の棒叩きの刑に処する」

十禁の第五禁

「洪門に入門の後、会の内容を外部に漏らした者は、これを犯罪と見做して極刑に処する」

十刑

「洪門の機密を漏洩した者を百八の棒叩きの刑に処する」

この十禁にある極刑ですが、洪門の家法には、極刑、重刑、軽刑、降刑、黜刑の五つの刑があり、このうち極刑が最も重たく、刀で斬り殺される死罪となります。また参考の為に述べておきますと、重罪は生き埋め、もしくは水死で、これも死罪です。水死は、昔の日本のヤクザがやったような罪人を莫蓙に包んで川に投げ込むという処罰を想像したら良いでしょう。軽罪は棒叩きの刑ですが、この棒は長さが「三尺三寸」と決められていました。今のメートルに換算すると約一・三メートルぐらいになりますが、太さもかなりあって、この野球のバットのような棒で百八回も思い切りやられたら死んでしまうでしょう。しかし、この軽罪になると、お互いに兄弟同士という事もあって、かなり手心が加えられたようです。降刑は字のとおりにポジションの降格ですが、首に罪状を記した鉄牌をぶら下げさせるというやり方も行われました。罪の最も軽い黜刑ですが、これは、所属していた堂から追放される事で、日本でいう「所払い」と思ったら良いでしょう。しかし一定の期間が過ぎれば「おい、もうそろそろ戻って来いよ」となったようです。

こうしたように、洪門は組織の内容が外に漏れる事に細心の注意を払ったのです。となると、こうして洪門の内情を書いている私自身も、本来であれば洪門の家法で厳しく処断されるところですが、私の所属している台湾の洪門南華山は、現在、政府の内政部から国際洪門南華山として正式に認可されている民間の公益団体ですので、多分極刑に処せられる事は無いと思います。多分大丈夫でしょう(笑)。ただし、内容によっては秘密とされるものもあるので、その点はご理解願います。

反清復明という革命を目指す洪門は、内部を引き締める為に厳しい家法を持ちましたが、更に清朝の官憲の目を晦ます為に数多くの符牒も使用したのです。符牒には、言葉で使用される「隠語」と、身振り、図形、また文字として使用される「暗号」とに分れています。

隠語の世界

まず隠語についてですが、洪門の隠語は非常に多く、また天地会、三合会、哥老会によって表現が異なりますが、ここではその代表的なものを集会、会員、服装、飲食、物、からだ、住所、地名、軍事、姓名といった項目に別て、そのほんの一部を紹介してみたいと思います。

一、（集会）

昔は仲間が集う場所を会所とか公所といったのですが、洪門ではこれを「紅花亭」と呼びます。第一章で述べた、洪門の伝説で天地会の発祥の地とされる場所です。

また集会を開く事を「開香堂」や「忠義堂」と言いました。「今夜、忠義堂があるぞ」と言えば、仲間の会合があるという意味です。また「忠義堂」は、水滸伝の梁山泊の司令室の名称です。

会員は簡単に「香」とも呼ばれ、また「洪英」や「豪傑」とも呼ばれました。洪英は洪門の英雄の略語です。そして新会員は「新貴人」ですが、この隠語は現在でも使用されています。また蠟燭は「古樹」で、木斗は「木馬城」、秘密文書は「海底」です。

会員証書は、昔は腰に着けた事から「腰帯」で、刀は「小寶」と呼ばれ、洪門同士の挨拶の身振りが「拉拐子」です。この拉拐子は、昔、日本のヤクザが「手前、生国と発しますは上州です。上州、上州と言っても広うござんす。……」と仁義を切る、ああした動作だと思ったら良いでしょう。

会ったときの挨拶は、教えを請う「参教」で、交渉をする事が槍を上げる「上槍」、交渉の解決が「落角」です。今でもよく使われる言葉としては「出點子」があります。これは自分の意見を主張するという意味です。また仕事の報酬は「為情」、お金を要求する事が「吃銭」、借金をする事を「告幇」といいました。

二、（会員）

まず名刺は「荷葉子」ですが、この荷葉というのは泥沼に咲く蓮の葉っぱの事で、中々味のある隠語です。口が上手い人が「鉗子」で、口が上手い事を「鉗子快」と呼びます。鉗子とは釘を抜く時のペンチの事です。ですから鉗子快と言ったら「よく抜けるペンチ」で、口が上手いという事になるのです。

洪門の事は「漢留」や「海湖」です。この漢留については、第一章「洪門の誕生」の殷洪盛のところで書いています。また同門の事は「自己人」、外国人が「外馬子」ですが、この他にも「貴四哥」とも呼ばれました。この外国人のメンバーに関しては「洪門の歴史」でジェームス・メーソンというイギリス人が哥老会のメンバーだった事を書きましたが、この人などが貴四哥です。そして女の人の事は「陰馬子」です。この馬子と言うのは文字どおり馬の事で、今でも中国人が馬子と言ったら女性の事を指す隠語です。意味は馬は乗るものだからでしょう。また洪門の名誉を傷つける事を「越禮反教」と言いますが、礼を超えて教えに反するという意味です。喧嘩は花が開く「開花」です。日本でいう喧嘩にもやはり華（花）の字が入っていますから、日本でも中国でも喧嘩は花々しいものという認識は一緒です。

道路は「線子」で旅行は「遊線子」、地名のことが「川子」です。また今でも使われている隠語として「拜碼頭」があります。拝とは訪問の事で、碼頭は船着場ですから、拜碼頭といったら船着場を訪問する事ですが、隠語としての意味は「兄貴分や客人を訪ねる事」です。哥老会が揚子江の船着場を拠点としていた事は前に書きましたが、この隠語はその名残りなのです。また今でもよく使用されているものとしては「碰釘子」と「捧場」があります。喧嘩等で対立する事を碰釘子と言いますが、碰は打つ事で、釘子は文字どおりに釘の事です。釘を打つ事が対立するという意味になるのです。また捧場ですが、例えばクラブやダンスホールで働くホステスさんが「謝謝、捧場！」と言えば、「ご来店、ありがとうございます」となりますので、これは「よく来てくれましたね」という事です。

中国語で誘拐は綁票ですが、この誘拐された人の事を「票子」と呼びます。第三章で票號と呼ばれる昔の金融機関の事を話ましたが、今でも小切手は通票と呼ばれ、この場合の票とは身代金の事です。そして、身代金を払う事が「贖票」で、票をお金で贖うという意味です。また残酷な話ですが、官憲に捕まって目玉を刳り抜かれる拷問を受けた時には、これを「吹燈」されたと言います。目玉が無いのですから、燈篭の蠟燭の火がふーっと吹き消されるようなものだという意味でしょう。

三、(服装)

洪門は衣服を「袈裟」と言います。坊さんが身に着ける袈裟の事ですが、これは洪門の五祖が少林寺を拠点とした伝説の名残りです。帽子は「雲蓋」で、靴は「踢土子」です。雲蓋は日本語と同じで山の頂上が雲を被る事です。また踢土子の踢は、サッカーなどでボールを蹴っ飛ばす時のキックの事で、土子は文字どおり土ですから、意味としては「土をキックする物」というところから来ています。

四、(飲食)

まず酒を飲む事を「収紅花雨子」と言います。収はおさめるという意味から飲む事ですが、酒を「紅の花の雨」と称するなどロマンチックですね。ご飯を食べる事が「収粉子」で、お茶を飲む事は「収青子」です。また煙草を吸う事が「収燻子」で、アヘンが「雲遊子」で、これを吸う事を「咬雲」と言います。アヘンを雲に遊ぶものと呼び、吸う事を雲を咬むというのは、何となく天に遊ぶ龍を連想させる凄いネーミングだと思います。

食材についても少し触れておきしょう。まず水が「三河」です。三河とは、洪門の伝説で述べた鄭君達の妻と妹が投身自殺をした河の名前です。また鶏の事は「鳳凰」、豚肉が「白瓜」、牛肉が「大采」、魚が「穿浪」です。この穿は服等を「着る」という意味ですから、穿浪は魚が「浪を着る」という意味で、うーん成る程と頷いてしまいます。

五、（物件）

扇は「搖風子」と言います。箸が「玉箸」、茶碗が「蓮花子」、小さな盃が「蓮米子」で、大きな盃は「大蓮花子」と呼びます。枕は「鴛鴦子」ですが、鴛鴦はオシドリの事なので、男女が仲睦まじく寝る事から名付けられたのでしょう。そしてベットが「戯台」です。戯はふざけ、たわむれるという事ですから、たわむれる台という事になります。またベットで男女がたわむれますと、ベットの掛け布が乱れますので、この掛け布を「拖風子」と呼びます。拖は物を引きずるという意味ですから、男と女が風を巻き起こして掛け布を飛ばす訳です。なかなか面白いでしょう。

また手錠は「划子」ですが、この划は船等を漕ぐ時の「漕ぐ」といった動作を表します。清の時代の手錠は木製で大きかったので、これを付けて歩かされていると、まるで船を漕いでいるようだったのでしょう。そして、箱が「肚子」で、手ぬぐいが「柳葉子」ですが、肚子はお腹の事で、柳葉子は文字どおりにひらひらする柳の葉っぱの事です。

六、（からだ）

頭は「師拂子」、髪が「青絲子」、鼻が「気筒子」、耳が「順風子」、歯が「才條子」、心が「定盤子」、腿が「金剛子」、唇が「桜桃子」、舌が「口條子」、手が「鶏爪子」です。何と無く意味が判るような気がするでしょう。頭の師拂子ですが、この拂には拭くという意味がありますので、これが撫でるになって、つまり寺子屋で師匠が撫でてくれるもの、つまり頭となったのでしょう。今でも警察の事を條子と言います。またこれは條子の上に才が付いていますが、この才には「ちょうどいいねぇー」の「ちょうど」という意味もありますから、いつもちょうどいい時にくる野郎だと思ったから才條子と呼んだのかもしれません。ピンク色の唇を、桜や桃と呼ぶ事などは、実に浪漫を感じますねぇー。

七、（住所）

まず住居が「窰堂」です。飯を炊いたり麺を煮たりする窰（カマ）があるからです。食堂が「粉子窰」、粉子とは麺粉の事です。旅館は「落馬窰子」、何となく起義に失敗した政治犯が逃げ込む場所といった雰囲気が感じられます。このカマがあるという意味から、また茶館を「黄湯窰子」、そば屋を「千條窰子」、酒場を「玉子窰子」、また質屋が「富貴窰子」と呼ばれました。

あーそうかとつい頷いてしまうのが、廟が「啞叭窰子」と呼ばれた事です。廟は神さまが祀られている場所ですから、ここでは啞叭になってしまうのです。啞叭とは言葉のしゃべれない啞の事です。また監獄の事は「書房」と呼ばれました。書房とは日本でいう書斎の事ですが、これもいい表現ですね。

八、（地名）

地名は上海が「龍海川子」、南京が「寶貝川子」、寶貝とは良くアメリカ人が「ヘーィ・ベイビー」

といいますが、あのベイビーの事です。武昌が「破土川子」、安徽が「登川子」、湖北が「巴山子」などと呼ばれていました。

九、（軍事）

まず大きな刀が「大片子」で、小さな刀が「小片子」です。大砲は「黒狗」、火薬が「狗糞」、大砲の音が「狗吠」、拳銃が「噴筒子」、弾が「釘子」です。日本ではＤＯＧは犬と呼ばれるのが普通ですが、中国では狗です。大砲を黒い犬と呼ぶのは何となく判りますが、火薬を犬のクソと呼ぶのには笑ってしまいます。

十、（姓名）

昔の洪門には、メンバー同士がお互いを本名で呼び合わないという暗黙のルールがある事は前にも説明しましたが、また何処に官憲の耳があるかも知れませんので、メンバー同士の会話に出てくる第三者の名前にも隠語が使われたのです。

日本の料亭等でも、芸者さんが周囲に気を使って、お客さんの事を、中山さんなら「なーさん」とか、安部さんなら「あーさん」とか本名が判らないように呼ぶあれと同じです。勿論秘密結社である洪門の方はもっと徹底してます。その幾つかが以下のようなものです。

陳さんなら「烟河星」、李さんなら「紫河星」、金さんなら「圍河星」、周さんなら「沙河星」といった調子です。こうした人名の隠語には河の付く物と、星の付く物とが多くありますが、河は前記した洪門の伝説の「三合河」、星は水滸伝の天地の百八星から採用されているのです。

暗号の世界の一

洪門の代表的な指の形による暗号「三把半香」については、第二章「洪門の精神」で説明しましたので、ここでは三合会の方式による他の暗号について少し説明してみましょう。しかし、この暗号については、洪門では、外部に対して具体的な内容を説明する事が禁じられているものもありますので、ざっと概要だけを話してみます。

清の時代に、政府から危険分子と目された洪門のメンバーですが、こうしたメンバーも見知らぬ土地へ行く事があります。それは自分の仕事の為であったり、反清復明の目的の為だったりしましたが、やはり見知らぬ土地で活動する為には地元の洪門の兄弟の支援を得るのが一番です。しかし、到る所に清の官憲の目が光っていますので、「私は洪門ですよー」と大声を張り上げる訳にもいきません。そこで自分が洪門だという事を知らせる為の暗号が必要となる訳です。

茶碗陣

旅人が見知らぬ土地でまず立ち寄るのが、今でいう食堂です。昔の中国の食堂というものは宿泊施設がついているのが一般的でした。ですから旅籠も兼ねていたのです。こうした名残で、今でも中国や台湾では、ホテルは大飯店や大酒店と呼ばれるのです。何だか飯屋や飲み屋の名前みたいだと思われるかも知れませんが、大飯店というのは中国の北方のホテルの呼び名で、酒店というのは南方のホテルの呼び名なのです。何故かと言いますと、昔、中国北部の人々の主食は饅頭、餃子、麺といった小麦粉を使用した物でした。日本では饅頭の事を「餡まん」や「肉まん」と呼びますが、あれに中身が入っていないものを饅頭と言います。これは何故かというと、中国の北方では米が余り採れなかったからです。ですから北方では米は貴重な物で、ホテルに行くと米のご飯が食べられるから「飯店」と呼んだのです。この北方とは別に、南の方では米が沢山採れますので、米の飯は当り前です。それよりも貴重なのが酒ですから、ホテルの事を「うちに泊まれば酒がありますよー」といった意味から「酒店」と呼んだ訳です。

昔の中国の旅籠は木造の二階か三階建てが普通で、一階が食堂、二階以上が、今でいう宿泊ルームという造りになっていました。洪門の旅人は旅館に入ると、まず旅の垢を流してから、一階の食堂に陣取るのです。

そうすると、まずお茶の急須が運ばれてきます。当時、茶碗の方は大体テーブルの上に積み上げられていましたから、この急須と茶碗を使って、地元の洪門の仲間たちと暗黙のコミュニケーションをとります。これが茶碗陣です。この陣の持つ意味は、急須と茶碗の配置によって異なりますが、その目的は見知らぬ土地で、見知らぬ洪門の兄弟たちとのコンタクトにあります。茶碗陣には、「佈陣」と「破陣」がありますが、佈陣は仲間とのコンタクトを必要とする側が行うもので、破陣とはこれに対する仲間の返事だと思ったら良いでしょう。一番簡単な「単鞭陣」を例に説明してみましょう。

まず茶碗にお茶を満杯にして、急須の注ぎ口を茶碗に向けます。これが単鞭陣で、こうした急須と茶碗の置き方を佈陣をと言います。この単鞭陣は「助けを求める救援」を意味します。「この旅籠の食堂に誰か洪門の兄弟がいれば助けてくれ」という暗号です。

旅籠の一階の食堂は旅人以外にも、地元の人の溜り場となっていますので、もし食堂の中に洪門の兄弟がいて、OK助けてやるという事であれば、その兄弟は茶碗のお茶を飲み干します。官憲の目があって駄目な場合には、茶碗のお茶を捨てて新しくお茶を注ぎます。この暗黙の行為を「破陣」と呼ぶのです。この無言の了解が終ったら、状況に詳しい地元の兄弟の方が、周囲の様子をみながら、旅人の兄弟を何処か人目の無い所に連れ出して、そこで内密の相談をするという訳です。

布陣には、先程の「単鞭陣」の他に「順逆陣」、「雙龍争玉陣」、「上下陣」、「忠義陣」、「門争陣」、「品文陣」、「関羽荊州陣」、「劉秀過関陣」、「忠臣陣」、「趙軍加盟陣」、「孔明登台令将陣」、「関羽護送二嫂陣」、「復明陣」、「反清陣」、「趙雲救阿斗陣」等の四十四の佈陣と破陣の形があって、それぞれに違う意味を持っていますが、こうした名称を見ていますと、洪門が如何に『水滸伝』、『三国志』、『隋唐演義』の影響を受けているかを改めて感じさせられます。

もう一つだけ絶対絶命の時の「忠臣陣」を説明しておきましょう。

まず四杯の茶碗になみなみとお茶を注いで、これを一列に並べ、急須の口をこの列に向けます。これが佈陣です。この四杯の茶碗にはそれぞれ意味が込められています。まず急須の一番外側の茶碗には「官憲に追われているので、暫くの間妻子を面倒みてくれないか」という意味が、また二番目の茶碗には「という事だから、金銭を融通してくれないか」という意味が、また三番目の茶碗には「いま命を狙われている」という意味が、それぞれ込められています。もし、洪門の仲間が一番外側のお茶を飲み干せば、「わかった妻子の心配はするな」という事になります。また二番目のお茶を飲み干せば、「よし金の心配はするな」となり、三番目のお茶を飲み干せば、「命を守ってやる」という意味になるのです。そして、もし、四番目のお茶を飲み干した場合には、「すまない、今はそれは無理だ」という意思表示となったのです。

この茶碗陣で最も多く茶碗を使用する数は二十五個ですが、一つのテーブルにこれだけの茶碗を並べるのは大変な事だったろうと思います。

暗号の世界の二

洪門で多用される文字の符牒を「漢留文字」呼びます。この漢留は、洪門の伝説で始祖とされる殷洪盛が明末に組織した秘密結社の「漢留」が語源となっています。

文字の符牒は、いくら変形されても、何処かに原文の余韻というものを残さねばなりませんので、アバウトに言いますと、「文字の一方の片字を取りさる」、「文字の一方の片字を変形させる」、「文字をバラバラにする」、「文字を交換する」、「他の文字で代用する」、「文字を組み合わせる」の六種類の方法で作られました。

このうち主な二種類の方法を紹介してみましょう。

一、（文字の一方の片字を取りさる）

まず「川大丁首」と「川大車日」ですが、この二つは、洪門の各団体の証書である「寶」にもよく描かれていますので、洪門を代表する符牒だと言えます。

川大丁首を見て、この意味を理解出来る人はまずいないでしょう。ところが、これが「順天行道」となると、中国人であれば、「あーこれは水滸伝に出てくる英雄たちが目指した反政府運動のスローガンだな」とピンとくるのです。この順天行道の文字から、順の「頁」を抜いて、天の文字から「上の頭の横線」を抜いて、行の文字から「彳」と「上の横線」を抜いて、また「道」の文字から「辶」を抜くと川大丁首となります。

また川大車日の方の原意は「順天轉明」で、これは天意が明へと転じるという意味で、まさに明の復興を暗示するものです。この川大はもうお判りでしょうから、車日を説明しますと、轉の文字から「専」を抜いたのが車で、明の文字から「月」を抜いたのが日という事です。

二、（文字の一方の片字を変形させる）

この符牒を代表するのが「反泊復汨」です。この符牒については「洪門の誕生」で説明しましたから、既に読者の皆さんにはお判りでしょう。この反泊復汨の泊は「清」という文字から青の文字を奪って、そこを空白にする為に「白」の文字を入れたのものですので、つまり清を空白にする、消しさるという事です。また「汨」の方は「明」の文字から月をとったものです。この月は清の文字の青から頭の「主」を奪ったもので、ようするに清の主人の頭を切るという事ですから、これは洪門のスローガンである反清復明を意味しているのです。

また「彩壽合和尚」という符牒がありますが、これは「彪壽合和尚」の彪の虎と釆とを入れかえたものです。この彪の文字は、天地会の代紋として良く知られていましたから、この彪の文字と、少林寺とを連想させる和尚がくっついたなら、すぐ官憲の方でも「あー、天地会だ、捕まえろ」となってしまいます。

三把半香の応用

一、歩位

旅籠の食堂で相手が洪門の兄弟と判った後に、今度は正式な名乗り合いを始めます。名乗り合いといっても言葉は使えませんので、これも暗号でやり合う事になります。

まず、地元の洪門の方からお茶を注ぐ事になります。この時、注がれる旅人の方は、右手を三把半香にして、親指で茶碗の上を押さえて、曲げた人差し指で茶碗の下を押さえます。残りの三本の指は伸ばしたままです。次に左手は拳を握って、親指だけを立てます。この右手を左腕から胸、そして右耳に至る各点に定められている「歩位」と呼ばれるポイントで止めるのです。これでお茶を注いだ相手は、旅人の洪門のポジションを知る事になります。

このポジションは天地会系、三合会系、哥老会系では大分異なりますが、参考の為に一例を述べておきますと、指先から「么満」、「江口」、「賢牌」、「銀鳳」、「花冠」、「管事」、「金鳳」、「當家」、「聖賢」、「心腹」の十段階に分かれて、この心腹の上に「副堂主」、「堂主」、「副山主」、「山主」という組織の長が置かれています。こうしたランクを洪門では「歩位」と呼びますが、簡単にその内容を説明すると、左のようになります。


「心腹」、このランクは「一歩登天」とも呼ばれ、堂主になる資格を持った副堂主格と言えます。

「聖賢」、修行を積んだ僧侶が就く位です。洪門の伝説では、その発祥の地を福建九連山の少林寺としますので、この歩位が設けられたのです。

「當家」、上記の心腹の補佐役で、堂内の纏め役といっていいでしょう。

「金鳳」、結婚している女性で、主に姐さんが就く位です。

「管事」、堂内の幹事役です。

「花冠」、堂内の兄弟姉妹たちの状況を把握する巡回役です。

「銀鳳」、未婚の女性で、姐御と呼ばれる女性の役職です。

「賢牌」、やはり僧侶が就く役職ですが、上位の聖賢と比べると、まだ若く未経験な僧侶の役職と言えるでしょう。

「江口」、波止場や宿場の出入り口を根城にして、よそ者の出入りを監視する検問役です。

「么満」、堂内の若衆頭です。

この「么満」の下が、日本でいう若い衆となります。

二、互いを同門と知る

言葉が交わせず、また手元に茶瓶や茶碗が無い時に、取敢えずお互いが洪門かどうかを知るのに一番手っ取早いのが「忠臣」と呼ばれる方法です。まず、手元にある品物を三つ並べて、自分の前に起きます。相手が黙って真ん中の品物を取れば、洪門の人という事になります。

三、三法連演

三法とは天地人を意味します。連演とはこれを連続して演じるという事です。まず左右の手で三把半香の形をとります。この場合の真っ直ぐ伸ばした中指、薬指、小指の三本を「三指尖」といいますが、この三指尖を胸の前に付けるのが天の形です。次に、親指、人差し指、中指の三本を立てて、残りの二本を曲げた状態で胸の前に付けるのが地の形です。最後に、親指と小指だけを立てて、残りの指を曲げた状態で胸の前に付けるのが人の形です。この天地人の形を「龍頭鳳尾」とも呼びますが、相手に自分を洪門だと知らせる為に、この三法連演が用いられたのです。

四、緊急を告げる

なにか緊急な事が起きて、急いで仲間を集めねばならぬ時には、白紙扇が用いられました。白紙扇とは文字どおりに白い扇の事です。この白い扇をゆっくりと三、四回ふる事は「緊急事態が発生した。洪門の仲間は集合しろ」という意味を持ちます。また白い扇を軽く三回振った時には、洪門の仲間が他人と揉事を起こしたぞという事を意味したのです。

五、喧嘩の処理

洪門の弟たちが他人と喧嘩を始めた時、もし兄貴分が両手の掌を前に突き出して、「喧嘩は止めろ、止めろ」といった場合には、これは「構う事無いから、徹底的にのしてしまえ」という意味になります。また両手の掌を内側に向けて、「喧嘩は止めろ、止めろ」といった場合には、弟たちは喧嘩を止めなくてはなりませんでした。これを「陰陽法」と呼びます。

六、助けを求める

何かトラブルがあって、洪門人が助けを求める場合には、右手の親指、人差し指、中指を立てて、他の指を曲げた形で、腕を真っ直ぐに突き出します。また左手も同じ形にして、これを右肘の下に付けます。これが「三角方」です。

七、緊急の救援を求める

宮崎学さんが書いた『中国マフィア日本人首領の手記　幇という生き方』という本があり、ベストセラー本となりましたが、この本の中で主人公の竹村がベトコンの捕虜になる場面があります。この時、竹村が行ったのが、右手の親指だけを立てて、他の指を握りしめた状態で、これを頭の上におく、洪門人が救援を求める際の救援法でした。この救援法には他にも、右手の掌を真っ直ぐに突き出して、三把半香の形をとった左手を胸に付けるという方法や、三把半香にした左右の手を前後に代わる代わる突き出すといったやり方もあります。

八、道端で相手が洪門かどうかを確認する

昔、洪門人が徒歩で旅をしている時、身振り素振りから、「あの人は洪門ではないかなぁー」と感じる人と出会う事があります。しかし、「アー・ユー・コウモン?」とは訊けませんので、そこで「貴方は盲人ですか?」と尋ねるのです。相手が盲人で無い事を知っていて尋ねるのですから、尋ねられた方はびっくりしますが、もし、洪門のメンバーであれば「いいえ盲ではありませんが、私の目は貴方よりも大きいですよ」と答えるのです。

九、外国人の場合

前述したイギリス人のジェームス・メーソンは哥老会でしたが、天地会や三合会の方にも外国人のメンバーがいた事が記録に残っています。特に南洋に進出して、現地で力を持った洪門の諸団体にはマレー半島にいたポルトガル人もメンバーになりました。

ポルトガル人は首にネッカチーフを巻く習慣がありますが、普通はこれを喉元あたりで結びます。

しかし、洪門のメンバーとなったポルトガル人は、ネッカチーフを胸元で結んで下に垂らしたそうで、これがマレーの洪門「義興公司」のメンバーの印だったそうです。

十、住居の表示

三合会では、組織の起義等によって、一家の主が長期にわたって外出する時に、住居の軒先に赤い四角の布を吊ったそうです。この布の表には「洪」の文字が、そして裏側には「英」の文字が書かれていました。また室内の四隅に、それぞれ三尺六寸の青い竹が立てられ、これを見た洪門の仲間たちが亭主不在のこの家に対して色々と便宜を図ったのです。

洪門の哲学（三十六計）

もう何度も申し上げたように、洪門のメンバーの大半は清朝の圧政に喘ぐ町民や農民、また任侠の徒といった、謂わば庶民でした。またこうした庶民は、苦しい生活の中で、『三国志』、『水滸伝』、『隋唐演義』といった大衆文学に細やかな楽しみを見い出す人々でした。大衆文学で日常の精神のストレスを解消していたといっても良いでしょう。ですから、士大夫崩れのほんの一部の洪門の指導者を除いて、庶民を中心とする洪門のメンバーには、『三国志』の諸葛孔明たちが駆使した難しい孫子の兵法などは全く縁が無かったのです。

しかし、兵法書に縁が無くても、やはり反清復明の為に戦わねばならないのですから、そこには、何か戦う方法論とでもいうものが必要になってきます。この方法論となったのが「三十六計逃げるが上策」で知られる三十六計の策です。この三十六計は日本でも有名ですが、中国の大衆に大歓迎されたこの本は、著者も判っていなければ、その書かれた時代もよく判っていないのです。ですから、これを謎の秘本と呼ぶ学者もいます。またこの三十六計そのものについて書かれてた本も少なく、僅かに朱琳の『洪門志』に、「この本は三十六着または三十六計という。即ち三十六種の計略で、兵を動かす場合にも、また処世の為にも、如何なる場合でも役立つ本である。所謂神機妙算であるから、これを洪門は哲学としている」と記されているだけです。ですから、この三十六計は洪門の戦術のバイブルとも言えるでしょう。

三十六計が書かれた時代は不明ですが、この本が初めて出版された時代が、明末から清初にかけてという事は判っています。そうです、洪門が蠢動し始めた時代です。

中国人で三十六計を知らない人はまずいないでしょうが、日本人にはその内容を知らない人もいるかと思いますので、まず三十六のタイトルを列記しておきます。

三十六計の一「瞞天過海」、二「囲魏救趙」、三「借刀殺人」、四「以逸待労」、五「趁火打劫」、六「声東撃西」、七「無中生有」、八「暗渡陳倉」、九「隔岸観火」、十「笑裏蔵刀」、十一「李代桃僵」、十二「順手牽羊」、十三「打草驚蛇」、十四「借屍還魂」、十五「調虎離山」、十六「欲擒姑縦」、十七「抛磚引玉」、十八「擒賊擒王」、十九「釜底抽薪」、二十「渾水摸魚」、二十一「金蝉脱殻」、二十二「関門捉賊」、二十三「遠交近攻」、二十四「仮途伐虢」、二十五「偸梁換柱」、二十六「指桑罵槐」、二十七「仮痴不癲」、二十八「上屋抽梯」、二十九「樹上開花」、三十「反客為主」、三十一「美人計」、三十二「空城計」、三十三「反間計」、三十四「苦肉策」、三十五「連環計」、三十六「走為上」。

では、これらのうちの幾つかを簡単に説明してみましょう。

一、瞞天過海（天を騙して海を渡る）

この瞞は騙すという意味ですから、天を騙して海を渡るという事になります。これにはまず天は簡単に騙せないという認識があります。簡単に騙せない天を騙す為には、自然に振る舞う事だけが唯一の方法です。海を渡るとは、検問所のような難関を突破するといった程の意味です。反清復明という一歩間違えば打ち首になるような大事を行う時でも、肩に力を入れずに、自然に振る舞って行動するならば、清の官憲はおろか、天さえも騙す事が出来るというのが、この瞞天過海の言わんとするところなのです。

二、借刀殺人（他人の刀で人を殺せ）

三十六計の成語は、華人社会では今でもよく使われますが、この借刀殺人は特に有名です。この意味は人を殴ろうと思ったら、自分で殴るのではなくて、誰か他人の拳で殴らせろといった意味です。つまり、日本語で言うなら、自分の手を汚さずにヤバイ事はやれという事になります。これは一見して、卑怯な方法にも思えますが、秘密結社という弱者が、圧倒的な強者である国家と争わねばならぬ時、こうした方法を用いる以外に無かった事には頷けるのです。

三、以逸待労（敵の疲れを待て）

気力も体力も充実した相手と戦っても勝てません。そこで、色々と相手を攪乱させたり引っ張り回したりして、相手が疲れ果てた時を見計らって、一気に攻めろといったような意味です。前述したように、清の正規軍と戦うには、庶民である洪門にはこうした手しか無かったのでしょう。

四、声東撃西（東といって、西を攻撃しろ）

この成句も華人社会では今でもよく使われています。空手やボクシングでいうと右を攻撃しょうと思ったら、まず左を打てという事で、要はフェイントを掛けろということです。

五、無中生有（無から有を生め）

無から有を生むというのは、なんの変哲もない偽りの動作を続ける事によって、相手が、いつしか無意味な動作を本当だと思った時に、相手に隙が生まれますから、その隙を攻めろといったような事です。意味としては瞞天過海に似ているかもしれません。

六、暗渡陳倉（ひそかに陳倉を渡れ）

陳倉とは中国の地名です。漢の時代の末期に、劉邦と項羽が覇権を争っていた時、劉邦が項羽を油断させる為に関中から漢中に通じる橋を焼き払うという出来事がありました。自分は関中に出る気はないと項羽に思わせる為です。その後、関中に本格的に進撃する事を決めた劉邦は、まず焼き払った橋の修復を行います。項羽が「おっ、劉邦のヤツ、いよいよ橋を渡って攻め込んで来るな」と思って、橋の修復に目を奪われた時には、劉邦は秘かに抜け道から陳倉に出て、関中の王族を倒し、同地を占領していました。これが暗渡陳倉で、敵の裏をかくという意味です。

七、笑裏蔵刀（笑いのなかに刀を隠せ）

この成語も華人社会ではよく使われるので、覚えておいた方がいいでしょう。意味としては、敵を刀で刺そうと思ったら、まず笑いなさいという事ですから、まず相手を油断させなさいという意味です。

八、打草驚蛇（草を打って蛇を驚かせ）

日本の諺に「やぶ蛇」というのがありますが、こちらの方は、余計な事をしてしまったという意味になりますが、この打草驚蛇の方は積極的に蛇を驚かせろというものです。

清の正規軍からみたら、洪門の叛乱軍などは恰も虎の前の猫のようなものでしょう。ですから、「わーっ」とかかっていっても、ぽいっと虎の爪で払い除けられてしまうのが落ちです。ですから、戦い方としては、実像以上に自分を大きく見せて、虎を驚かす必要があったのです。その為に大きな音を立てて藪を打つのです。この場合の藪とは社会全体の事で、棒とは政府の重要人物を暗殺するといったテロリズムの事に他なりません。

九、調虎離山（虎をいざないて山から離れさせる）

この場合のいざなうとは調略の事です。虎は藪や木立に囲まれた山の中にいてこそ百獣の王であって、この虎が山から下りたら、武装した村人たちによって、あっという間に生け捕られるか殺されるかしてしまうでしょう。動物に限らず人間でもそうですが、どんなに日本で怖れられている人でも、いざアフリカのジャングルに行ったとしたら、これはもうどうにもなりません。この調虎離山とは、そうした意味なのです。

十、釜底抽薪（釜の下から薪を抜き取れ）

釜のお湯が威勢よく煮立っているのは、その下で薪が燃えているからです。また勢力のある人や団体にも、その勢力のもとと成っている原因というものがあって、これが薪に当たります。この成語の言わんとしている事は、その薪を抜き取ってしまえという事なのです。例を挙げますと、清朝が栄えているのは、人民から年貢が滞りなく納められていたからです。ならば、年貢を納められないように暴動を起こせという発想がこれに当たります。

十一、遠交近攻（遠くと交わって、近くを攻めろ）

この成語は日本でも有名です。清末に洪門の孫文が外国勢力と手を組んで清に対して叛乱を繰り返したのがこの遠交近攻の策です

十二、指桑罵槐（桑を指して槐を罵しれ）

桑の木はご存知でしょうが、槐の木はマメ科の落葉高木ですから、二つとも全く違う樹木です。この成語の意味するところは、本当は槐を怒っているのだが、素知らぬ振りをして、まず桑を罵れという事です。これと似た成語に、鶏を殺して猿に警告するという「殺鶏警猴」というのがありますが、どちらも、人を怒る時には間接球を投げろという事を意味します。

十三、上屋抽梯（屋に上げて梯子を取れ）

日本ではこれを「二階にあげて梯子を取る」と言いますが、要は、敵を後戻り出来無い所に追い込

めといった事です。

十四、美人計（美人をつかえ）

この美人計も華人社会ではよく知られた成語で、この成語の謂れとなったのが、呉越同舟や臥薪嘗胆で知られる越王勾銭と呉王夫差の物語です。

春秋時代の末期に「越」と「呉」という国があって、両国は絶えず戦を繰り返していました。結果、越が敗れて、越王の勾銭は、呉王夫差の前に膝を屈したのです。呉王夫差の臣下となる事で、ようやく命を永らえた勾銭の胸は屈辱ではちきれんばかりでした。勾銭はこの悔しさを忘れてはなるものかと、硬い薪の上で寝て、熊の苦い肝を舐めながら十年もの間復讐を誓い続けたのです。

この勾銭が呉王夫差に献上したのが、美人で名高い西施でした。勿論呉王夫差を骨抜きにする為に他なりません。勾銭の狙いは当たって、呉王夫差は日々この西施に溺れて国政を疎かにしました。そうこうしているうちに、呉で大きな旱魃が起こり、これに乗じた隣の晋国が呉に攻め込んだのです。これをチャンスとみた勾銭も時をおかずに呉に進軍した為、万策つきた呉王夫差は自害して果てたのです。

美人は本当に怖いものですね〜。

十五、苦肉策（激痛に耐えろ）

苦肉の策は、日本では切羽詰まった時の対策のように使われていますが、中国ではこれがもっと激しく積極的なものとして用いられます。苦肉とは文字どおりに肉体を苦しめる事ですが、これはまた心の激痛をも伴うものなのです。例を挙げましょう。

呉子の兵法で知られる呉起が魯国に仕えていた時、隣国の斉が魯国に攻め込んできました。魯王は兵法家である呉起を大将として、これを迎え撃とうとするのですが、ある重臣が「魯王さま、呉起の妻は斉国の出身です。敵国の女を妻とする呉起を大将に任じるのは危険ではないでしょうか」との讒言をしました。当然、魯王は呉起の起用を迷います。これを聞いた呉起はすぐさま妻を殺して、大将の任に就くや否や、徹底的に斉国を打ち破ったと言います。悲しい話ですが、中国の苦肉の策とはこうしたものなのです。

念仏の祖として知られる空也上人の作とされる「山川の末に流るる橡殻も　身を捨ててこそ浮かむ瀬もあれ」という古歌がありますが、身を捨てて浮かぶ事を求めるのが苦肉の策といえるかもしれません。

十六、走為上（去るが上策！）
日本ではこの成句を「逃げるが勝ち」と言いますが、これを中国流で言うならば「去るが勝ち」になります。逃げると去るは違うのです。逃げるとは負けて逃げる事ですが、去るというのは自分の意思で状況を判断して離れる事です。屁理屈かもしれませんが、この走為上を説明する為には、この違いは譲れません。

洪門にとってこの成句ほど役に立ったものは、まず他にはないでしょう。男稼業を売り物にする任侠のメンバーが大半を占めた洪門は、清朝に対する数多くの叛乱によって、その兄弟の多くが戦死や処刑によって花と散っています。言い方を代えるなら、勝てぬ戦に玉砕したわけです。また孫文も勝てぬと判断した蜂起の現場から見事に去っています。天地会のスローガンであった反清復明の明は漢民族の国家ですが、この漢民族の国家を打ち立てた劉邦も、負け戦からよくころころと去った人でした。人間というものは、命と志さえあれば何度でも諦める事なく立ち上がれるものなのです。決して意地をはったり、やけくそになってはなりません。そうした面では、この走為上の策は大切な教えと言えるでしょう。

洪門の儀式

一、（入門の儀式）

洪門の数々ある儀式の中でも、新貴人と呼ばれる新しい会員が入門する儀式は実に圧巻なものです。またこの入門の儀式は実に時間のかかるもので、洪門南華山の場合を例にとっても、儀式の最初から最後までは約三時間を越えるものとなります。

新貴人の入門に際しては、まず開香堂の儀式が執り行われます。

この儀式は複雑極まりないものですが、その一部を紹介しますと、まず会場の真正面に、関聖帝君（関羽）、五祖、鄭成功及び諸聖を祀った聖壇が築かれます。

聖壇の前には、香炉、七星剣、天地の一切を計る定規、明の滅亡と再興を計算する算盤、正邪を見抜く鏡、暗雲を切り裂く鋏、三国志の桃園の契りを祈念した桃の枝、少林寺の五祖に因んだ数珠と木魚、等々が置かれます。

聖壇の前に置かれるこの香炉の由来については第一章「洪門の誕生」で説明しましたが、五祖の一人である蔡徳忠が河岸で発見した「反泊復汨」の四文字が刻まれた巨大な香炉を模したもので、「白石香爐」と呼ばれるものです。

まず、この聖壇の前で、「讃燭」、「挿香」、「昇表」、「請聖」、「安位」、「開光」「点聖」等の洪門の多くの先達の諸霊を招く儀式が執り行われ、また「令」と呼ばれる数多くの号令が発せられるのです。

延々と続くこうした儀式の後に、山主大哥による「登山」の命令が下され、新貴人の入門の儀式が始まるのです。何故登山なのかというと、新貴人は梁山泊という山に登るからです。

登山に際して、先達より新貴人は以下のような質問を受け、以下のように答えるのです。

質問「なんの為にここに来たのだ?」(你来做甚麼?)
答「梁山泊に投奔する為です」(投奔梁山)
質問「なぜ梁山に投奔するのか?」(投奔梁山、做甚麼?)
答「義兄弟の契りを結ぶ為です」(結仁結義)
質問「人に勧められてきたのか、自分できたのか?」(人家勸你来的、還是你願意来的?)
答「自分で願って来ました」(自己願意来的)
質問「兕の有無は?」(有兕無兕?／兕とは誓いの意味です)
答「兕はあります」(有兕)

こうした問答の後、新貴人は、二本の青龍刀が交差された「月宮門」と呼ばれる刃の門を通され、次に左足から「乾坤圏」と呼ばれる輪を潜ります。その後に、洪門の先達に両手を導かれて、天の北斗七星を模した七星歩という歩みで「二板橋」という橋を渡るのです。

この後、鶏の首を撥ねて、首から迸る血と酒とを混ぜた盃を飲み干す飲血酒の儀式や誓いの儀式があり、最後に叩頭三度と呼ばれる額を床に打ちつける儀式があるのです。因みに現在では黒酢を以て鶏血酒の儀式に代えていますので、あまり恐ろしがらないで下さい。

略式の儀式

前述したような儀式の進行は、全て洪門に伝わる漢詩の朗読と儀礼を以て執り行われますので、正式な新貴人の入門式は、やはり本山の主導でないと行えるものではありません。しかし、異国でこうした伝統に基づいた儀式をやるのはとても無理ですので、そこで簡素化された仮儀式が必要となります。一度、仮儀式で入門しておいてから、本山で入門式を再度執り行うというやり方ですが、洪門南華山龍義堂の日本の本部堂の設立時には、この仮儀式が行われました。

儀式は、まず、台湾から駆けつけた龍義堂の総堂主による「賀香堂條」から始まりました。賀香堂條とは、新しく開かれる堂へのお祝いの言葉ですが、これは洪門に伝承される漢詩の一つです。

このお祝いの言葉に続いて、総堂主の「拉拐子」が執り行われ、これに合わせて、新しく開堂される日本国本部堂の鈴木勝夫・堂主も同じ拉拐子を行います。この拉拐子については、外部に詳細を明かす事を禁じられていますので、昔、日本のヤクザが「おひかえなすって、……」と仁義を切るあした動作をより複雑化したものだと思って下さい。

この儀式が終わると、今度は鈴木堂主によって「迎風接駕令」が述べられ、また再度、拉拐子が行われます。

しかし、余り秘密、秘密でも、読者には、洪門の漢詩がどのようなものか全く見当がつかないでしょうから、一つ参考の為に、この接駕令をご紹介する事にします。

迎風接駕令

「脚踏蓮花朶朶開、千里修書接駕来、大小老么両辺站、友請大哥進堂来」

（蓮の花が咲き誇っている中に、足をお入れ下さい。はるばる千里の道を洪門の書を学ぶ為にいらっしゃたのですから、心を込めてお迎えいたします。老若を問わずに、弟たちも両端に立っていますよ。さあ、兄貴、どうぞ堂にお入りください）

といったものです。

この迎風接駕令が終わると、龍義堂の総堂主たちが仮堂とされた会場に入場します。

続いて、進行役が次のように儀式を進めます。

進行役「ただ今から、洪門南華山龍義堂日本国本部堂の開堂の儀式を執り行いたいと存じます。開堂の儀式に当たって、皆様に申し上げたい事がございます。通常であれば、洪門の開堂の儀式は、聖壇をしつらえ、関聖帝君・関羽、少林寺の五祖、延平群王・鄭成功等の諸聖霊を招き、洪門の数々の伝統に基づいて数時間の時間をかけて盛大に行うものですが、本日は場所が日本という事もあり、洪門旗に対する新貴人の方々の誓約を以ての略式の入門儀式に代えたいと存じます。洪門南華山においては、一年に一度の本山の大会がございます。その折に、新貴人の方々にはご参列を頂き、洪門三五〇年の伝統を十分にご堪能いただきたいと存じます」

進攻役「では、皆さま、洪門旗に向かって左側に、本儀式の四大盟兄である総堂主、劉大兄、安部大兄、鈴木勝夫大兄の順に御並び下さい。また右側には、張大兄、鈴木高夫大兄、謝大兄の順にお並び下さい」

四大盟兄とは「恩、承、保、薦」の四人の兄という事で、謂わば、新貴人の入門に当たっての検分役といえます。恩は「恩人」、承は「承諾人」、保は「保証人」、薦は「推薦人」と思ったらよいでしょう。

進行役「それでは、入門の誓約を行いたいと思いますので、今から名前を呼びます新貴人の方は、前面に掲げてあります洪門旗に向かって、三人づつお並びください」

入門する新貴人が整列した後、

進行役「ただいまから、私が誓約の言葉を述べますので、私の言葉に続いて誓約をお願いいたします。誓約、私は至誠の心で洪門に入門し、五祖の遺教を奉じ、洪門の法規を遵守し、大哥の命令に従い、互信互助の精神にて誠心誠意団結し、自らの民族の繁栄と、自由の振興及び世界の恒久平和の実現の為に努力し、これに決して背かぬ事を、ここに誓います」

この誓約が終了した後に、司会進行役が「誓約條」を述べます。

誓約條

「莫話誓章無報応、挙頭三尺有神明、今晩新丁来進会、三十六誓上天庭」（いいかげんな誓約は何の意味もありません。人の頭の三尺上には神明がいてこれを聞いてます。今宵、新貴人の三十六の誓いは天に届いているのです）

この誓約條の後、新貴人に対して「掛牌」と呼ばれる洪門の秘密の「手印」が伝授されます。

進行役「それでは、新貴人の方々は、四大盟兄に対して洪門の敬礼をして頂きます。新貴人の方は洪門の掛牌をお願いします。まず恩兄である総堂主に向かって、三敬礼をお願いします。一敬礼、二敬礼、三敬礼。続いて、他の四大盟兄に対して一敬礼をお願いします。一敬礼。新貴人の方は、洪門旗にお向かい下さい。洪門旗に対して一敬礼」。

最後に、蔡総堂主より鈴木堂主に対して、開堂の認定書並びに洪門の掟である十條と十款の巻物が伝授され、また新貴人に対して、「寶」と呼ばれる洪門の身分証とバッチの授与が行われて、この日の洪門南華山龍義堂日本国本部堂の開堂式及び新貴人の入門儀式が終了したのです。

洪門で使用される條やまた問答といわれる漢詩の数は非常に多い為、ここでその全てをご紹介する事は無理ですし、またそうした事をする事も許されませんが、ここでも二つだけ、こうした條と問答をご紹介してみます。

請煙條（煙草を奨める時の漢詩）

「我奉大哥一枝煙、三山五嶽水連天、五湖四海金光現、洪家在外礼当先」（兄貴に煙草を一本、捧げます。三山であるヒマラヤ山、崑崙山、天山、また五嶽である東嶽の泰山、西嶽の華山、北嶽の恒山、南嶽の衡山、中嶽の嵩山は、水が天に連なるようです。また五湖四海〈世界の意味〉は光り輝いています。洪門の一家は外ではまず礼義を重んじるのです）

接煙條（奨められた煙草を受ける時の漢詩）

「大哥賜我一枝煙、瑞気騰騰在目前、有縁今日来相来、吹散浮雲見青天」（兄貴から私が賜ったこの一本の煙草、まるで瑞気が目の前でたち昇るようです。縁あって今日はご一緒出来ました。雲が吹き飛んで青い空を見る思いです）。

山堂歩位問答（堂の地位に関する問答）

問：金山銀山　不知閣下在那座山

（金の山、銀の山、閣下はどちらの山堂でしょうか？）

答：好説　草山　我兄弟是在「南華山」

（そうですねぇ。草深い山ですが、私の兄弟たちは「南華山」におります）

問：金堂銀堂　不知閣下在那座名堂
（金の堂、銀の堂、閣下はどちらの名堂でしょうか？）

答：金堂銀堂　是位台的名堂　我兄弟是「龍義堂」

（金の堂、銀の堂、この堂は名堂で、私の兄弟は「龍義堂におります」です）

問：金歩龍歩　不知閣下海在那一歩
（一歩、二歩、三、六、九歩、閣下はどの歩位でしょうか？）

答：一歩、二歩、三、六、九歩　我兄弟　蒙恩兄的栽培　承兄的指示　妄站「心腹」

（一歩、二歩、三、六、九歩、私の兄弟や恩兄の指導と指示によって「心腹」にならせて頂いています）

問：老哥恕過　莫要多心　請你老哥　高陞起来　咱　們弟兄好請好教
（失礼いたしました。ますます兄弟の歩位が高くなりますようにお祈りします。我々は兄弟です。今後とも宜しくお願いします）

答：好説　好説　有禮還禮　有請老哥明指明教
（どういたしまして。礼儀は礼儀にて還すものです。こちらこそ宜しくご指導を願います）

　例として、山を南華山、堂を龍義堂、歩位を心腹としましたが、洪門の條と問答とはこうしたものだと思ったら良いでしょう。

洪門の十の心得

昔から、洪門人がなさねばならない修練が、一に「武術の修練」、二に「度胸の修練」、三に「能力の修練」ですが、洪門人として持たねばならぬのは以下の十の心得です。

一、（設立糧台）
昔は、他の山堂から訪れる兄弟たちに対して、受け入れ側の山堂が「一泊二食」の接待をして、また草鞋銭を包むという風習がありました。今はこうした風習はありませんが、洪門では、困っている兄弟を救済する事や、社会の福祉・慈善事業に貢献する事が強く推奨されています。この為の資金をいつも確保しておく事、これを「設立糧台」と呼びます。今でいうところの資金の積み立てです。

二、（広立公口）
各山堂には分堂や支堂と呼ばれる支部を広げる義務があり、これを「広立公口」と呼びます。ようするに組織の間口を広げるよう努力しなさいという事です。

三、（訪友連絡）
洪門の兄弟は互いに訪問し、また連絡しあって、兄弟が困っていないだろうか、病気ではないだろうか、トラブルに巻き込まれていないだろうか、こうした兄弟の状況をよく把握しなさいという事です。

四、（研究道理）
洪門の兄弟は人としての道を正しく歩む為の研究をしなさいという意味です。

五、（訓練人材）

洪門の兄弟は後進の教育に努めなさいという事です。

六、（注意行為）

洪門の兄弟は常に、他の兄弟が間違った道に進まないように目を光らせていなさいという事です。

七、（清綱盤底）

洪門の兄弟はいつも組織が正しく機能しているかどうか、細部に渡ってチェックしなさいという意味です。

八、（厳行規律）

洪門の兄弟は厳格に規律を守りなさいという事です。

九、（注重礼節）

洪門の兄弟は常に礼節を重んじなさいという意味です。

十、（講仁講義）

洪門の兄弟は仁と義を精神の中心におきなさいという事です。仁とは人としての優しさで、義とは人との約束を守る事です。

洪門の四大決心

洪門には恨、殺、敬、愛という四大決心があります。

恨とは、よこしまな心である「奸」、盗賊の「盗」、邪悪の「邪」、淫乱の「淫」を憎むという事です。

殺とは、国家の害虫である汚職に手を染めた政治家や官僚は赦さないという事です。

敬とは、固く貞節を守る「貞女」や「義夫」を尊敬する事です。

愛とは、忠臣や孝子を愛惜する事です。

洪門人としての誓い

清朝の時代には、完全な秘密結社だった洪門の規律は相当に厳格なものでした。まず入門に際しては「立誓」として三十六の誓いを立てた後に、二十一則、十禁、十刑、律書、十条、十款、議戒十条と呼ばれる八十九にも及ぶ洪門の規律を守る事を誓います。またこの中の五十四の誓いには、それを破った場合の具体的な刑罰も事細かに決められており、更にこれとは別に、各山堂では更に独自の規則を持つ所も多かったのです。

現在の台湾の洪門にはこうした罰則を伴う規則はありませんが、しかし、入門に際しては以下の十条と十款を誓うことになっています。

十条

一、国家に忠誠をつくす。
二、両親に親孝行をつくす。
三、長幼の序を守る。
四、周囲と仲良くする。
五、人としての正しい道を進む。
六、仁と義の精神を重んじる。
七、兄貴の妻（姐さん）と相互に尊重しあう。
八、兄は弟に仁を尽くし、弟は兄に義を尽くす。

九、洪門の規則を尊守する。
十、互信と互助の精神を持つ。

十款
一、淫乱に走ることを許さず。
二、兄嫁、弟嫁と戯れることを許さず。
三、兄弟を害する証人となることを許さず。
四、中途半端で物事から逃げることを許さず。
五、礼を失した言葉づかいを許さず。
六、組織の機密を漏らすことを許さず。
七、組織の規律を破ることを許さず。
八、弱いもの苛めを許さず。
九、道理なき喧嘩と暴言を許さず。
十、身分を偽って洪門に入ることを許さず。

洪門の四柱と四樑

洪門の四柱とは、前述した四大盟兄と呼ばれる新貴人の入門を支援してくれた恩、承、保、薦の四人の兄貴の事です。南華山龍義堂でいいますと、恩義のあるのが「恩」で山主、入門を承諾してくれたのが「承」で副山主、入門を保障してくれたのが「保」で盟證、入門者を直接推薦してくれたのが

「薦」で、この薦が入門者の直接の兄貴となります。

この盟證という役職は、もう一つの香長という役職と並ぶ重要な役職で、組織上は、山主と同格のポジションです。

洪門の四樑とは、上記の洪門の四柱を支える山堂香水という四本の横木の事です。南華山でいうと下記のように記されます。昔は日本で棟梁といったら大工の親方の事ですが、棟と梁は家を支える重要な部分ですから棟梁と呼びました。この梁を中国では樑と書きますが、意味は同じ事です。つまり洪門四樑とは、洪門の柱を支える為の重要な四本の役職という意味なのです。まず山堂香水の山が山主です。堂は堂主で、香は香主で、最後の水が水主です。清の時代には、この山堂香水は洪門の団体の長の名称で、この役職に上下は無かったのです。山主と堂主は水滸伝からその名称をとっていますが、天地会系がこれを好んだようです。また香主というのは、堂主が堂内に祀られた聖壇に香を捧げる責任者であったところからこう呼ばれました。三合会系の団体がこの香主という役職名を好んだようです。また水主というのは、揚子江を縄張りとした哥老会系が使用したようです。

放馬落雁南華山
英雄團聚忠義堂
昇平永杞萬寿香
萬流匯集渤海水

世界の洪門組織

ここで、現在、世界に点在する洪門組織を紹介しておきましょう。

台湾　南華山、金台山、等々五十余山

香港　香港系　和文頭、十四K、和合桃、等々　潮州系　新義安、福義興

米国　ニューヨーク：致公総堂　サンフランシスコ：義興総会、国安会館

カナダ　香港系洪門が完全に支配　洪順堂（民治党）

欧州　**イギリス**：英国致公堂　**フランス**：パリ致公堂

中国　致公党　**フィリッピン**　中国洪門連合総会　**マレーシア**　金蘭武術健身総会

インドネシア　公善社（洪義順）　**シンガポール**　洪義順

ミャンマー　大洪山抱冰堂、和勝公司　**タイ**　興漢会（松柏軒）

オーストラリア　シドニー致公堂（洪順堂）　**ニュージーランド**　六個社団

キューバ　民治党　**ジャマイカ**　金斯敦致公堂　**ペルー**　民治党

パナマ　民治党　**コスタリカ**　民治党　**ニカラグア**　民治党

アルゼンチン　洪門　**日本**　南華山日本國本部堂

洪門の歌

推動民族革命的洪流創造了好機頁光栄史
先烈彪炳功勳應是我們繼起勇向前不終止！

愛護民權灌漑自由花争取自由當先嚴律己
力行孝悌忠信深明礼儀廉恥不自由毋寧死
我們大家要團結精誠融合千萬個心成一體
發揚民族精神抱定堅決宗旨爲國家幹至底

（民族革命、洪門の流れを推し進め、栄光の歴史の数頁を創ろう。
洪門烈士の先輩たちのように、我々も留まる事なく、勇気を持って前に進もう。
民権を護り、自由の花を育て、己を厳しく律して、自由を掴みとろう。
兄弟の情と忠義と共に、深く礼儀廉恥を知り、死を持っても自由を貫こう。
我々は団結し、精神の誠を持って、千万の心を一つに溶け合わせよう。
民族精神を発揚し、国家の為に、最後まで堅く洪門の教えを持ち続けるのだ）。

南華山の概要

南華山は、一九三一年に「上海南華業餘聯誼社」として、上海のフランス租界で開山設立されました。開山に際しては、十八名の大哥が互選による入れ札を行い、許冀公大哥が、初代の山主に選出されました。この開山式には、当時の世界華僑の司令塔であった米国サンフランシスコの致公堂から崔通約大哥が派遣され、やがて、この崔通約大哥が南華山の二代目山主となります。

南華山の三代目には、孫文先生が中華民国の鉄道総裁を務めた関係もあって、孫文先生の門下で、中華民国の鉄道指揮官や行政院参議を務めた石振江大哥が選出され、四代目には台湾鉄路警察局長、台湾警務処（現在の警政署）の官房長、更に国民大会代表を務めた崔震権大哥が選出されています。

一九四九年の国民党の台湾遷都と同時に、大陸の洪門の多くは台湾に拠点を移しましたが、遷都の直後に台湾で戒厳令が布かれた事から、洪門の組織は非合法化されて、それ以後約四十年の長きにわたって地下組織としての活動を余儀なくされたのです。しかし、洪門の兄弟の多くは政府機関や民間企業で活躍を続けました。特に軍隊、調査局、警察といった政府機関での洪門の兄弟の活躍と団結には目を見張るものがありました。しかし、残念な事に、兄弟の一部は竹聯幇や四海幇といったヤクザ組織を結成して、洪門と袂を分ったのです。

こうした雌伏の時代が続いた一九八七年になると、台湾の洪門の間で強い大同団結の機運が盛りあがり、洪門の五十余団体六万人が一緒になって「中華民国社会事業建設促進会」が設立され、理事長に南華山の崔震権山主が、また執行長には南華山の劉沛勛大哥がそれぞれ就任したのです。

また五代目の山主には、南華山生え抜きの法学博士である劉沛勛大哥が選出されて、一九九三年には、この劉沛勛山主の奔走によって、台湾政府の承認のもとに、「世界洪門大会」が台北の陽明山で開催され、劉沛勛山主が大会の執行長を務めました。全世界から約五千人の華僑が参加したこの大会は世界の洪門の歴史に残る盛大なものでした。

そして二〇〇三年には、前述の中華民国社会事業建設促進会を母体とする、会員六万人の「国際洪門中華民国総会」が正式に認可設立されたのです。

国際洪門中華民国総会は人道保護と社会奉仕事業を目的として設立されましたが、この総会の別称が国際洪門南華山です。

今後、国際洪門南華山が目指すものは、過去の漢民族主体の愛国団体から脱皮して、より広い視野から自由の護持をスローガンとした「アジアの安定と世界平和へ貢献」する事にあるのです。

第五章　私と洪門

日本人の私が何故中国の秘密結社洪門に入門したのでしょうか？「縁があったから」といってしまえば一言で済むのですが、それではあまりにも愛想が無いようなので、この洪門正史の末章を借りて、私と洪門との出会いや、また何人かの洪門の男達との触れ合いを書いてみる事にします。読者が洪門を理解される一助となれば嬉しい限りです。

天地会の島へとつづく道

二十五歳の秋、私は米国ミシガン州のロッチェスター市の郊外にあるミシガン・クリスチャン・カレッジに入学しました。このカレッジは「キリストの教会」というプロテスタント系の教団が経営する、当時は学生数が三百人にも満たない小さな学校でした。カレッジの周囲は美しい北米の針葉樹の森で囲まれ、それ程広くないキャンパスには、それと不釣りあいな程に大きな池があり、池の周囲には教会、校舎、図書館、食堂と男女別の寮が建っていたのを覚えています。

宣教師の養成コースが併設されたカレッジには学生寮も併設されてました。この寮は、酒たばこが厳禁のうえに、夜の十時の門限には鉄のドアがガシャッと音をたてて施錠され、その直後に舎監による寮生の在室確認のルームチェックや、時には所持品の抜き打ち検査があるといった非常に厳格な規則で運営されていました。酒も煙草もやる私は、現地で車の運転免許証を取るまでの三ヶ月程は、この男子寮で過ごしたのです。

学生たちの年齢は十八歳から二十歳までが殆どで、二十代も半ばになっていたのは、私と、あと一人か二人ぐらいではなかったかと思います。学生の殆どは、「キリストの教会」と呼ばれる宗教団体のミシガン州やオハイオ州の信徒の子弟でした。校内の外国人は日本人の私と、アフリカのジンバブエから同教団の奨学金を貰って就学したアルトンという黒人の男子学生と、やはり奨学金でマーシャル列島のパラオ島から来たピンピンという女学生の僅か三人だけでした。

キャンパスの生活は非常に単純です。朝は六時に起床の後、男子寮の共同シャワールームでシャワーを浴び、七時ごろから校内の食堂でブレックファーストを食べて、午前九時から授業を受け、昼のランチの後の授業が午後の三時ごろで終わりますので、夕食までの時間を図書館で過ごし、夕食後はキャンパス内の教会でのミサに参加したり、大きな池の周囲を散歩したりという毎日でした。

通常、アメリカの大学やカレッジといえば、学生たちがスポーツや遊びに青春を謳歌する自由な学び舎というイメージを持ちますが、私が入学したこのカレッジにはそうした雰囲気は全く無く、教師も生徒も聖書の一言一句に忠実に生きる事を神に誓った敬虔なクリスチャンで、他の大学やカレッジの寮では日常茶飯事な華やかな夜のパーティ等も厳しく禁止されていました。何しろ、酒やたばこをやっているところを見つかっただけで即退学という校則でしたから、当然、マリファナやドラッグ等をやる学生も皆無な訳です。もっとも、ここに来る学生の大部分は生まれた時から、そうした家庭環境で育っていますから、こうした校則にプレッシャーを感じる学生も少なかったようですし、男女交際に関しても、結婚までは童貞、処女でいる事が当然と考えている学生が殆どだったように感じました。

こう書きますと、何だか私までが、そうした真面目な学生の一人だったと思われそうですが、もしそう思われたならそれは大きな誤解です。私の場合は全くそうした学生たちとは逆の無規律な生き方をして来ており、彼等とは全く異なる無頼な青年期を過ごしていたのです。

この本は、洪門の正史ですから、決して私の来歴を書く事が目的ではありません。それなのにのっけから私のカレッジ時代の話になってしまったのには訳があります。それというのは、このカレッジのあるミシガン州のロッチェスター市が、私と洪門とが最初に触れ合った場所だからです。

本書の各章で洪門とは何かを説明してきましたが、この最後の章では、私という一人の日本人が、洪門と出会い、洪門と触れ合い、体験として洪門を理解し、洪門の一員となった過程を描く事で、同じ日本人の読者により深く洪門の人々を理解して貰えたらと思っています。眼鏡には度数の強弱もあれば色の違いもあります。掛ける眼鏡によって見える風景は大分異なるものです。ですから、まず私という眼鏡がどのような形状や材質なのかを知って貰っておいた方が、読者が洪門という風景をよりクリアに眺められると思うのです。実際、自分の事を書くのは余り気の進む作業ではありませんが、ここは一つ辛抱をしながら、私が洪門と最初に出会ったミシガン州のロッチェスター市に至るまでの人生に触れておく事にします。

上州の番長

私は、今は市町村合併で高崎市となりましたが、かかあ天下とからっ風で知られる群馬県の新町の小学校と中学校から、やはり群馬県の藤岡市にある藤岡高校へと進みました。新町中学時代の私は、本当に手のつけられない暴れん坊で、同学年の男子生徒の殆どが、これといった理由も無しに私にぶん殴られた経験を持っているのではないでしょうか。今思うと、本当に申し訳ない事をしたと反省しています。

県立の藤岡高校に入学すると、私の暴れん坊振りには拍車が掛かりました。私は七キロほどの鉄棒を片手にぶら下げ、ズボンのポケットには電工ナイフを忍ばせて登校したのです。そして、校内の不良と目が合い、相手が視線を逸さない時には上級生であろうと誰構う事なく「オイ、勝負だ」と殴り掛かっていきました。本当に見境の無い理不尽な少年だったのです。

当然、殴られる側の不良の方にも意地もあればメンツもありますので、今度は、その仕返しとして仲間を誘ってグループで襲ってきます。多数を相手の喧嘩では一人で殴り合っても勝つ自信はありません。その時は、電工ナイフを取り出して、グループのボスの喉元にいきなり突きつけ「てめえ、ぶち殺すぞ」と叫ぶのです。そうすると気合い勝ちとでもいうのでしょうか、私を取り囲んでいる集団の殺気がピタッと消えて、喧嘩場に「チーン」という無声の終了ゴングが鳴るのです。一年生の夏までに、校内でこうしたグループとの喧嘩が二回ほどありましたが、秋になるとそれも段々と静まっていきました。静まったと書くと少し語弊があります。正確にいうと「安部はキチガイだから、あんなヤツは相手にするな」と、みんなから無視されていただけに過ぎません。

しかし、校内での喧嘩が静まるのと時期を同じくして、今度は藤岡高校と他校の不良との、言わば学校同士の喧嘩が始まりました。喧嘩の事をゴロをまくと言いますが、こうした学校同士のゴロまきになりますと、やはり、私のような狂犬にも舞台がまわってきます。普段はそばに近寄らなかった校内の不良たちも、私をチヤホヤしてくれるようになりました。まあ、根が単純でしたし、また他人からチヤホヤされる事など皆無でしたから、こうなるとつい嬉しくなってしまい、「よしオレがしめてやる」となった訳です。しめるとは「絞める」の意味で、鶏の首を絞めるように喧嘩で相手を潰す事です。

こうした喧嘩をしながら高校も何とか二年に進級し、周囲から「いよっ、番長、無敵だね」などとおだてられていい気になっていた六月の事です。私は校内での喫煙が発覚して無期停学の処分を受けました。一年生の時に二度ばかり傷害による謹慎処分を受けていましたから、この無期停学は、事実上の退学を意味しました。言わば学校側から退学勧告を突き付けられたのです。

私の母は本をよく読む人でしたが、私が中学に入る頃から、禅に関する仏教書をよく読むようになっていました。鈴木大拙全集等が母の書棚にずらっと並んでいた事から、中学時代の私も、あまり意味の判らない儘に鈴木大拙の著作に目を通すようになっていたのです。石川県出身の鈴木大拙は、禅の思想や大乗仏教思想の泰斗でしたが、彼には英文による著作も数多くあって、禅思想の世界的な普及に尽力した人です。

母は何故禅に惹かれたのでしょうか。その訳を訊ねた事はありませんが、母が二十一歳で私を産み落としてから、程なくして父が、母と乳飲み子の私をおいて実家に戻っています。その後、母は再婚する事もなく、私を養育し続けました。恐らく、若かった母は、女の人が生きていくうえでの様々な苦悩への秘かな救いを、自力本願の禅に求めていたのかもしれません。

そんな母の禅に向けられた思いもあってか、私が学校から謹慎や停学を食らう度に、母は鎌倉の禅寺である円覚寺で、私に座禅の修行をさせたのです。私の方も座禅を組む事は不思議と嫌いではありませんでした。群馬県の真冬は雪こそ余り降りませんが、赤城おろしが吹きすさび、その寒さは中途半端ではありません。そんな冬の風の静かな、月が美しい夜半に、私は自宅の裏の堤防で一人で座禅を組むのが好きでした。煌煌とした満月の夜の座禅は格別で、厳寒のなか、心と身体の中で荒ぶっている熱い何かがすーっと静まっていく感じがして、実に気持ちが良かったのです。

学校が下した処分は無期停学でしたが、学校側は私の転校を母に勧めました。勧めたと書きましたが、それを断る力は母にはありません。しかし、転校とはいっても、二年生の六月からでは何処も受け入れてくれる高校などありませんので、母は色々と考えた末に、七月から私をイギリスの語学学校に留学させ、来年の春までに転校先を決めようと考えました。私は七月末から翌年の二月までイギリス南部のボーンマスの語学センターに留学し、年が明けた二月の末に帰国した時には、母が転校先の高校を既に決めていたのです。

私の転校の件では、母は随分と苦労をしたようです。群馬県の高校は全てシャットアウトでしたから、東京の私立高校の方も随分と当たったらしいですが、こちらも全て断られたとの事でした。最後に、母は岐阜県の親戚に頼みました。この親戚が岐阜市では実力者だったらしく、母は親戚や、親戚から紹介された学校の関係者に頭も下げ、随分とお金も使っていたようです。

岐阜県の高校は岐阜南高校といって、仏教系の高校だったと思います。ところが、二年に編入された私は、登校の二日目の放課後に態度がデカイという理由から、まだ名前も覚えていない七、八人の同級生に校舎の裏庭に呼び出されたのです。岐阜弁で「おまえ随分と態度がデカイじゃないか……」という意味の事を不良が言うので、私はまずそいつを両手でいきなり突き飛ばしてから、ポケットからナイフを取り出して、力まかせに傍にあった太い木の幹に突き立てると、「てめえら、文句があるなら死ぬ気で来い」と怒鳴りました。同級生たちは、身じろぎもせずに無言で立ちすくんでいました。その日は、「このままでは済まないな」と心の中で思いながら、「俺は、どうして何時もこうなっちゃうのかなー」と呟きながら、本当に足取りも重く下宿先の親戚の家に戻ったのです。

そして中一日おいた四日目の英語の授業の時でした。英語の教師が英文のリーデングでまた私の順番を飛ばしたのです。彼は、私がイギリスに留学していたのが面白くなかったのかもしれません。確かに、あの教師の発音はお世辞にも上手いとは言えませんでしたから。

登校の二日目にも自分の番を飛ばされてむっとしていた私が、「先生、なんで俺だけ飛ばすんだ」と食って掛かると、その先生は「何だその態度は」と大声で怒鳴ったのです。おもわず、私は手にしていた英語の教科書を教師に向かって思いっ切り投げつけました。そして、目の前の机を足で蹴っとばし、「てめえの下手くそな発音なんか聞いてられるか、もうやってられねえ」と叫ぶと、そのまま教室を飛び出したのです。学校から親戚の家に戻って、母から貰っていた小遣いを手にした私は、その足で岐阜羽島の駅から新幹線で故郷の群馬県へと向かいました。仲間のいる群馬には帰っても、「もう母の待つ家には戻れないなあー」と、新幹線の窓の外で赤く沈む夕日を眺めながら思った事を覚えています。十七歳の春でした。

それから約二年間、私は家出をします。群馬で暫く不良仲間と過ごしてから東京に出た私は、新宿区の四谷のマンションを根城に盟友会と名付けた組織を旗揚げして、色々な悪さをして過ごしました。何もこれといった目的もない毎日でしたが、折に触れては仲間を連れて、高尾山の山麓にある琵琶滝へ滝に打たれにいったり、山の周囲にあった白狐稲荷の祠で夜通し般若心経を唱えたりもしていました。

青春の頃には誰にでもある事でしょうが、私もこうでありたいという自分の意識と、まったくコントロールの利かない激しい自我の跋扈との葛藤に深く悩んでいました。跋扈の「跋」は足で踏みつけることで、「扈」は魚を入れる竹籠の事ですから、魚がピンピンと踊り跳ねて籠に入らない事が跋扈ですが、これが転じて、我が物顔に振る舞う事やのさばることを跋扈といいます。またご承知のように葛藤とは、植物の葛や藤の蔦が互いに縺れ合う事ですので、この頃の私の心は、こうした竹籠に入らずに勝手に飛び跳ねる魚に似た様々な感情が縺れ合うグシャグシャな状態だったのです。

青年時代の私は、無意識のうちにこの切なる救いを肉体の苦痛が伴う、何か修行的なものに求めていたと思います。心の中には常に満たされない感情が荒々しく渦を巻いており、それはもう座禅を組む事などでは静まってくれるものでは無かったのです。ただ五分も入っていれば身体の感覚が消えうせ、意識すら真っ白になるような真冬の滝に打たれている時だけが、またきつい山道を全力で駆け上がったり、一歩間違えば墜落死するような岩場をよじ登っている時だけが、また勝手に習い覚えた般若心経、不動明王の真言、祝詞等を大声で唱えている時だけが、心の中の切なく激しい葛藤を忘れる事が出来ました。

私が通っていた高尾山の琵琶滝には修行者用の宿泊所が備わっていました。宿泊所には滝守のお爺さんが常駐していて、食事は自炊ですが、薄い煎餅布団も貸してくれますし、もう正確には幾らかは忘れましたが、宿泊料金も安かった事から、私は段々と四谷の仲間をほっぽり出して、長い時には一ヶ月近くも琵琶滝に居続けるようになっていきました。琵琶滝に修行に来る人は実に様々です。修験者、祈とう師、拝み屋、占い師といった人が「霊感を磨くのだ」と言ってよく来ましたが、会社が倒産した元社長さんとか、恋に悩む若い女性の姿も見かけましたし、中には中年の女性でしたが、まるで能舞に出てくる鬼女の面をかぶっているような表情の人もいました。そうしたなかで、私の滞在中たった一度でしたが若い僧侶の方が宿泊所に泊まりに来たのです。

滝行では「夜は魔が憑く」と言って滝に打たれるのを嫌います。ですから、宿泊者は夕餉の自炊の後には、どうしても暇を持て余します。宿泊所の玄関には炉辺がありましたので、特に冬の寒い夜などは宿泊者が皆そこに集まって世間話をしたのです。若い私は皆さんの話を聞くばかりでしたが、前述した若い僧侶の方が話す真言密教の話には何故か強く惹かれ、その晩、彼にせがんで真言密教のムドラー（手印）を一つ二つ教えて貰っているうちに、彼が東京の大正大学という仏教大学を卒業して僧侶の資格を取り、今は高尾山の山頂にある薬王院に勤めている事を知りました。ご存知のように、密教では、護摩壇に積み上げられた護摩木を焚いて諸天諸仏を供養します。その頃、私は琵琶滝から薬王院へと続く急な山道を駆け上る事を日課としていましたので、薬王院の燃え上がる護摩壇を前に、数多くの僧侶が力強い太鼓の音に合わせて「南無飯綱大権現」と唱える事は知っていました。私も護摩行に参加した事があり、あの燃え盛る炎に見入っている時には、静座の状態でも不思議と心の落ち着いている自分を感じていました。若い僧侶は早朝の滝行を終えると薬王院に戻りましたが、私はその日、また山頂の薬王院に出向きました。天上に届けとばかりに舞い上がる護摩壇上の炎を食い入るように見詰めていると、やはりいつも心でうねっている荒々しい感情が干潮のように引いていきます。この時、私は真言密教を本気で勉強してみたいと思ったのです。

この後、暫くして私は母のいる家に戻りました。私が真言密教の僧侶になりたいので大正大学に行きたいと話すと、母は頷いてくれました。

高校中退の私が大学を受験する為には、大学入試資格検定試験という文部省の検定試験に合格するしか道がありません。しかし検定試験は受けてみると、思っていた程には難しいものでもなく、私は二十歳の春に大正大学文学部宗教学科に入学したのです。なぜ仏教学科を選ばず宗教学科を選択したのかというと、入学試験に際して、母から「僧侶になるならないは後々の事として、まず宗教というものを広く学びなさい。その代わりに学費は出してあげる」と注文をつけられたからでした。

大正大学に通い始めて一年が過ぎようとする頃でした。私の祖父の友人であった大協石油（現・コスモ石油）の中山善郎社長から、エジプトのカイロ大学を卒業して日本に帰国したばかりの小池百合子さんを紹介されました。今は政界で大活躍されている小池代議士ですが、当時は大協石油の嘱託をしながら、民族派の元衆議院議員・中谷武世先生が会長を務める日本アラブ協会でアラビヤ語を教えていたのです。私が宗教を勉強しているというと、百合子さんは「宗教を勉強するなら、やっぱりコーランを読めるようにならなくては。それに、これからはアラブの時代よ。どう、アラビヤ語を勉強してみない」と勧めてくれました。私は日本アラブ協会で半年ほどアラビヤ語を学ぶと、その頃、エジプトで商売をしていた百合子さんのお兄さんの小池勇さんに連れられてエジプトの地を踏む事になったのです。

太陽王ラムセスの国

エジプト航空で十数時間揺られてカイロ空港に着くと、カイロ市内で「なにわ」という日本料理店を経営していた百合子さんのお父さんの小池勇二郎先生と、国士舘大学の空手部キャプテンから海外青年協力隊の空手師範としてアラブ各国を廻って、その頃にはアラブ空手連盟とアフリカ空手連盟の事務局長を務めていた岡本秀樹先生の二人が空港で出迎えてくれました。その日から約三年近くに及ぶ私のエジプトでの生活が始まったのです。

カイロ市内にあるアメリカン大学の語学スクールで基礎的なアラビヤ語を学んだ私は、百合子さんが卒業したカイロ大学に入学願書を提出しました。ところが、カイロ大学は私の願書をどうしても受理しないのです。理由は、私が高校卒業の免状を持っていないからというものでした。これに対処する為に、小池勇二郎先生は親友のハテム副首相に善処を依頼したり、私を連れて、エジプト文部省事務次官のモハメッドさんの自宅を何度も訪問したりしてくれたり、日本大使館を動かしてくれたりと、実に獅子奮迅の動きをしてくれました。結果として、私の件はエジプト文部省の事務次官の机の上の懸案事項となったようです。当時、カイロの日本大使館の領事が文部次官を訪ねる度に、次官の机の真正面にいつも私のファイルが置いてあるので驚いたという話も聞きました。

小池先生は実に情熱的な愛国者でした。若い頃から政治に大変興味を持たれていた小池先生は、ご自身も兵庫県から衆議院議員に立候補された経験があって、「いつか百合子を議員にしたい」というのが先生の口癖でした。小池先生との思い出は沢山ありますが、本書の主旨ではないので、ここでは二つだけその思い出を語ることにします。

先に述べた文部次官のモハメッドさんにはカイロ大学を卒業したばかりの年頃のゼイナブさんという名の娘さんがいて、小池先生と私が訪問する度に食事の席でなにくれとなく我々の世話をやいてくれます。こうした食事の時に、決まって小池先生が大きな声で私に話かけるのです。「おい、娘はお前に気があるぞ。この娘と結婚しろ。そうしたら今の問題などすぐにけりがつく。男は目的の為には何でもやるんだ」と。確かに、娘さんはとてもチャーミングなアラブ美人でしたが、その時の私は、胸のドキドキをおさえながら、「先生、そういう冗談は止めて下さい」というのが精一杯で、小池先生の「おまえ冗談じゃないぞ、やれ！」という割れ鐘のような大声がいつまでも耳元で響いていた事が忘れられません。

もう一つは、当時、私はアラブ人の家にホームステイしていたのですが、殆ど毎日のように朝の五時ごろになると、岡本先生の運転で小池先生が迎えに来るのです。向かう先はカイロ市郊外にそびえるギザのピラミッド群です。ギザ地区は国の重要施設ですから、周囲は日夜を問わず警備隊が厳重に取り囲んでいましたが、エジプトの軍と警察の空手師範でもある岡本先生はそうした場所でも顔パスでした。ピラミッドの傍で車を降りると、我々三人はピラミッドの東側の中腹までよじ登ります。そこで瞑想をしながら日の出を待つのです。やがて、遥か平野の彼方に紅が差し始めると、全員で起立して、日の出と同時に東天に燦然と昇る太陽に向かって拍手を打つのですが、これが小池先生と岡本先生との日課でした。小池先生にとって太陽は天照大神でしたが、場所がピラミッドの中腹という事もあって、ピラミッドをまぶしく照らす旭日を拝する度に、私はいつもエジプトの太陽王ラムセスを連想していました。

ムスリム（イスラム教徒）の聖典であるコーランは世界中で十億人が読んでいると言われますが、このアラビヤ語で書かれたコーランを学ぶ事がイスラム教を学ぶ第一歩に他なりません。私は、カイロ大学への入学が儘ならないなか、エジプト人のマフムードという先生を家庭教師に雇って、コーランの素読によるアラビヤ語の学習と、スンニ派のムスリムである彼からイスラムの教義を学ぶという毎日を過ごしていました。ですが、このマフムード先生は大学と大学院でヘブライ語を専攻したという、ムスリムの中ではとても変り種だったのです。ヘブライ語は、アラブ民族の共通の敵国イスラエルのユダヤ民族の言語ですので、イスラム国家であるエジプトでこれを学ぶ人は本当に少数派です。ですから、将来は大学教授になる夢を持っていたマフムード先生でしたが、如何せんヘブライ語を勉強しようという学生がクラスの定員を満たす筈もなく、教えたくても教える場所が無いという現実に直面していたのです。それで彼は、高学歴の割には随分と生活的には困窮していたようで、そんな事情もあって大学で教鞭をとることも叶わず、私のアラビア語の家庭教師を引き受けたという訳です。しかし、ヘブライ語に関してはエジプトでもトップクラスとの自負の強いマフムード先生は、教えたくても教える相手のいない欲求不満もあったのでしょう。私にコーランの素読を教える傍ら、ついつ

いへブライ語を教え始めるのです。それでも、最初の頃は、コーランの素読の合間にちょこっととい
った感じでしたが、私が興味を示すにつれて、マフムード先生がへブライ語を教える時間が段々と長
くなっていき、暫くすると、コーランとへブライ語を教える時間の長さが逆転してしまいました。
　マフムード先生はへブライ語の素読にユダヤ教聖書（モーゼ五書）を使用しました。キリスト教で
いう旧約聖書です。この時、私は初めて原語で旧約聖書に触れたのです。ですからマフムード先生か
らはアラビヤ語は勿論の事、イスラム教についても、またユダヤ教についても随分色々と学びました。
マフムード先生自身は日に数度の礼拝を欠かす事が無く、ラマダン月の一ヶ月の断食も忠実に行い、
またハッジと呼ばれるメッカへの巡礼も果たしたという熱心なイスラム教徒でしたが、彼が口をすっ
ぱくして私に語っていたのは、一九四八年のイスラエル建国以後、互いに敵視しあっているアラブ人
とユダヤ人の祖先が、元々はアブラハムの腹違いの息子同士、つまり兄弟同士だという事でした。ア
ブラハムの正妻サラの子がイサクであり、この系統が後にユダヤ人となり、妾ハガルの子イシュマイ
ルの子孫がアラブ人となったのです。また、マフムード先生に言わせると、ユダヤ教聖書や旧約聖書
でユダヤ人の祖先とされるアブラハムは実はユダヤ人ではなく、その人はへブライ人であったとの事
です。へブライ語はアラブ人にとっても祖先の原語、だからアラブ人にも大切な民族の原語なのだと
いうのが彼の譲らぬ主張でした。カイロ市内を流れるナイル河のように、へブライ語をとおして民族
の源流から下流に至る流れを見詰めていたマフムード先生は、また、宗教や民族の違いによる人と人
との争いをとても嫌っていた人であった事を思い出します。
　エジプトにはコプトと呼ばれる少数民族がいます。エジプトの人口の一割がコプト民族で、彼等が
奉じる宗教は、コプト教と呼ばれる原始キリスト教です。コプトはエジプト土着の民族で、言わば純

粋のエジプト人とも言えるでしょう。私はこのコプトの人たちともよく付き合いました。その切っ掛けとなったのが、私の下宿の隣に住んでいた陽気なコプト人の家族です。この家族には、夕食によく呼ばれ、モロヘイヤがたっぷりと掛かったご飯、フール（そら豆の煮込み）、タヒーナ（ペースト状の白ゴマ）やコフタ（羊の肉団子）などをご馳走になりました。家族には十八歳と十五歳の男の子がいて、私は兄のセムセムとは兄弟のように仲良くなりました。セムセムとはゴマの意味です。彼は私をよくカイロ市内にあるコプト教会へと連れ出しては、拙いアラビヤ語と、これもまたお粗末な英語しか話せない私にむかって、一生懸命にキリストへの信仰を説き、またコプトの特徴のある十字架を私の首に掛けたりしてくれました。ローマ法王庁から異端キリスト教の烙印を捺され、エジプト人の九割を占めるアラブ人からは有形無形の迫害を受け続けてはいましたが、彼等コプトは心の底から陽気な民族で、その敬虔で強靭な信仰心に、若い私は全身で感動していました。

家庭教師のマフムードからユダヤ教聖書（旧約聖書）の特訓を受け、また親友のセムセムからはコプト教（原始キリスト教）について説明を受けているうちに、生まれつき好奇心の旺盛な私は、次第にキリスト教そのものに強い興味を抱くようになっていったのです。また、この頃からです。私が民族とは何か、宗教とは何か、また人間の幸せとは何かを、おぼろげながらも考え始めたのも。

私のエジプト滞在は二年目に入り、二度目のカイロ大学への入学申請の時期が巡ってきました。しかし、私の申請書類はまだエジプト文部省のモハメッド事務次官の机の真正面に置かれた儘の状態で、私はといえば、小池先生の「おまえ、文化センターの所長に泣き落としを掛けろ、外務省は日本政府だ。日本政府がエジプト政府に頭を下げれば、あのモハメッドも裏で応援してくれているから、おまえの入学などなんとでもなるぞ。いいか、エジプト文部省の日本大使館の窓口は文化センターの所長だ。所長をその気にさせるんだ。それには頭をまるめて誠意を示せ。とにかく毎日、所長の所に押しかけて、何でもいいからセンターの手伝いをしてこい」という指示で、私は手元にバリカンが無かったことから、カミソリで頭をテッカテッカに剃り上げて、毎日、カイロ市内の日本大使館の文化センターに通いました。センターの日本人所長は最初に私のスキンヘッドを見て流石にギョットしたようで、「手伝いなどいらない、帰りなさい」とさかんに言っていました。しかし、私の方は手伝いをしないと小池先生に叱られるので、素知らぬ振りをして文化センターの中で頭を光らせながら勝手に雑役夫や掃除夫のような事をしていたのです。

しかし結果として、私の二度目の申請はカイロ大学から却下されました。

小池先生は「まだまだ頑張れ」と励ましてくれて、岡本先生はエジプト警察の武術師範の職を、日本の百合子さんは、アラビア語が大分話せるようになった私にエジプト国内の旅行ガイドの仕事を斡旋してくれましたが、そんな周囲の好意とは裏腹に、私は一度日本に戻って、徐々に興味を強めていたキリスト教の勉強を本格的にしてみたいと考え始めていました。

こうしたなか、また一年ほどエジプトで色々な出来事があった後に、私は日本に帰国したのです。私は二十四歳になっていました。帰国した後も、私のキリスト教を学びたいという気持には変わりがなく、アメリカの大学だったら大検（大学入学資格試験）の資格でも、トッフルという英語検定試験にさえ合格すれば入学が許可される事を知り、このトッフルの試験を受けた訳です。

そして、私が選んだ大学がミシガン・クリスチャン・カレッジでした。同校の他にも米国のキリスト教系の大学に願書を出していましたが、何故同校を選んだかの理由は簡単でした。それは同校の入学許可書が一番早く私に郵送されてきたからです。私は九月の授業開始に間に合うように、八月の末にはロスアンジェルス経由でミシガン州のデトロイト空港に降りたちました。あの日のデトロイトは小雨模様だった事を今でも覚えています。

人生に「もし」という言葉はないのでしょうが、あの日、私がデトロイト空港に降りなかったならば、ミシガン・クリスチャン・カレッジのあるロッチェスター市で洪門との出会いも無く、また台湾という国にも興味を持たなかったかも知れません。

李さんのチャイニーズレストラン

入学して一年目が過ぎようとする頃、平日は、ミシガン・クリスチャン・カレッジで聖書を学びながら、週末になると友人のジョナサンのデトロイト市の実家で過ごす事が私の生活パターンとなっていました。デトロイト市はGM、フォード、クライスラーの発祥の地として有名ですが、当時は全米で最も殺人の比率が高い犯罪都市としても名を馳せていました、黒人のジョナサンの家はデトロイト市でもダウンタウンにあり、私が週末に彼の家で寝ている夜中に、よくバーンという拳銃の発砲音を耳にしたものです。デトロイト市は、後に台湾で私の兄弟分となった国際トラック運転手労働組合（IBT）の台湾の代表ポール・ロシグノの生まれ故郷でもありました。またこのデトロイトは、国際トラック運転手労働組合（IBT）を組合員百九十万人の全米で最も力を持つ労働組合に育て上げたIBTの委員長ジミー・ホッファの出身母体である第二二九支部がある場所でもあったのです。

ホッファはマフィヤとの癒着がもとで、マフィアに消されたといいますが、このホッファの後継者で、やはりマフィヤとの関係が深いと噂されたフランク・フィッツシモンズの出身母体もやはりこの第二二九支部でした。そして、フィッツシモンズから数えて三代目のIBT委員長がジャッキー・プレッサーです。このプレッサーは、八〇年代の年収が表向きだけでも五十万米ドルを超えていた超リッチマンで、彼が指にダイヤのリングをして、手首にダイヤのブレスレットを嵌め、またカフスやネクタイピンもダイヤだった事から、別名ダイヤモンドの委員長とも呼ばれていました。当然、このプレッサーもマフィヤとの関係が噂されていましたが、私の兄弟分のポールは、このプレッサー委員長の秘蔵児として台湾に派遣されていたのです。何故洪門とＩＢＴが関係があるのかと思われるでしょうが、この話は後程出てきます。

ミシガン・クリスチャン・カレッジのあるロッチェスター市は道路添いに二キロ程商店の立ち並ぶ田舎街でしたが、そこに一軒だけ「四川王朝」という名前のチャイニーズレストランがありました。アメリカのチャイニーズレストランではテイクアウトが出来るので、私も最初の頃はフライドライスとかチョップスイ（肉と野菜のごった煮）をテイクアウトするだけでしたが、ここのオーナーの李さんという人が面白い人で、私が日本人だと知ると、いつも「ユー、ハブ、メニー、ガールフレンズ」とか、「ジャパーニーズ、ライク、ア、ウーマン」とか下手な英語で何とも訳の判らない冗談を言うのです。そんな事から、私はまずこの李さんと仲良くなりました。

話を聞いてみると、李さんは奥さんと二人で台湾から来たと言います。当時の私の台湾についての知識は乏しく、ただ蔣経国という人が総統だというぐらいしか知りませんでした。この蔣経国の名前にしても、私が四谷で盟友会をやっている時に、四谷三丁目でクラブを経営していた先輩が、「今度、みんなで台湾にいって蔣経国総統に会うんだ」と誇らしげに話していたので、「へーえっー、総統、すごいじゃないですか」という感じで、うろ覚えに頭にあっただけです。

ですから、今だから判るのですが、李さんは台湾の外省人でした。当時、李さんは三十二歳ぐらいで、渡米前は、台湾で靴を製造する会社でセールスマンをしていましたが、お姉さんがノースウエスト航空のスチューワーデスで、義兄がシカゴ在住の華僑だった事から、この姉と義兄の紹介で、ミシンガンの田舎に店を開いたとの事でした。ですから、李さん自身はコックではなく、店の調理場には親方を中心に四人の台湾人コックが働いていたのです。

李さんのアパートにもよく招待されました。私が台湾の金門島で生産されるアルコール度が五十八%もある金門高粱酒を初めて飲んだのも李さんのアパートでした。この高粱を原料にして造られた酒は、言わばとびっきり強い酒ですから、日本のお猪口のような小さなグラスで飲むのですが、李さんの飲み方は盃を干す乾杯です。最初、私の方がちょびっと飲んでグラスをテーブルに置くと、彼が「ユー、マスト、ボトムズ、アップ」と怒ったように言うので、仕方無しに私も乾杯を重ねました。そんな事を繰り返しているうちに、やがて李さんが酔っ払ってテーブルの上に突伏したので、私が「ミスター、リー、アー、ユーOK?」と彼の肩を叩こうとして立ち上がった瞬間、私の方もこの酒にスコンと足をとられて、そのままフロアーにぶっ倒れたのです。その後の私の記憶はありません。朝になって、私がフロアーの上で目を覚ますと、私の上にはちゃんと毛布が掛けられていて、李さんが傍のソファーで寝ていたのです。

これがその後、私と長い付き合いとなり、また色々と問題を起こす種ともなった金門高粱酒との最初の出会いです。李さんのアパートから私のアパートまでは車でほんの十分程の距離でしたが、昨夜あれだけ酔っぱらったのに拘わらず、ネイビーブルーの空に朝の太陽が輝き、スノーホワイト色の冬のミシガンのカントリーロードをドライブする私の頭は割りと爽快でした。酒が翌日まで残らないのが金門高粱酒の特長なのです。

いったん仲良くなると、私がテイクアウトをしても、また店内で「魚香茄子」、「麻婆豆腐」、「粉蒸牛肉」といった料理を注文しても、李さんは「ノー、プロブラム」といって私から食事の代金を受け取らなくなりました。あまりに申し訳ないので、私の方も客の多い週末にはウェイターとして李さんの店を手伝うようにしたのです。そうすると、どうしてもコックの人たちと一緒に過ごす時間が多くなります。彼等は英語が全く駄目でしたから、会話という会話を交わすことも無かったのですが、その中で目つきの鋭いチャンという若いコックだけが、片言の英語が話せたので、李さんとは別に、私はどうしてもこのチャンとも仲良くなりました。あっ、チャンと仲良くなった原因を思い出しました。

ある日、いつものようにチャンと「ブル、シット」とか「ファック、ユー」とか冗談を言い合っているうちに、話がマーシャルアーツの事に及んだ時です。まずチャンが拳法の型をしてみせたので、私も剛柔流の空手の型をしてみせました。そのうち、二人で組み手をやろうというような話になって、まあ、最初のうちは軽くじゃれているような感じで、李さんたちも「ユー、アー、ライク、ア、ブルース・リー」などと合いの手を入れながら、笑って見ていたのですが、やがてチャンのジャブが私の顔面を捉らえました。彼としてはほんの軽く入れた積もりだったのでしょうが、ふらっと後ろによろけてしまった私としては、面子が無くなった事もあって、「この野郎、やりやがったな」と頭に血がのぼってしまったのです。もうそうなったら、私も全力でケリやパンチをチャンに入れますし、チャンの方も頭に血がのぼってしまい、暫くすると双方ともに血だらけになったわけです。李さんや、李さんの奥さんが必死に止めましたので、このファイトはそこで終わりましたが、興奮している私をレストランのボックス席まで連れだした李さんが、テーブルについて少し落ちついた私に、「ユー、スチューピッド、ユー、キャン、ノット、ファイト、ウイズ、ヒム」というのです。私が何故だと尋ねると、李さんは黙って、テーブルの横におかれていた紙に「洪門」と書いて私に見せると、さっとその紙を破って、「ユー、ドント、ノー、バット、ディス、オーガナイゼーション、イズ、ベーリー、デインジョラス」と小声で囁くように話ました。

洪門が初めて北米大陸に進出した場所は、カナダのブリテッシュ・コロンビア州だと言われています。年代的には一八五八年ですから、太平天国の乱が始まってから八年目です。また、この年には清朝が、イギリス、アメリカ、フランス、ロシアとの間で天津条約を締結しています。天津条約は、広州でイギリス船籍の船を清の官憲が臨検し、イギリスの国旗を引き降ろして、イギリス人十二名を逮捕した「アロー号事件」を切っ掛けとして勃発した戦争の幕引きの条約でした。この条約によって、清は多額の賠償金を支払わされた挙げく、外国公使の北京駐在やキリスト教の自由な布教を無理やりに承認させられたのです。

このブリテッシュ・コロンビアに続いて、五年後の一八六二年には、サンフランシスコで洪門「洪順堂」が設立されています。この洪順堂から、致公堂、義興会、三点会が枝分かれして、やがて致公堂が全米で最大の洪門の組織となるのです。私がミシガンにいたこの時代は、比較するのも可笑しな話ですが、洪順堂が設立されてから百年以上の時間が流れていますが、サンフランシスコを本部とするアメリカの洪門致公堂の実力は変わらず、致公堂は、全米を九地区にわけて、ボルティモア、デトロイト、クリーブランド、アトランタ、ニューヨーク、シカゴ、ボストン、ワシントン等にそれぞれ支部を持っていたのです。

それから何日か過ぎて、私がまた李さんのレストランに行くと、チャンが厨房から出てきて、「ユー、カム」といいます。「こいつ、まだ喧嘩を根に持っているのか」と私は少し身構えましたが、李さんが笑いながら、指で行けというように合図をするので、仕方無しに、私が厨房に入っていくと、チャンが私にウイスキーの瓶を差し出して「ユー、ドリンク」と言うのです。チャンの細い目は少し俯き加減でしたが笑っていました。そうなると、もう私の方も何となく嬉しくなってしまって、その晩、レストランが終わった後に、チャンと私は、レストランで朝方まで痛飲して、日本でいうところの喧嘩を水に流したのです。勿論李さんも朝まで付き合ってくれました。

この日からです。チャンと私が急に仲良くなったのは。その後、チャンは店が休みの日には、ロッチェスターからデトロイトのダウンタウンまで、私を遊びに連れて行くようになりました。片言の英語しか喋れないチャンでしたが、デトロイトに着いて、チャンが電話を掛けると、いつも十五分程であまり人相が良いとは言えない広東人のミスター・フーが運転する車が迎えに来るのです。

デトロイトにはサンフランシスコやニューヨーク、またシカゴのようなチャイナタウンと呼ばれるものはありません。昔は、小型のチャイナタウンがデトロイト市のダウンタウンの目抜き通りのウッドワード・アベニューにあったそうですが、いまから四十年程まえに市街地の整理の為に撤去されています。ですから、私がミシガンにいた三十年ほど前には、既にデトロイトのチャイニーズレストランは市内の各地に分散していたのです。

デトロイト市にチャイナタウンはありませんでしたが、それでも、中国人の若い女性がごちゃごちゃいるアパートとか、また、日本でいう雀荘みたいな感じの部屋とかがあって、色々と楽しかった事を覚えています。私がまだ学生だという事もあって、何をしても、いつも支払いはチャンでした。チャンはデトロイトに行くと、私をまず日本でいうファミレスのような場所で待たせて、いつもどこかに顔を出していました。あとで李さんに訊いたところ、洪門のオフィスだろうという事でした。

李さんはチャンと私が付き合うのを、内心では心配していたようですが、それを口にする事はありませんでした。チャンは私のことを「ブラザー」と呼びましたので、私もチャンのことを「ブラザー」と呼んでいました。二人が色々とコミュニケーションをとるには、正直いってチャンの英語力では限界がありましたが、それでも、過去にいつも言葉の通じない世界ばかりを歩いてきた私には、チャンが何を言わんとしているのかが理解出来たような気がしていました。相手の事を真剣に理解しようとしたならば、言語などというものは二の次だという事です。

そんな事が続いたある日の夕方、私が李さんの店に行くと、店はがらんとして誰もいません。李さんに話を聞くと、「昼頃に、移民局の役人が来て、コックを皆引っ張っていった」との事です。誰かが密告をしたのだと、李さんは頭を抱え込んでいました。当時のアメリカのレストランで働くコックの多くは、蛇頭の船でアメリカの西海岸の近くまで来て、そこから小型のボートで密入国をしていました。ですから、彼等の殆どが違法滞在者だったのです。

暫くして、李さんの店にはまた新しいコックが来ましたが、私は手の甲にブルーの龍の入れ墨をしたチャンのことが忘れられませんでした。あの「ブル、シット」が口癖で、また切れるぐらいにきっぷのいいチャンさんの事が。

洪門について言うならば、当時の私は、洪門がどのようなものなのかも、また台湾でチャンさんがどこの組織に属していたのかも、全くそうした点に関しては無知でした。ただ、このチャンさんとの出会いを切っ掛けにして、私は初めて洪門という組織に興味を持ったのです。その後、李さんに尋ねてもチャンさんの消息は不明でしたが、後に、私が台湾に行った理由の一つが、このチャンさんに会えるのではないかという気持ちもあっての事でした。

洪門「洪発山」の呂蔭安

私が、アメリカから日本へと戻ったのは二十九歳の時ですから、アメリカには五年間いた事になります。そして、私が初めて台湾を訪れたのが三十二歳の時、一九八七年の秋も大分深まった頃でした。当時の総統は蔣経国先生でしたが、この蔣総統が亡くなったのが翌年八八年の一月ですから、台湾の蔣王朝の幕が引かれる寸前という事になります。

台湾に足を踏み入れた頃、私の親代わりをしてくれたのが、国際反共連盟やアジア反共連盟の常任理事だった路国華さんでした。国際反共連盟は、一九六六年に韓国で結成されたＷＡＣＬ（World Anti－Communist League）が本部でしたが、台湾には別に、アジア反共連盟という国際組織があり、この創立者が、かつて反共運動が華やかなりし頃に「反共の鬼」と呼ばれた谷正綱博士です。

路国華さんは他にも、国民大会代表、中華民国全国総工会の常任理事、中国労工福利事業協会の理事長などを務める、謂わば台湾の労働界のボス的な存在で、前述したＩＢＴの台湾の代表ポール・ロシグノとは、この路国華さんの紹介で会ったのです。中国の東北遼寧省の出身である路国華さんは、後に日本の総理大臣に当たる行政院長となった李煥さんや、国会議長に当たる立法院長となる梁肅戎さんとは特に仲が良かった事を覚えています。

台湾に来たばかりの頃、この路国華さんから「人間というものは、水だと思ったら良い。水が上から下に流れるように、人間というものは必ず利益のない方から利益のある方に流れるものだ。君が台湾で成功しようと思うのなら、この事を忘れないようにしなさい」と教えられた事があります。この路国華さんの一言はまさに至言でした。ですから、義とか人情だとかにうつつを抜かしていた私は、二十年も台湾にいながら未だなにも成功していないのです。

路国華さんには、随分と多くの外省人の立法委員や国民大会代表といった、日本でいう政治家の先生を紹介されましたが、その殆どが青幇のメンバーでした。蔣介石総統や息子さんの蔣経国総統が青幇でしたから、当時の体制を考えれば、当たり前の事だったのです。それでは、洪門はどうだったというと、戒厳令下で結社の自由が認められない時代を背景に、なかば公然と地下に潜っていたと言えるでしょう。青幇の人々との交際で忘れられないのが上海出身の徐さんです。私が台湾に来た切っ掛けの一つが、ある政府のエンジニアリングの仕事を受注する事にもありましたので、当時、こうした政治がらみのビジネスに強い影響力を持っていた青幇の力が必要だったのです。徐さんとの事は余り詳しく書けませんが、この徐さんにはよく江浙菜と呼ばれる上海料理をご馳走になりました。この江浙菜の代表は何といっても日本でもよく知られた「東坡肉」と「鱔魚」と呼ばれる泥鰌と葱の炒め物です。徐さんもそうでしたが、青幇の方には、上海テイラーで知られているように、日本でいうナリもセンスもスマートな人たちが多く、また彼等からはビジネス面でのクールさというものを教えられたのですが、こちらの方も、根がすぐ熱くなる私には、残念ながら身に付かなかったようです。

このような中、私は一人の大切な洪門の兄弟と出会いました。

彼の名は呂蔭安といって、香港人です。

華僑社会の映画には、一九六〇年代の香港の黒社会を描いたものはかなり多いのですが、その中で雷老虎や雷洛という名前の「探長」がよく登場します。探長というのは、かつてイギリスの植民地だった香港の警察の制度名で、これを日本の江戸時代の奉行所でいうなら、イギリス人の警察官が「与力」や「同心」で、この探長が十手取り縄を持つ「岡っ引きの親分」といったところでしょうか。こうした映画の一つで大ヒットしたのが「五億探長雷洛伝」という映画です。主演が香港の大スターであるアンディ・ラウなので、もしかしたらご覧になった方もいるかもしれません。五億探長雷洛伝という意味は、一九六〇年代に、香港のお金で五億ドルを稼いだ探長のストーリーとでもいう意味です。

この雷老虎の本名が「呂楽」といって、前述した私の兄弟分の呂陰安の叔父さんに当たります。少しこの呂楽という人について話をしてみましょう。

東洋の真珠と呼ばれる香港は、一九九七年七月一日にイギリスから中国に返還され、その後は中国の特別行政区として現在に至っています。この香港が清からイギリスに割譲されたのは一八四二年ですが、東南アジアの交通の要所である事に加えて、宗主国であるイギリスが、輸出入される商品をタックスフリーとする、謂わばフリーポート政策を取った事から、特に第二次世界大戦後の一九五〇、六〇、七〇年代になると、香港は経済的に驚異的な発展を遂げたのです。経済が急激に発展すると、これに正比例して犯罪件数も上方に急カーブを描きます。そして、この香港の治安を担当したのが香港皇家警察でした。皇家とはロイヤルの事で、イギリス王室の警察という事です。

呂楽はこうした時代を背景にして、香港皇家警察の中で探長、そして探長の纏め役である総探長へと昇進していくのです。当時、香港の探長で力を持っていたのが五大探長です。五大探長とは、呂楽、藍剛、顔雄、陳長佑、韓森の五人ですが、この五人の中のリーダー的な存在であったのが、「楽哥」のアダナで呼ばれた呂楽でした。参考の為に、この五人の役職を書いておきますと、呂楽が九龍総探長、藍剛が香港島総探長、顔雄が油麻地区の探長、陳長佑が旺角地区の探長、韓森が新界地区の探長です。

イギリス本国から派遣されて来る、広東語も話せない警察官僚に犯罪を摘発しろといっても無理な話です。取締まり政策のアウトラインは描くことが出来ても、いざ実際の取締まりとなると、やはり香港人である探長が動かなければどうにもならないのが実情でした。こうした取締まる側も香港人であれば、犯罪者も香港人という図式のなかで、イギリス人の警察上層部を巻込んだ、想像を絶するほどの癒着が起こっていたのです。

こうした腐敗に業を煮やしたイギリス政府は、香港皇家警察とは別に、本国の司法機関に直結した廉政公署を新たに設置して、こうした汚職の摘発に乗り出しました。六百名に及ぶ署員が、香港皇家警察の警察官の銀行口座、セーフティボックス、また関係者の口座を徹底的に調査した結果、何と上記の五大探長に十五億香港ドルもの膨大な額の賄賂が流れ込んでいる事実が判明し、更に、呂楽が十四Kという潮州人の地下組織の「大佬」と呼ばれる大ボスである事も判明したのです。

この十四Kという組織は、広東省の東部の韓江中流域にある「潮州」の出身者を主体とした組織で、呂楽もまた潮州人でした。元々十四Kは、国共内戦の末期に、国民党が反共を目的として結成した組織で、広東市埔華路十四番地で結成されたので「十四K」と呼ばれました。十四KのKはゴールドのカラットのKで、自分たちは黄金だという意味から十四Kと呼んだそうです。

廉政公署はすかさず五人の逮捕に乗り出すのですが、一歩遅く、五人は既にカナダのバンクーバーへと高飛びをした後でした。五人はバンクーバーで「五龍公司」という会社を起こして、六千万ドルを投資して大型のオフィスビルを購入するなどの華々しい活動を始めますが、これに驚いたカナダ政府があわてて取締まりに乗り出すと、今度は台湾に逃げ込んだのです。

台湾で、呂楽たちは連日のように豪遊を重ねるのですが、やがて、あるレストランへの投資問題が拗れて裁判沙汰になった事から、これ以降、呂楽たちの表の動きはピタリと止まりました。裏で彼等の保護者である国民党首脳部の忠告があったためといわれています。

十三年ぐらい前になりますが、兄弟分の呂蔭安に連れられて、私は一度だけ呂楽さんのマンションを訪問した事があります。玄関に、蒋介石総統と蒋経国総統との中継ぎの総統といわれた厳家淦総統と呂楽さんが二人で撮った写真が大きく飾られていた事が印象的でした。また呂楽さんは、当時は七十四、五歳という事もあって、非常に温和で優しいおじいさんという感じでしたから、この人がかつては香港のタイガーと呼ばれ、東南アジアの華僑社会を震撼させた男というイメージは既にありませんでしたが、ただ呂楽さんの、何か人の心の暗部を照らし出すような目の光には、出されたウーロン茶の茶碗を持つ私の手が少し震えた事を忘れません。またその後、呂蔭安と一緒に香港で遊んだ時に、呂楽さんのかつての警察時代の同僚だったという警備会社の社長からも話を聞きましたが、その人は「呂楽は実に素晴らしいコーディネーターだった」というような表現をしていました。

呂楽の話はこのくらいにして、私の兄弟分の呂陰安の話をしましょう。彼は洪門「洪発山」のメンバーでした。この洪発山のメンバーも殆ど潮州人でしたから、あえて区別をつけるとすれば、十四Kの方が日本でいうヤクザ団体で、洪発山の方が洪門の系列としては三合会系の政治結社だという事になります。しかし、思想というものは本来無形のものですから、これを生きる為の生業で区別したり、型に嵌込んでしまうのはどうかと思っています。

この洪発山は、国民党政府の台湾遷都と一緒に台湾に拠点を移しましたが、忠義堂は台北市の西門町に構えていました。

呂陰安と私は妙に馬が合ってしまって、知り合ってから三年程は、殆ど毎日のように朝から晩まで一緒に行動しました。朝、目が覚めると、台北市内の西門町の獅子林ビルの十階にある飲茶レストランに顔を出します。午前中は、呂蔭安や洪発山のメンバーがプーアル茶を飲んだり、「鳳爪」という鶏の爪を食べたりしていますので、ここでああだこうだと世間話をしているうちに十二時頃からは、そのまま昼飯になります。「豉汁蒸大蝦」とか「韮黄鶏絲」とかの昼飯を食べた後は、洪発山の若い衆がどこかで獅子舞をしていれば、その応援に行ったりしますが、そうした行事や別の仕事が無ければ、忠義堂に戻って、中国将棋を指しながら、お茶を飲みます。夜は懐が暖かい時は「歌庁」と呼ばれる実演歌謡ショーを見て、女性歌手にチップを弾んだり、もっと懐が暖かい時には、台北市内の丸公園の近くにある白玉楼や黒美人といった酒家で、流しの音楽バンドを入れて、ドンちゃん騒ぎをするといった毎日でした。

私が呂蔭安や洪発山の人々から学んだ事は、広東人の持つ素晴らしい粘り強さです。民族を問わずに、人間というものは、大なり小なり、何か夢や目的といったものを持っていますが、それを達成する方法に、民族性による違いがみられます。日本人は「パッと咲いて、パッと散る」といった桜に男の美学を感じがちですが、中国系でいうと、広東人は実に粘り強いのです。彼等は我慢する時には徹頭徹尾に我慢もし、隙があれば脱兎のように飛び出す果敢さも合わせ持っています。異国の地で成功した華僑に広東系が多い事にも、こうした民族性が反映しているような気がします。ですから、私はよく呂蔭安から「慢、慢」と言われました。中国語で「慢」とはゆっくりという事ですから、せっかちな私は「オマエ、もっとゆっくりとやらなきゃダメだ」と忠告された訳です。

四川の男　王武

国民党が国共内戦に敗れて台湾に遷都した時、中国の全土から約二百万人に及ぶ軍人や軍属が台湾に逃げ込みましたが、国民党の重慶政府があった四川や隣の雲南からも沢山の人々が台湾に移住しました。私は台湾で暮らし始めた頃に、ある縁があって、この雲南から来た人々と毎日のように付き合い、あの頃、桃園県の龍潭にあった雲南出身者の眷村にも二ヶ月程滞在した事があります。眷村というのは、台湾に来た国民党の兵隊たちの眷属が住む村の事で、私が台湾に来た頃には、大陸の出身地別に分かれたこうした眷村が至る所にあったのです。この眷村の外省人の子弟が中心となって結成されたのが、台湾の竹聯幇や四海幇といったマフィア組織です。

ご承知のように、雲南は中国の南西部に広がる山岳地帯で、ベトナム、ミャンマー、ラオス等のインドシナの国々と国境を接し、今は中国の自治区となりましたが、チベットとも隣接しているといった省で、少数民族がとても沢山いる事で知られています。ナシ族、サニ族、イ族、ペー族等の雲南の少数民族の数は、中国の少数民族の半分を占める二十五族にも及ぶのです。

私は、この龍潭の雲南眷村で、村の長老が水パイプでアヘンの塊を吸っているのを目撃した時には正直いって驚きました。知識として、アヘンの産地である黄金の三角地帯が、雲南から南下したラオス、タイ、ミャンマーとの国境の山岳地帯にあって、かつて国民党の正規軍がメオ族やヤオ族といった少数民族にアヘンの原料となるケシを栽培させていた事や、またその後に国民党兵士の一部が台湾に戻った事は頭にありましたが、なんだか歴史の現実を目の前に突きつけられたような気がして、「うーん、なるほど」とうなってしまった訳です。

眷村で食べた料理の方は、「レモン・チキン」や豚の血と米で作った「米灌腸」、また「牛干巴」と呼ばれる、干した牛肉を葱と一緒に炒めたものが多かったように記憶していますが、なかでも「過橋米線」と呼ばれる、日本でいう「きし麺」のような麺は殆ど毎日のように食べさせられました。なぜ橋を渡る麺と呼ぶかというと、何でも雲南では、畑仕事をしている亭主へ、女房が昼飯にこの麺を持っていくそうですが、麺が伸びないようにと、スープの方は別に竹筒に入れて運んだそうです。こうして運べば、橋を過ぎる長距離を運んでも美味しく食べられる事から、過橋米線と呼んだそうです。私の場合は、女房が運んでくれたわけではありませんが、味の方はなかなか美味だったと記憶しています。

この雲南の上にあるのが、かつて『三国志』の関羽たちが建国した蜀で、今の四川です。今の若い人たちはどうか判りませんが、私が兄弟分となった四川省の血筋を引く男たちは、実に剛直で血が沸き立つように熱い人々でした。その代表格が桃園県中壢の眷村出身の王武でした。この王武との出会いには、今はもう台湾にはいませんが、かつて私が「先輩、先輩」と慕ったある日本人の方の紹介がありました。この逞しく人情のある日本人の人生は、また一幅の画になるのですが、こちらについては、またチャンスがあればお話したいと思います。

王武の仲間には、黒社会で殺人魔王と呼ばれた男や、壁をよじ登るのが得意だった事から、蜘蛛として仇名を馳せた盗賊の親分とか、女性に持てて持てて困っていた洋服屋の旦那といった実に様々な四川の粋な男達がいましたが、王武その人は、蔣偉国一級上将の民間の親衛隊と呼ばれ、一世を風靡した反共愛国人線の副隊長を務め、また四川の出身者で結成された洪門団体に属していたのです。蔣偉国一級上将は、蔣介石総統の息子さんで、蔣経国総統にとっては弟に当たります。

王武と出会った頃、私は金銭的にとても困窮していたのですが、それでも毎日のように酒だけは飲んでいました。いま思うと、台湾で色々な物事に行き詰ったやけ酒だったのでしょう。王武は、毎日のように、まず四川料理屋で魚の白身を葱と大蒜で炒めた「家常魚條」や日本ではバンバンジーと呼ばれる「棒棒鶏絲」で軽く一杯やった後で、私を飲みに連れ出してくれるのですが、そうした場にはいつも彼の仲間や、顔も知らない仲間の友達がぞろぞろとやって来ました。ですから、最初は王武と二人だけでも、夜中の一時や二時になると、かなりの人数でワイワイ、ガヤガヤとやっているわけです。そして、いざ支払いとなると、王武は私を宴席から少し離れた所に連れ出して、周囲に判らないように私のポケットに現金をねじ込むのが常でした。「オマエが払え」という事です。ですから、当然、周囲の仲間は私に向かって、「謝謝、大哥（兄貴）」となる訳です。

王武の方はそうした光景を見てニコニコしている訳ですが、前述したミシガンの李さんにもそうしたところがあって、彼もまた四川の出身でした。

余談となりますが、台湾の夜の世界では、日本の流行歌のメロディが、中国語や台湾語で歌われています。その数は懐メロや新しいものを含めると膨大になります。日本の若い人たちは知らないでしょうが、王武たちがよく歌ったのが「台北、今夜冷清清……」で始まる「浮き草の宿」とか、「忍著目屎、笑乎你看……」の「奥飛騨慕情」で、懐メロ趣味の私の方は「以前、ながさき、繁華的都市……」で始まる「長崎の蝶々さん」や「満州娘」でした。知らないでしょうね。

当たり前の事かも知れませんが、私は、こうした自分自身の体験として、広大な中国の大地には、やはりその土地には土地なりの気風というものがあるという事を知ったのです。四川は言うまでも無く『三国志』の劉備、関羽、張飛の三人の義兄弟の終生の大地です。洪門の神壇の上で、颯爽として青龍刀を構える関羽の義の心を、私は王武の立ち振る舞いの中に感じていました。

おわりに

私は渡台後の十年間は、本当によく台湾の外省人と付き合いました。東北、河南、河北、湖北、湖南、江浙、広東、四川、貴州、雲南等々、彼等の中国の出身地を挙げたら切りがありません。また台湾に亡命していたチベットのラマ僧とも交際しましたし、戒厳令下で、大陸での選挙の改選がなされないまま台湾に転居したモンゴル選出の立法委員とも往来をした事もあります。アメリカがよく民族のメルティングポットなどと言われますが、台湾もまた中国の多岐にわたる民族の寄せ鍋的な様相を呈していたのです。

日本人の中には、中国人というと一つの民族というイメージを持つ方がいますが、これはとんでもない話で、今でいう漢民族と五十五にも及ぶ少数民族によって形成されているのが、現在の中国なのです。この漢民族にしても、出身地が中国の東西南北では、チャイニーズとの交際に慣れている私ですら、時には「うーん」とうなってしまう程に、その気質に激しい違いがあるのです。

元々いま漢民族と呼ばれる人々は、はるか昔に中原にいた殷族と、西方からやってきた周族との血が交じり合って、まず漢民族の祖先とでも呼ぶべきものが形成され、これに始皇帝に代表される秦族との血が溶け合いました。また一説によると、春秋戦国時代の楚や越も漢民族とは別の民族だそうですから、こうした異民族の血との交差もあった訳です。そして十四世紀に入ると、今度は遊牧民族が中国の北部を支配しますので、ここで漢民族と北方系民族との血が混合します。更に唐王朝の皇族は、北魏の血筋に連なる遊牧民族の末裔ですから、これとの血の混じり合いもあった訳です。また一方では騎馬民族の侵入によって、これから逃れる為に南下していった漢民族たちにも、南方のタイ族との血の交差があったと言われます。ですから、漢民族をDNAのレベルでみるならば、遺伝子的には、ヨーロッパ人と同じぐらいにとてもバラエティに富んだものなのです。

こうした民族の血が混ざり合う事は、世界の平和という観点からはとても素晴らしい事ですから、私はテレビで世界の民族紛争の報道を見る時、「もっと世界の宗教や民族の血が交じり合ってくれればいいなー」と思っています。

話が横にそれましたが、私は外省人ばかりと一緒にいた訳ではありません。私の妻は純粋な客家人ですし、もう亡くなりましたが、高砂義勇隊慰霊碑の建立責任者で、日本名が「杉野愛子」として知られていた烏来のタイヤル族の女酋長の、私は義理の息子でもありました。また台湾の人口の七十%が福建省出身の本省人と呼ばれる人々ですから、ここに住んでいる以上は、当然の事のように本省人との付き合いが生まれる訳で、私には本省人の友人や兄弟分も沢山いる訳です。

私はガキの時分からそうでしたが、「アイツはあの部落の出身だとか、あの村の出だ」とかいって、他人を色眼鏡を掛けて見る事は嫌いでした。ですから、人の過去や職業等にも無頓着なのです。もっとも、自分の方は、近所の人から「安部さんちの子は不良で困る」といった真っ黒いサングラスを掛けて見られていましたが。

色眼鏡といえば、最初に外国に出た時代には、太平洋戦争の首謀者「ジャパニーズ」の子孫として扱われた事もありました。またエジプトでは、戦後に奇跡的な経済発展を遂げた国の国民としてベタホメされたり、ベトナムのハノイでは、あちらの軍の将校からアメリカと戦った勇気ある国民として絶賛されたり、台湾では南京虐殺事件を起こした日本人の子孫としてワイワイ言われたりといった、いわば功罪あい半ばする視線にさらされてきた訳です。ですが、道を歩くと「ちゃらんぽらん」と音がする私には、あまりこうした視線は気になりませんでした。

世界を見渡すと、前述したエジプトのコプト人のように民族的また宗教的な迫害を受けている人々が非常に多い事に気付かされます。これがこの世の実相といえるかもしれません。こうした現実に直面した時、私は、ヒトが同じヒトを苛めたり、民族が他の民族を蔑視したり迫害したりする事は、何か人間の生命体が持つ根源的な衝動ではないかと感じてなりません。こうした根源的なモノの前には、ヒトは実に無力な存在なのです。ですから、ヒトとは、互いに相争いながらも、平和を求めるといった実に二律背反的な存在だとも言えるでしょう。手前味噌となりますが、こうしたなかで、洪門のような民族意識や宗教を越えた兄弟会や姉妹会の存在は、ヒトの和合という意味でも、とても意義のある事のように思うのです。

しかし、実際には、ひとつの民族が他の民族意識や宗教を理解するという事は本当に難しい事です。洪門が最も重んずる「義」についてもそれが言えます。日本人も中国人もよく口に出すこの「義」についても、両民族の間の理解には、実に大きな差があるようです。

中国人の義に対する理解は老子を読めば一目瞭然です。

老子の第十八章は「大道廃、有仁義、智慧出、有大偽、六親不和有孝慈、国家昏乱、有忠臣」ですが、これを日本語で言うと「大道が廃れて、仁や義があり、智慧が生まれて、大きな偽りがあり、六親和せずして、孝慈があり、国家が混乱して忠臣があり」となります。

老子のいう大道とは「世の理想的なありかた」というような意味ですから、こうした理想が廃れると、ヒトは仁や義といった体裁でこれを取繕い、取繕う為には智慧を働かせますから、そこに大きな嘘が生まれるという事です。また、六親和せずとは、親兄弟や親戚の仲が悪いという意味ですから、こうなると、これを取繕う為に親孝行や慈悲心が生まれ、国家が混乱すると、これを取繕うために忠臣という存在がクローズアップされるという事になります。つまり老子における義とは、あくまでも崩れた理想を取繕うものであって、それ自体が至高なものではないのです。

また老子の第三十八章の後半に、「道が失われると徳になり、徳が失われると仁になり、仁が失われると義になり、義が失われると礼になる」とありますが、これも「道」という理想が失われると「徳」というような発想が生まれ、徳が消えると「仁」などという発想が生まれ、仁すら廃れると「義」でこれを取繕い、この義が失われるとヒトは「礼」でもってこれをカバーするというような意味なのです、義は「道徳仁義礼」といったヒトの理想の順序のなかでいうと、かなり低ランクなものと言えます。しかし、この低ランクな感情をすら持ち得ないのが生身の人間というものですから、たとえ取繕いであるにせよ、義をもって兄弟姉妹の絆とした洪門先達の智慧をここに感じています。

洪門人が関羽を祀るのは、関羽が中国史上で稀に見る「義をもったヒト」だったからです。当たり前のことにヒトは手を合わせません。そうした意味で、中国人は、義を貫く事の難しさや辛さを十分に理解している民族と言えるでしょう。ですから、日本人が中国の義を理解しようとする場合、まずこれを日本的な義とダブらせない事が肝要です。もし、日本の義と中国の義を同一視したならば、必ずそこに深い失望が生まれる筈です。これを言い換えるならば、日本の義は「憧れと期待の土壌」に根付いていますが、中国の義はあくまでも「現実と不信の土壌」に根を張っているからです。現実と不信の土壌とはまた不毛の地を意味していますから、こうした大地に根を張る事は実に至難の業といえます。そして、中国人でこうした義を持つ事が出来たとされるのが『三国志』の関羽であり、だからこそ洪門ではこの関羽の精神を最も尊ぶのです。

私は洪門の祭壇の上の関羽を拝する度にいつもこう思っています。

「関羽様、どうかいつの日か道（タオ）に戻れますように、タオが無理なら徳が身につきますように、徳が無理なら仁でいられますように。最低でも義でありたい。しかし決して礼だけに終わるような男にだけはならないつもりです」と。

十六歳で日本を離れて、イギリス、エジプト、アメリカ、台湾といった海外に三十年近くもいながら、これといった物質的なモノを残せなかった私ですが、こうした洪門の精神を実学として学べた事が、私の大切な財産だと思っています。若い頃、私は必死になってこの世の真理というものを追い求めました。様々な宗教書を読み漁ったり、各地の宗教家を訪ねまわったのもその為でした。なにせ、いつも自分の心を胡乱だと思っている私でしたから、なにか揺るがぬ真実といったモノに憧れていたのです。この真実を、シンドバッドが捜し求めた宝物と言えるかもしれません。残念ながら、そうした真理とはまだ巡り会っていませんが、今、ふと後ろを振り返ると、そうした宝物は沢山あったのです。カイロのマフムードやセムセム、ミシガンの李さんやチャンさん、その他の数え切れない素晴らしい人々との出会いが、私にとっては大切な宝物と言えるかも知れません。

中国に「只有千里交情 没有千里威風」という諺があります。

千里を離れた情はあっても、千里を離れた威風はないという意味ですが、この言葉を持って、この洪門正史の本を閉じたいと思います。

著　者　履　歴

姓名：安部英樹（あべ　ひでき）
生年：昭和30年２月11日（新宿赤十字病院）

昭和45年　群馬県多野郡新町中学卒業
　　45年　群馬県藤岡高校入学
　　　　　一年生で全校の番長、二年進級と同時に群馬県の総番をはる
　　46年　六月に無期停学処分
　　46年　八月から半年間、イギリス南部の語学学校へ留学
　　47年　四月、岐阜県の岐阜南高校の二年に編入
　　　　　約一週間で退学
　　47年～49年　無頼な生活をおくりながらも、宗教に興味をもつ
　　50年　大学入学資格検定に合格
　　51年　大正大学文学部宗教学科に入学
　　51年　秋から、日本アラブ協会で、小池百合子さんについてアラビア語の勉強を始める
　　52年　夏､小池百合子さんの兄小池勇さんに連れられて､エジプトのカイロへ
　　　　　エジプトのカイロで、百合子さんの父親小池裕二郎氏の自宅に下宿
　　　　　秋、カイロのアメリカン大学の語学センターに入学
　　53年　アラビア語とヘブライ語を学ぶかたわら、アラブ空手連盟の岡本秀樹事務局長の下で空手、剣道の師範を務める
　　54年　アメリカ・ミシガン州のミシガン・クリスチャン・カレッジ（現、ロッチェスター・カレッジ）の聖書コースに入学
　　56年　夏、ミシガン・クリスチャン・カレッジを卒業
　　　　　秋、ミシガン州のサギノーバレー州立大学の政治学部の三年に編入
　　58年　夏、同校を卒業、デトロイトの密入国中国人の社会で暮らす
　　60年　帰国、右翼活動をスタート、アジア各地を放浪する
　　62年　世界反共連盟の路国華常務理事との縁で台湾で暮らし始める
　　62年～平成７年　蔣偉国上将の親衛隊「反共愛国人線」のメンバーと洪門の義兄弟の契りを結び活動を共にする
平成８年～　香港の洪門「洪発山」の若頭と兄弟分の契りを結び、台湾と香港を往来、台湾で「日商財界」という日本語の経済誌を立ち上げ、台湾の日本人社会と黒社会の橋渡しをする
　　14年　政治結社大行社の故岸悦郎総師が台湾に建立した台湾最大の「蔣介石の銅像」の整備をする。岸総師の病気治療を台湾の白蓮教系の道教寺院でおこなう
　　15年　岸総師が台湾で没後、道教の修行に専念する
　　17年　李登輝前総統の日本訪問をアレンジ、能登と京都旅行に同道する
　　18年　20年来の知りあいである国際洪門台北首都会の会長から、新しく創設する洪門南華山龍義堂の副堂主就任の依頼があり、これを受ける

洪門人《こうもんじん》による洪門正史《こうもんせいし》

——歴史《れきし》・精神《せいしん》・儀式《ぎしき》と組織《そしき》——

平成十九年十月十二日　印刷
平成十九年十月二十日　発行

著者　安《あ》部《べ》英《ひで》樹《き》

発行所　雅　舎

〒一六二―〇〇四一
東京都新宿区早稲田鶴巻町
五四四―六　錦正社内
電話　〇三(三九九六)〇九〇三
FAX　〇三(三九九六)〇一二八

発売所　錦　正　社

印刷　文　昇　堂
製本　関山製本所

ISBN978-4-7646-5105-0